JN259945

インテリアデザイン教科書

第二版

インテリアデザイン教科書研究会編著

彰国社

インテリアデザイン教科書研究会

編集

北浦かほる

加藤　力

執筆

北浦かほる（帝塚山大学）

吉見静子（岐阜女子大学名誉教授）

加藤　力（元宝塚大学）

金子誠之助（元武庫川女子大学）

内井乃生（内井建築設計事務所）

駒田哲男（元 AD&A）

片山勢津子（京都女子大学）

吉田倬郎（工学院大学名誉教授）

竹田喜美子（昭和女子大学名誉教授）

沢田知子（文化学園大学名誉教授）

田中直人（摂南大学）

松原小夜子（椙山女学園大学）

萩原美智子（大手前短期大学）

吉村英祐（大阪工業大学）

田辺麗子（元女子美術大学）

鈴木克彦（京都工芸繊維大学名誉教授）

見城美子（女子美術大学名誉教授）

安永一典（インテリアデザイナー）

越生信義（技術コンサルタント）

装丁　長谷川純雄・増田邦子

まえがき

　快適な生活環境を創ることは，常に我々の新しい課題である。
　そうした専門領域の一つに「インテリアデザイン」は位置づけられるが，それはまだ比較的歴史の浅い分野といえる。アメリカの家庭で家事のひとつとして古くから行われてきた「インテリアデコレーション（室内装飾）」はヴィジュアルな造形面に重点が置かれ，しかも住居に限定されたものであった。
　しかし，建築やインテリアの生産・技術面の進歩とそれに伴う社会の要求によって，インテリアデコレーションとは明らかに峻別された空間計画としての「インテリアデザイン」が建築から分離してきた。それはプロダクトデザインなどとも深いつながりを持ちつつ，対象とする範囲も住居や乗物の内部空間から店舗，オフィスへと拡大し，広場やランドスケープなど外部空間にまで及ぼうとしている。そして現在，インテリアデザインは「環境デザイン」としてさらに発展の兆しをみせている。
　こうした概念の広がりと社会的関心の高まりによって，インテリア教育の需要は増大し，それを教える大学や短大，専門学校などが急速に増加してきた。しかし，この分野はまだ学問的な体系化が遅れており，適切な教科書も整備されずにいるのが実情である。したがって，インテリア教育は建築教育の焼き直しであったり，設計だけに終始したりしているのが現状と言えよう。
　本書は，インテリアデザイナーやインテリア教育にたずさわる者の手によって，これからのインテリアデザイン教育を展望し，その内容を体系的にまとめることを試みたものである。
　インテリアデザインとは，空間を内からとらえ，しかもその中で生活する人間の側に立って思考することが何よりも基本となる。それには，人間の心理や行動，あるいは人間的スケールでとらえた空間や材料などのハード面についての知識，すなわち「インテリア計画学」が必須となる。さらに，それを具体的な設計に応用し結実させるには，個別のインテリア空間についての計画技術を学んでおくことが不可欠となろう。
　本書はそうしたことを念頭において，Ⅰ インテリア計画学，Ⅱ プライベートインテリアの計画，Ⅲ パブリックインテリアの計画の3編で構成している。Ⅰを総論，Ⅱを住空間の計画，Ⅲを公共空間の計画と考えてもらってもよい。特に設計教育との関係を重視して，造形的発想の根底となる計画の基礎的考え方に対しては，できるだけヴィジュアルに理解できるように配慮した。
　通年の授業の場合にはⅠ～Ⅲ編を通して，半年の場合にはⅠ編を講義し，あとのⅡ，Ⅲ編は講義の補助教材に利用していただければと考えている。
　本書がまとまるまでには数年を要したが，この編集企画にご賛同いただき，共に模索しながらご執筆いただいた執筆者の方々に深謝するとともに，併せてこのように完成をみたのもひとえに彰国社の後藤武氏および平沢真理子氏のお力に負うところが大であったことを記して，厚くお礼を申し上げたい。

1993年10月

インテリアデザイン教科書研究会
編者　北浦かほる・加藤　力

改訂版の発行にあたって

　1993年に本教科書を作成して以来，18年ぶりの改訂である。これまでにも何度か改訂の話はあったが，その作業の大変さを考えると，いつも辞退という結論になっていた。今回は採用校調査にもとづいたという編集者の説得が効を奏したのか，いつの間にか最小限の改訂をすることに決定していた。
　改訂が不可欠だったのはハードにかかわる設備や技術，設計事例などであった。地球的規模から緑や自然エネルギーの活用を考えて，室内環境を計画するという視点を加えたのが改訂の大きなポイントである。インテリア全般の基本的な考え方については改訂する必要を感じなかったが，家族や社会の変化に伴う生活の変化については視野に入れた。また，教科書としての継続性が保たれるように，非改訂部分はレイアウトを変えないことを原則とした。オフィスやホテル，レストラン，店舗などのデザインにかかわるインテリア設計例については，執筆者の方々のお力で新しい事例を入れることができた。
　改訂にあたって積極的にご執筆いただいた著者の方々に深謝するとともに，彰国社の鷹村暢子氏のご支援の賜物であることを記し，心から厚くお礼を申しあげたい。

2011年2月

編者　北浦かほる

執筆分担

北浦かほる　I.1, I.2(2.8), I.8, I.9, I.16
　　　　　　II.3, II.6, II.9

吉見静子　　I.2(2.1〜2.7), I.3, I.4

加藤　力　　I.5, I.6, I.7

金子誠之助　I.10

内井乃生　　I.11

駒田哲男　　I.12, I.13

片山勢津子　I.14

吉田倬郎　　I.15

竹田喜美子　II.1, II.8

沢田知子　　II.2

田中直人　　II.4, III.5

松原小夜子　II.5, II.7

萩原美智子　II.6, II.9

吉村英祐　　II.10, III.6, III.7

田辺麗子　　III.1

鈴木克彦　　III.2

見城美子　　III.3, III.4

安永一典　　III.8.1

越生信義　　III.8.2

目　次

I　インテリア計画学 …………………………………… 9

1　インテリアデザインとは ………………………………… 10
インテリアデザインの発生／日本でインテリアデザインが必要になった理由

2　日本の住まいとインテリアの変遷 ……………………… 12
原始住居／寝殿造りと調度／書院造りと装置／数寄屋造り／庶民の住居と収納具／西洋館とその影響／第二次世界大戦後の住宅／家族の多様化とインテリアの技術

3　西洋のインテリアと家具様式の変遷 …………………… 20
古代／中世／近世／19世紀／近代

4　第二次世界大戦後のデザインの流れと日本の現代家具 … 26

5　人間工学の意味と人体寸法 ……………………………… 28
人間工学とは／人体寸法／人体寸法と設計／姿勢，作業域，動作空間

6　家具・設備への人間工学の応用 ………………………… 32
椅子，ベッド／テーブル，デスク，カウンター／室内の高さ寸法

7　インテリアの安全性 ……………………………………… 36
安全とは／日常災害／非常災害

8　形・色・テクスチャーの心理 …………………………… 40
形と色の心理／テクスチャーの心理／人体感覚と内装材料

9　人間的尺度と空間の心理 ………………………………… 48
人間的尺度とモデュール／行動動作特性と対人距離／空間の心理

10　家　具　インテリアエレメントのデザイン(1) ………… 56
家具の種類／家具の構成／家具デザインの条件／家具のデザイン

11　テキスタイル　インテリアエレメントのデザイン(2) …… 60
壁装／ウィンドウトリートメント，のれん／タペストリー／カーペット／手づくりテキスタイル

12　照　明　インテリアエレメントのデザイン(3) ………… 64

13　グリーン，アート　インテリアエレメントのデザイン(4) …… 66
グリーン／アート

14　材料と仕上げ …………………………………………… 68
木材／石材／タイル／金属／ガラス／プラスチック／エコマテリアル

15　インテリアの構法……………………………………………76
　　　　床と階段／壁／天井／開口部
　　16　室内環境計画とその制御……………………………84
　　　　熱環境／空気環境と湿気／光環境と音環境／エコロジーな室内環境をめざして

Ⅱ　プライベートインテリアの計画……………………93

　　1　住空間計画……………………………………………94
　　　　住まいの機能／集合住宅の計画
　　2　コミュニケーション空間……………………………98
　　　　LDK空間の成立／DK空間のインテリア／起居様式と和室・洋室／L空間のインテリア／家事空間
　　3　子供の空間　プライベート空間(1)…………………106
　　　　子供の成長を設計する／子供の空間概念の発達／子供のプライバシー意識の発達／子供と家族／子供部屋の装備
　　4　高齢者の空間　プライベート空間(2)………………110
　　　　身体機能の衰えと行動圏の縮小／フレキシブルな将来対応を考慮した住宅計画と各室の基本配慮事項
　　5　夫と妻の空間　プライベート空間(3)………………114
　　　　夫婦寝室と書斎／趣味の部屋
　　6　サニタリー空間………………………………………118
　　　　個人・健康空間としての便所／浴室を中心とした水まわり空間
　　7　収納方式と収納空間…………………………………122
　　　　住まい方と収納方式／品目別収納
　　8　アプローチ空間………………………………………126
　　9　地下空間の利用………………………………………128
　　10　ロフト空間の利用……………………………………130

Ⅲ　パブリックインテリアの計画………………………133

　　1　オフィス空間…………………………………………134
　　　　オフィス空間の構成／オフィスインテリアプランニング／オフィスの維持・管理／オフィス空間のデザイン
　　2　ホテルの客室とロビー・ラウンジ空間……………140
　　3　レストランおよび食事・喫茶空間…………………144

　　　　飲食サービス空間の種類と特色／飲食店舗の空間構成／厨房計画

　4　物品販売のための店舗空間 …………………… 148
　　　　購買空間の機能と役割／計画と動線／空間の演出

　5　高齢者施設空間 ………………………………… 152
　　　　高齢者用コミュニティ施設／高齢者用施設のデザイン

　6　スポーツ・レジャー施設空間 ………………… 156
　　　　インテリアの計画／フィットネスクラブ／クラブハウス

　7　地下・アーバンインテリア …………………… 158
　　　　地下街／アトリウム

　8　乗物内のインテリア …………………………… 160
　　　　船舶／車両

注　　　164
参考文献　164
図版出典　166

I インテリア計画学

1 インテリアデザインとは

1.1 インテリアデザインの発生

寝殿造りを除けば日本にはインテリアという考え方は存在しなかった。建築は元来，その土地で得られる材料を用いて構成され，その気候風土に応じて環境調整されるため，風土性の濃いものである。南方系の農耕民族である我々の祖先は温暖で四季の変化をもつ豊かな自然に住み，その風土に合った木による架構式の住まいを造ってきた。柱と梁の木組に畳や明り障子・土壁で構成されたその空間は，開口部が大きく開放的で，恵まれた自然を取り入れたものであった。広縁や濡れ縁などの半外部的空間をもつとともに内部空間は外部空間と連続し一体化していた。建築とインテリアは表裏一体で，内部空間の自律性の確保は建築技術や構法の変化する近代まで成立しなかった。日本には建築と分離したインテリア空間は存在しなかった（図1）。

インテリア空間の原型は組積造の厚く硬い壁をもつ西洋の内部空間にさかのぼる。狩猟民族の流れをくむ西洋の住まいは，気候や動物などの劣悪な外部環境や外敵から身を守るために石や煉瓦などの厚い壁で造られた，自然をさえぎるシェルターとしての閉鎖的な住居であった（図2）。開口部の少ない室内は安全であったが暗く冷たく，肉体的にも精神的にも生活空間としての快適さは得られなかった。そこで，住まいの中の硬い壁や床を毛皮や布で覆い家具を並べることによって生活空間としての美しさや柔らかさを求める作業がなされた。それが室内装飾（inner decoration）であり，室内デザイン（interior design）である。そのため室内装飾が掃除や洗濯と同じように主婦の日常の家事作業として行われてきた。

そして，もう一つのインテリア空間の原型は外観のない洞窟住居や岩窟墓や地下室などである。それは風土に融合した純粋内部空間であった（図3）。

1.2 日本でインテリアデザインが必要になった理由

しかし，近年における工業化・量産化の技術革新は日本の住まいとその中での生活を大きく変化させた。RC造の導入により，住まいが木造からコンクリートの壁で囲まれた箱になり，その硬い壁の中を快適に住みこなす方法が問われるようになった。一方社会的にも高度成長期を経て我々の生活は物質的，経済的に豊かになり，衣生活・食生活の充足に次いで住生活が注目されるようになった。住まいの問題は従来の量から質に変わり，感性が求められるようになった。他方，都市における庶民住宅の主流は，集合住宅やプレハブ住宅のような量産化・工業化さ

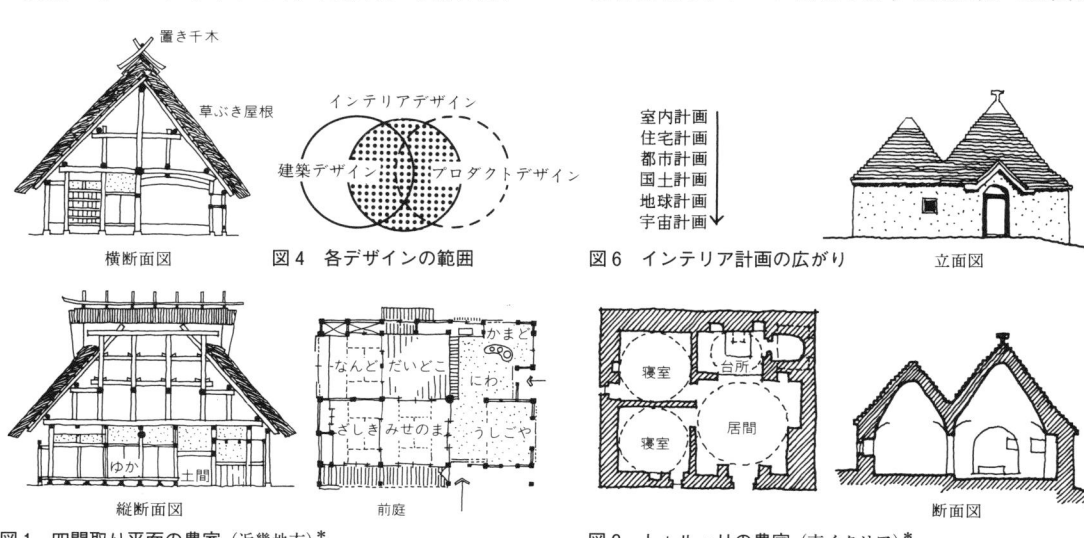

図1 四間取り平面の農家（近畿地方）*

図4 各デザインの範囲

図6 インテリア計画の広がり

図2 トゥルッリの農家（南イタリア）*

れた物に移行し，外観デザインの画一化に対する個性化への要求が，インテリアや設備の充実といった住まいの内部に向けられるようになった。

現在ではデザイン情報の洪水の中で単なる快適性や造形的な美しさだけでなく，デザインの拠（よ）りどころとなる住み手や使い手の個性をどうとらえるかが課題になっている。インテリアデザインにもアイデンティティが重要な意味をもつ時代になっている。

a. インテリアデザイン計画の目的と対象

このようにインテリアデザインは生活を目的とした人と空間との関連づけであり，空間の人間化の手段である。インテリアデザインの対象となる空間は表1に示すように主として建築空間と乗物空間に分けることができる。対象とする空間によって建築家または各々の部門の技術者とインテリアデザイナーが共同して計画が進められる。

b. 範囲

インテリアデザイン計画は建築空間の制約を受けると同時に，室内に配される物すなわちプロダクトデザインとも密接な関連をもつ（図4）。そのため各デザインのモデュールが不連続にならないように，モデュール間に連続性をもたせる必要がある。また，インテリア計画は人間とそれを取りまく空間を多面的視点で見る（図5）一方，人間を取り囲む空間を住宅，都市，地域と外に向かうとともに，人間の内に向かう計画としてとらえる視点も必要である（図6）。

c. アプローチの方法

機能的なアプローチ／空間における人体動作や動線など人の生活に必要な空間構成の要素，および採光，照明，音響，空調などの物理的，生理的環境調整の要素を中心に計画を進めていく考え方。

感覚的アプローチ／美的表現または哲学的な空間の意義づけなど，人々の感覚と空間の芸術性とのコーディネートに価値を求める考え方。

人間工学と技術的アプローチ／空間が備えるべき機能性，感覚性を前提としてそれを満たす手段である工学的な技術を設計計画の主体にしたもの。

以上三つのアプローチは，出発点は違っても結果的には目的をもったインテリア空間として統一される。インテリア空間のもつ機能性，感覚性，技術性は人の意識に直接対応するため，一度具体化した空間は，人とその行動に対して物理的な規制を加えるとともに人間性を無視する点が生じてくる。これは人の行為が設計に対してフィードバックされていないことを示し，人間疎外の問題につながる。そこで心理学的アプローチが注目されるようになる。

心理学的アプローチ／インテリア空間における人の行動は人の内面に形成される環境にも影響を受けている。人と空間の関係を生活行動の動機となる要因にまで掘り下げて究明することが空間の人間性回復につながるものである。そこで，行動の科学や環境心理学などに基づき空間の影響を計画にフィードバックさせることが重要になる。個人の内面にある過去の経験の記憶やその時点における欲求，個人の生理的，肉体的条件などが物理的な環境に関して形成されるイメージは自己独特の環境であり，行動的環境（behavioral environment）という。

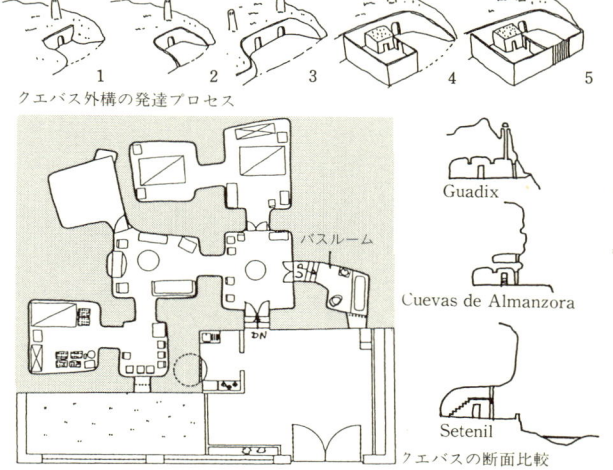

図3 バスルームのあるクエバス*

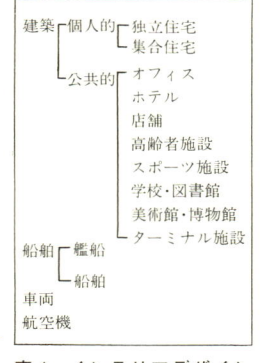

表1 インテリアデザインの対象

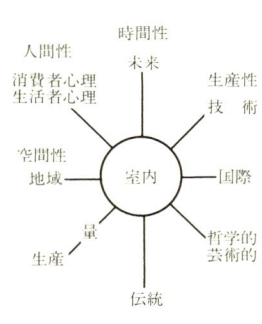

図5 インテリア計画の視点

2 日本の住まいとインテリアの変遷

2.1 原始住居

縄文時代（BC 7500～300頃）の竪穴住居は隅丸方形や円形の平面で，地表を掘り下げて土の床をつくり穴を掘って柱を立てる掘立柱。柱頭を梁でつなぎ垂木をかけ，棟をのせ，屋根を草で葺いた。内部には照明・採暖・炊事を兼ねた炉があり，その周りにむしろを敷いた間仕切りのない一室住居であった。

弥生時代（BC 300～AD 300）には稲作技術とともに高床建築が中国大陸やアジアから伝えられた。それは掘立柱によって床を地表高く設け，はしごをかけ，板や網代で壁を造り，切妻屋根をかけたものであり，穀物を入れる倉や貴族の住居として用いていた。また，入口や窓のある壁と，切妻・入母屋・寄棟などの屋根でできた平地住宅が造られた。近世の農家に近い形である。代表例に登呂遺跡がある。

古墳時代（AD 300～AD 500）になると，竪穴住居に炉の代わりに煙道のあるかまどが設けられた。

家屋文鏡には，竪穴住居や高床住居が描かれている。高床で衣笠をさしているのが豪族の館で，もう一方の高床の建物が穀物倉庫とみられる。

当時の出土品のなかに多くの木製品とともに腰掛が発掘されており，また埴輪にも男子や巫女が腰掛を用いている例がある。

2.2 寝殿造りと調度

仏教伝来に伴う先進技術が渡来した奈良時代の貴族の住居の例として，藤原豊成板殿と法隆寺東院伝法堂前身建物があげられる。それらは後の寝殿，対屋と発展し，平安時代に寝殿造りが成立した。

寝殿の内部は中央部の母屋と周囲の庇から成り，母屋の一部に設けた塗籠や母屋と北庇境の仕切り以外はなく，柱は丸柱で，外部に面して蔀戸を吊り，側面の一部にだけ妻戸（扉）を設けていた。

寝殿造りの丸柱と板床・化粧屋根裏から成るがらんとした空間は，屏障具・座臥具・収納具などの調度によってしつらえ（室礼）られ，使用目的や行事に合わせた空間が造りだされていた。

屏障具は外部との境や室内を仕切るのに用いられ

図1 家屋文鏡に描かれた住居*

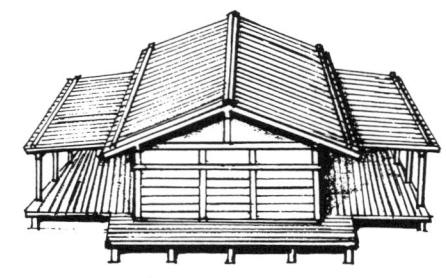

図2 藤原豊成板殿*

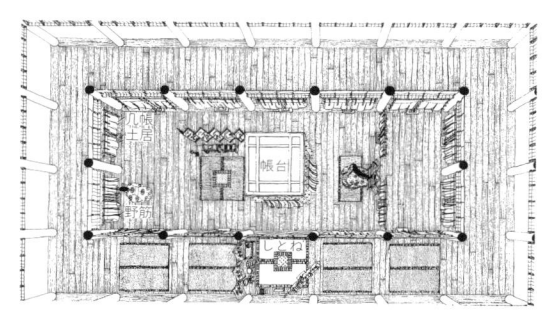

図3 常の室礼

ていた。**御簾**（みす）／細かい割竹を編み，四周に紋を染めた縁をつける。巻き上げ可能。母屋と庇の境に使用。**壁代**（かべしろ）／冬に御簾に重ねて内側にかける。几帳と同じく，帷（かたびら）状の綾絹製の布をつなぎ合わせたもので野筋（のすじ）をつけ巻き上げる。**几帳**（きちょう）／高さによって4尺几帳と3尺几帳がある。前者は庇や母屋の御簾の前に立て，後者は身近に置く。ほかに障子や屏風がある。

座臥具は人が座ったり就寝する所に置いたり，敷いたりしたものである。**畳**／厚畳と薄畳とがあり，一般に床に敷くのは厚畳で，人の座る部分に置く。畳縁は座る人の身分によって異にし，雲げん縁・紋縁・色縁などがあった。**しとね**／薄畳を芯にし周りに布の縁をつけた四角の敷物。**帳台**／2枚の畳を並べ，四隅に柱台を置き，柱を立て，鴨居をつけ，明り障子を乗せる。4面に帷を吊し，3面の中に4尺几帳をおく。もとは寝所として使用。**倚子**（いし）／天皇や高官の権威の座として使用。奈良時代の「正倉院赤漆槻木胡床」が残されている。そのほかに**円座・床子・草薦**（そうとん）**・胡床**などがある。

収納具には多様な櫃や箱のほか厨子棚があり，なかでも**二階厨子**は母屋の中心的な調度であった。

2.3 書院造りと装置

平安末に地方に武家が台頭し，源頼朝が建久3（1192）年鎌倉に幕府を開き武家政権が確立した。中世初期の武家住宅は寝殿造りを模したものであったが，武家生活の実用性から，対屋の省略，中門廊の縮小，寝殿内部の細分化などの変化が生じた。柱は角柱で引違いの明り障子をたて，畳が敷かれる。その例として「法然上人絵伝」に描かれている地方武士の漆間時国の屋敷がある。後にこの形式は主殿造りといわれ，公家・武家の間で一般化した。

室町時代（1388〜1573）に入ると，足利氏は幕府を京都に開き，公家の文化を受け継ぎ，武家固有の文化を形成した。3代将軍義満が造営した北山殿には茶を楽しみながら接待する「会所」を設けた。そこには中国からの美術工芸品をならべ，室内を飾る「座敷飾り」が生まれた。8代将軍義政は北山殿に倣い，東山殿を造営し，そこに，東求堂（とうぐどう）を建設した。その1室を同仁斎（どうじんさい）と呼ぶ四畳半の小座敷とし，棚と付け書院を設け，畳を敷き詰め，天井を張り，書斎として用いた。

安土桃山時代に主殿が広間に変わり，広間中心の武家特有の住宅様式が形成された。二条城二の丸御殿大広間はその完成した書院造りの典型である。

図4 地方武士の住居（「法然上人絵伝」）

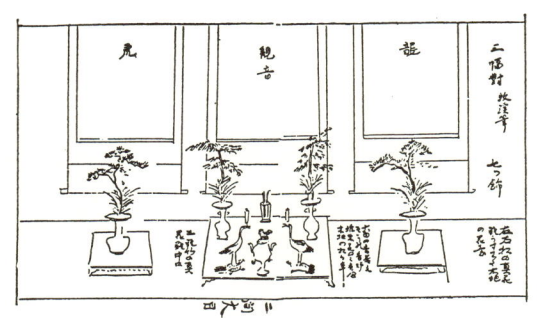

図5 座敷飾り（南紀徳川史第14冊）

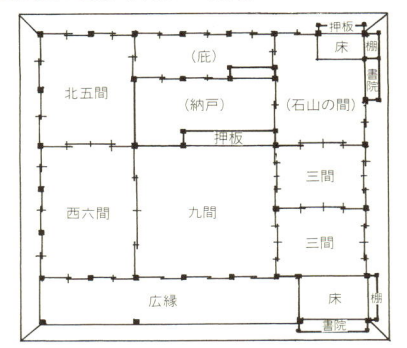

図6 東山殿会所推定平面図（川上貢による）

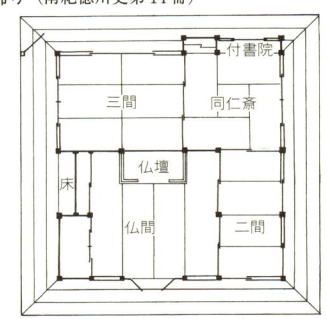

図7 東求堂平面図

畳／応仁の乱以後，敷き詰めになっていき，畳は建築の床材として取り扱われるようになった。

建具・欄間／外部との境には軽便な引違いの遣戸が普及し，明り障子と組み合わせて使用，また，室内の間仕切り用の建具が用いられる。欄間は天井から建具までの間の装置で，多用な意匠がみられる。

天井／一般的に竿縁であるが，二重折上格天井，格天井，竿縁天井と意匠により序列をつけている。

上段／対面の機能をもつ公の接客空間において，封建社会における身分を明確に表現するために，一段高く床を設け，上段とした。

床の間／主室の中心になる装置。僧侶が仏画を観賞する際，仏画の前に三具足をおいた卓子から発生したと考えられる押板が造り付けになった「板床」と，会所などにみられる上段の間を起源とする「畳床」がある。

棚／可動式の二階厨子や装飾性の強い棚と収納のための小襖の入った棚とが結合して造り付けの棚が造られた。

書院／僧が勉学のための明りとりに，縁に張り出して出し文机を設けている例が「法然上人絵伝」に描かれているが，その後実用性から離れ，床・棚とともに美術工芸品を飾るための装置となり，書院造りの重要な要素となった。

2.4 数寄屋造り

室町時代ごろから喫茶の風習が一般に広まり，舶来の美術工芸品を観賞したり，風流を楽しむ「茶の湯」が生まれた。茶の湯はやがて定型化され，そのための数寄屋（茶室）が設けられた。利休によって田舎家風の丸太・面皮柱・土壁・躙口・下地窓などを使った，わびた草庵茶室が創作された。

利休の死後，武士階級にふさわしく，格式や華やかさを求める武家の好み，いわゆる「きれいさび」の書院風草庵茶室がつくられた。その意匠は一般の書院造りにも影響を与え，定型化された床・棚・書院の配置を変え，木柄を細くして長押をとり，土壁とし，面皮柱を用いた簡素で軽妙な意匠とする一方で，欄間・棚・壁などの一部に銘木・珍木・革・ビロードなどの珍しい材料や濃厚な色彩を用いた数寄屋風書院造りを生み出し，山荘や接客用の建築の様式とした。代表的な例に桂離宮の御殿群や松琴亭・月波楼などの茶屋，曼殊院小書院などがある。現在の和風住宅は数寄屋造りの流れを汲むものである。

2.5 庶民の住居と収納具

古代から中世にかけての町家は板葺きの長屋で，

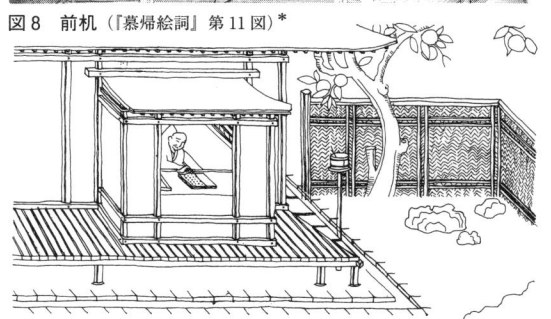

図8　前机（『慕帰絵詞』第11図）*

図9　出し文机（「法然上人絵伝」より作成）

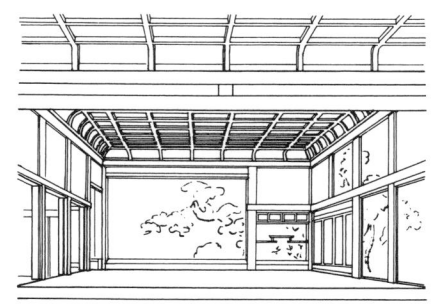

図10　二条城大広間

図11　桂離宮松琴亭一の間

間口2～3間（4～6m）奥行4間（8m）の小規模なものであった。内部は土間と床からなり，床部分の前面には窓や店棚を設け，壁は網代や土壁であった。平安京の例では町家が軒を接して建ち並び，表に店を出しているものが「年中行事絵巻」にみられる。

近世の例では，表通りに持ち家の商家が並び，裏通りには裏店や裏長屋が並び，ほとんどが借家であった。平面構成は片側を通り庭とし，他を1列3室または2列6室構成を基本として間仕切り，それぞれ，店・なかのま・座敷・台所などに使っていた。

中世から近世にかけての農家は床部分を徐々に間仕切り，広間（居間・食事・炊飯）・ざしき・なんど（寝室）から成る広間型や，で・ざしき・だいどこ（ろ）（居間・食事・炊飯）・なんどから成る田の字型の平面構成を形成していった。また，気候風土や生業とのかかわりから各地方特有の形式を形成した。岩手県南部の「曲り屋」，秋田県の「中門造り」，長野県の「本棟造り」，岐阜県の「合掌造り」，奈良県の「大和棟」，佐賀県の「くど造り」などが代表例である。

近世になって生活が豊かになると，複雑なからくりや構造を使った多様な形式の帳箪笥や，飾り金物を使った船箪笥，火災時の避難のために車をつけた車付箪笥，また，台所用には膳を入れておく膳棚や衣類の収納用の衣装箪笥などが造られた。

2.6 西洋館とその影響

西洋館／明治16年東京麹町にコンドルの設計による西欧風社交場「鹿鳴館」がつくられた。明治以降の都市の住民は江戸期の町家や武家屋敷を受け継いで住んでいたが，上層階級の邸宅にはこうした風潮を受けて西洋館が採用された。それらの住宅は当時の欧米の様式にのっとった石造・煉瓦造りで，室内は閉鎖的で天井が高くフローリングや寄木張りの上に絨毯を敷き，壁はプラスターや木製のパネル組みであった。また窓にはカーテンを吊り，シャンデリアや様式家具が配置されていた。その意匠は華やかで装飾的であった。しかし，公的な場所以外では依然として畳の床座の生活が受け継がれていた。初期には仏独製の家具が用いられていたが，家具の国内生産が始められ，明治末年には百貨店を中心に製作・販売が行われた。

中廊下型住宅／明治から大正にかけて階層分化がすすみ，中産階級が生まれた。彼らは江戸期の中流武家屋敷を受け継ぐ一方，西洋館の影響を受け，玄関脇に洋風の応接間を付け加えた和洋折衷型の住宅を造りだした。

居間中心型住宅／大正から昭和初期にかけて生活改善運動が起こった。台所の改良（立ち式台所），主

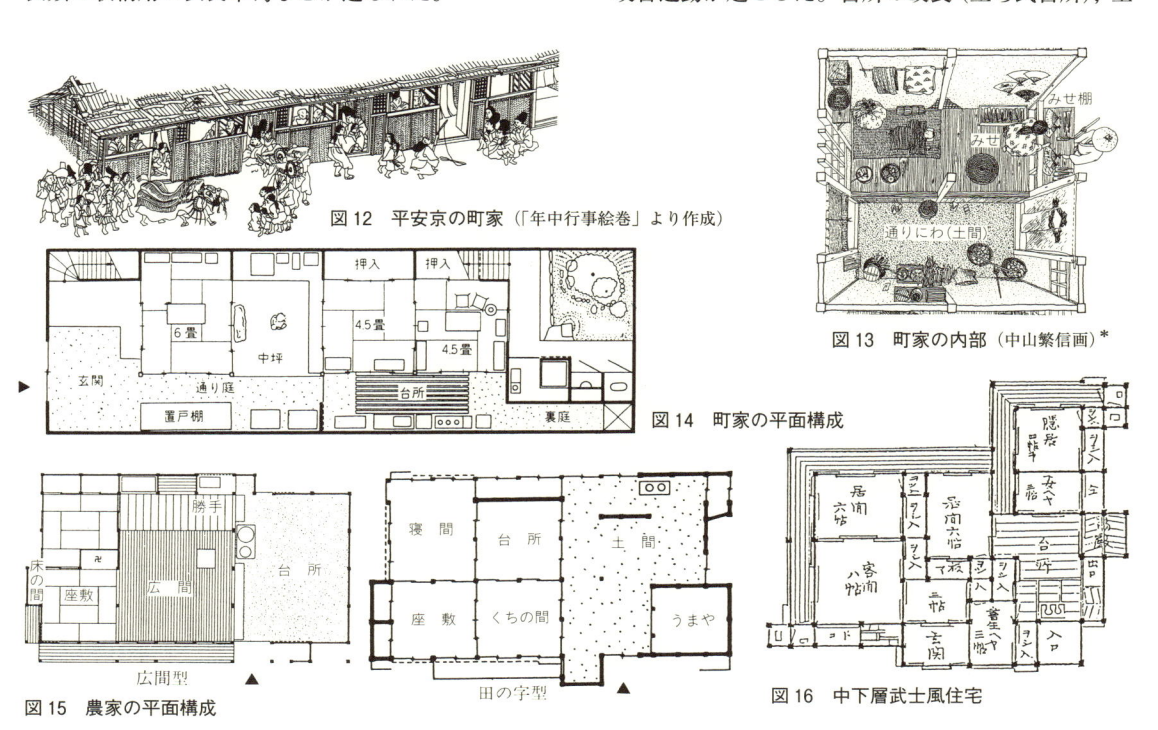

図12　平安京の町家（「年中行事絵巻」より作成）

図13　町家の内部（中山繁信画）*

図14　町家の平面構成

図15　農家の平面構成（広間型／田の字型）

図16　中下層武士風住宅

婦室・寝室の確保，居間の確立などが叫ばれ，接客中心から家族中心の住居への変換が望まれた。それは赤い瓦，ガラス窓，西洋下見，モルタル塗りの文化住宅という形で少数の高級知識階級に普及した。しかし，一般の新築郊外住宅は，依然として襖で仕切られた畳敷きの部屋が連続した間取りであった。

アパートメントハウス／初期のアパートは給与住宅として1910年に建設された鉄筋造のものもあるが，大半は木造3，4階建てであった（後に木造3階建て以上は危険なため禁止された）。1923年9月の関東大震災で46.5万戸の住宅が失われ，その対策のために，財団法人同潤会が1924年に設立された。畳敷き床座，10坪程度の2～3室の極小住宅であったが，中間知識人の間に集合住宅に住む経験を与え，都市化に対応する新しい住意識を育てた。

藤井厚二の住宅／文化住宅が一世を風靡するなかで，独自の方法で日本の住宅を追求したのが建築家藤井厚二である。彼はそれまで様式（形）にとらわれがちだった日本の住宅設計に科学的な方法論を導入し，5回にわたって自宅をつくりかえ，自分の理論を実験した。彼は住宅は気候風土に規定されるため，欧米の様式を模倣するより，和風を基調にしながら椅子式生活を導入すべきだと主張した。

2.7 第二次世界大戦後の住宅

最小限住宅／戦後の住宅不足数は約420万戸といわれた。1945年に戦災復興院が設置され，12月には椅子座の採用，食寝分離，電化，便所の水洗化，集団的な住区の計画，住宅の工場生産化，メートル法の採用などが盛り込まれた復興住宅建設案が作成された。具体的な設計基準として，1947年に「木造住宅基準」が打ち出されたが，それは質より量を重んじ，必要最小限の空間を確保したにすぎなかった。最小限住宅は第一次世界大戦後のヨーロッパで誕生し，早くから日本にも紹介されていたが，この時期に至って切実な課題になった。建築家は最小限住宅に関心をもち，種々の試作住宅を発表した。

新しい生活像／男女同権，家族制度の民主化などの思想を背景に，生活の合理化・近代化を唱える建築家による評論や小住宅作品が建築ジャーナリズムをにぎわした。それらの住宅はソファ・テーブルのある居間，明るく便利な台所兼食堂，洋式の寝室，子供室，水洗便所などを盛り込んだものであった。1953年，女流建築家浜口ミホの台所改革論が大きな反響を呼んだ。彼女はその著『日本住宅の封建性』の中で，都市住宅の台所の格式の低さは，台所が女や召使だけの働く空間になっていることに由来する

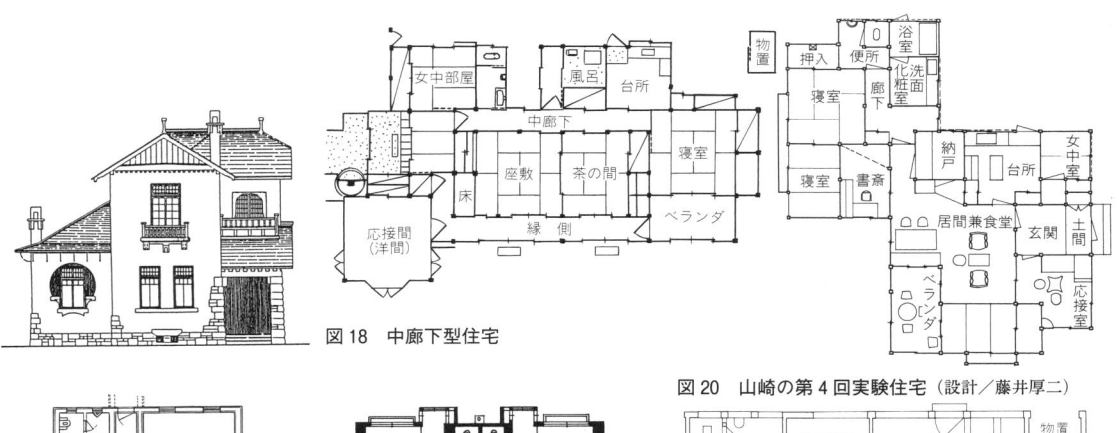

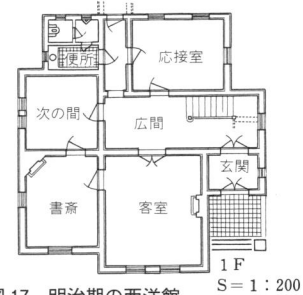

図17　明治期の西洋館

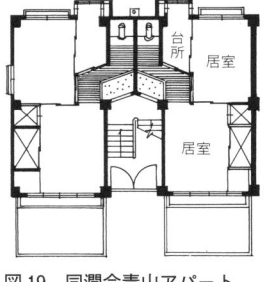

図18　中廊下型住宅

図19　同潤会青山アパート

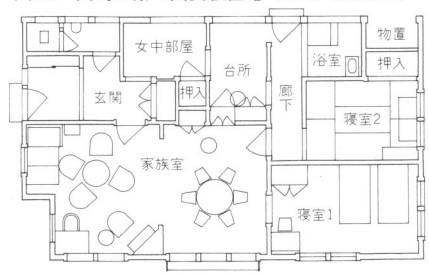

図20　山崎の第4回実験住宅（設計／藤井厚二）

図21　居間中心型住宅

として，台所と食事室を結びつけるべきだと主張した。DK 型式は，こうした社会的啓蒙は別にしても，面積節約という現実の要求と公団住宅に採用されたことによって，その後大きく発展した。1955 年ごろから家庭電化機器が普及し，主婦の家事労働は軽減され，テレビも家庭団らんの場に登場してきた。

公団住宅と DK 型式／1948 年に建設省が設置され，1950 年に住宅金融公庫が発足し，住宅建設の促進が図られた。1951 年には公営住宅法を制定して地方公共団体を事業主体とした公営住宅の建設を促進させた。しかし，住宅復興はなかなか進まず，打開策として 1955 年に独立採算制の日本住宅公団が設立され，大都市周辺に団地が建設された。

公団住宅の入居者は狭いながらも安心して住める 2DK の空間に新しい生活を展開させていった。DK はプレス加工のステンレス流し台と共に主婦の家事労働の軽減と新しい団らんの形式を普及させた。また，洋式便器に加えて，鍵一つで外出できる合理的で清潔な近代住宅を具体的な形で提示した。

工業化・ユニット化の時代／家庭電化時代の三種の神器（冷蔵庫，洗濯機，掃除機）に代わって，昭和 40 年代は 3C（カー，クーラー，カラーテレビ）が求められ，台所設備の機械化，HA 化はより追求され，建築の工業化へのアプローチとも相まって，キッチンユニットの全盛期を生みだした。昭和 30 年代後半から住宅の工業化も追求され，プレハブ住宅は順調に市場を拡大していった。初期は規格型が主流であったが，次第にツーバイフォー方式や自由設計路線がとられるようになっていった。

1970 年にプレキャストコンクリートパネルを用いたプレハブ公共中層住宅の標準設計である SHP が完成し，躯体，内装，設備の工業化の下地が整った。同じく 1970 年にパイロットハウス技術考案競技や住宅用設備ユニットの開発が行われた。

住宅のインテリア化とハウジング／1973 年のオイルショックを経て，住宅の HA 化，高性能化の普及は，主婦を家事から解放した。1975 年にシステムキッチンが登場し，台所のインテリア化が注目されはじめた。そして，狭小化する敷地や悪化する住環境は住戸を閉鎖的にし，さらにインテリアデザインがクローズアップされた。また家族構成やライフスタイルに対応することを目的とした可変住宅が考えられた。生活の多様化と面積増大へのニーズは，間取りと仕上げを弾力的に選べるメニュー方式，自由な内装設計を許すフリープラン方式，躯体と内装を分けて供給する 2 段階供給方式，などの提案を生んだ。公団の KEP や CHS（センチュリー ハウジングシステム）も現在では普及段階に入っている。

図 22　昭和初期の 2 階建て長屋

図 23　立体最小限住宅（設計／池辺 陽）

図 24　公団住宅（4N 型）

図 25　設備ユニット（パナソニック）

図 26　規格型 2 階建てプレハブ住宅

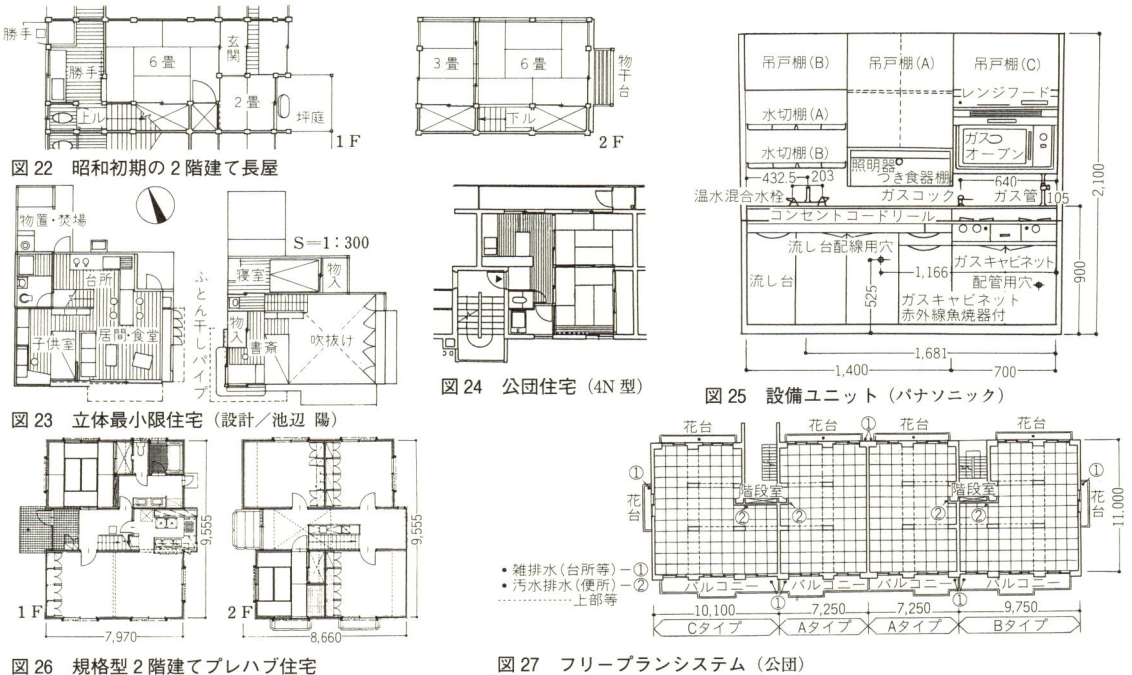

図 27　フリープランシステム（公団）

2.8 家族の多様化とインテリアの技術

家族の多様化／情報や生産技術の発展，少子高齢社会の到来，女性の社会進出など人と住まいを取り巻く状況が大きく変わり，生活の外部化もあいまって，ひとりで暮らす快適性が強まっている．若年，中年，高齢期を通じて，単身層が増加する（図28）とともに，DINKSや気の合う仲間・同じ価値観をもつ非血縁家族が増え始めている．子ども独立後の高齢夫婦の第2の人生，血縁に頼らないグループホームやコレクティブハウジングなどの，新しい家族形態や住まい方が模索されている．

次世代の生活者像と生活空間を検証するために，約6,200人の生活観やライフスタイルを分析した結果，11の住居観が得られた．図29に，主流を占めたリフレッシュ型，団欒型，こだわり型，シンプル型の住居観について人々が大切にする時間や事柄，欲しい物やサービスを調べ，彼らの求める生活の特徴をまとめた．残りの住居観は装飾排除（6.7%），家相尊重（4.7），資産価値重視（1.4），建築家依頼（0.9），シェルター（0.5），近隣調和（0.4），伝統尊重（0.2）の7類型である．

次世代に求められている集住の方向性は「個人空間の重視」：プライベート空間，屋上・地下利用，「自然との関係づくり」：水・緑・光，自然エネルギー，既存建築の利用，「経年変化への対応」：好みの変化・経年変化に合わせて選べる設備・仕切り，「家族や地域での新しい人間関係づくり」：家族・近隣・地域との共有空間の設定などである．ストレスのない住まいや住まいにおける新しい家族の暮らし方などが残された課題となっている．

インテリア設計の技術／こうした家族の多様化とサスティナブル（sustainable）社会に向けて，住宅の長寿命化計画や技術が求められている．2009年に住まいを9つの性能項目（劣化対策・耐震性・維持管理の容易性・可変性・バリアフリー性・省エネ性・居住環境・面積・維持保全性）から認定し，100～200年の寿命を視野に入れた長期優良住宅制度が設けられた．

インテリア設計に関係する技術としてはSI住宅の高耐久可変システム，リフォーム，コンバージョ

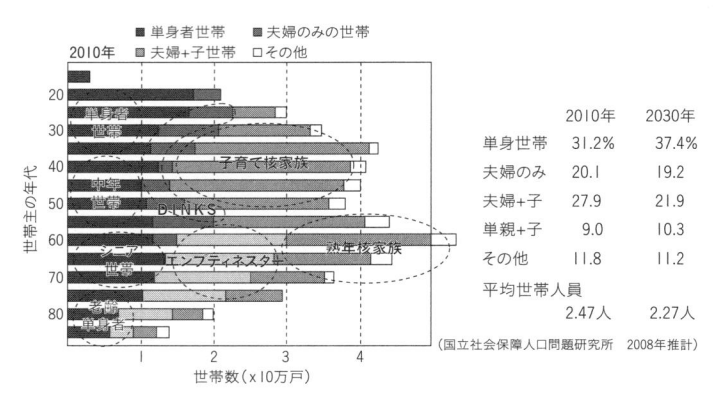

図28 多様化する家族のかたち

図29 次世代型生活者像の類型と特徴

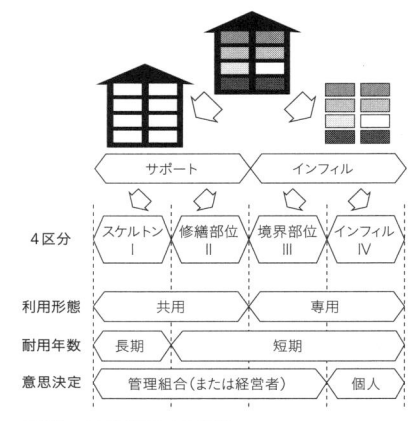

図30 SI住宅の4区分*

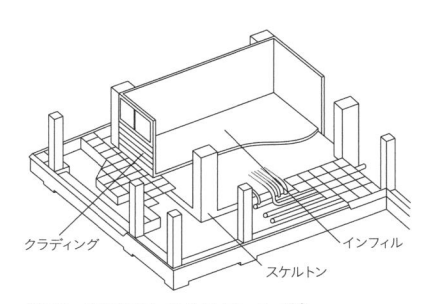

図31 NEXT21のクラディング*

ン，エコハウス，エコマテリアルなどがある。

SI（スケルトンインフィル）方式とは建物をスケルトン（骨格・構造躯体）とインフィル（内装・設備）に分離した建築方式で，スケルトンは長期の耐用性の重視，インフィルは利用者の個別性や将来の可変性を重視している。SI方式の4区分と利用形態，耐用年数，意志決定のあり方を図30に示す。スケルトンとインフィルの中間にクラディング（可変外壁・窓）という概念を位置づけ，将来の住戸設計の変更に対応させている（図31）。クラディングの設置で個人ニーズに応えたリニューアルが可能となり，工事の簡便化や高品質化が実現できる（図32）。Ⅰ：狭義のスケルトンは，100年程度の耐久性を考慮すれば，多様なインフィル設計を受け入れるスケルトンキャパシティ，面積や階高のゆとりが重要な要件となる。Ⅱ：修繕部位は，屋根防水や外壁塗装，エレベーターや配水管等の共用設備，集会室の内装などで，長期修繕計画の対象である。集合住宅では共用立管を共用空間内にとり二重床，二重天井にする（図33）。排水ヘッダー方式（図34）やさや管ヘッダー工法（図35）は生活様式や用途が変化してもインフィルの更新で対応できるため，スケルトンを長期に有効利用できる。テープケーブル工法（図36）は，1mm未満のフラットケーブルを天井のコンクリート面に直接貼ることでビニールクロス仕上げができる。Ⅲ：境界部位は個人の専用であるが，他人にも影響するので管理組合の規定に従う必要がある。窓サッシや玄関扉，バルコニーの仕上げ，外壁の一部，クラディングなどがこれに該当する。これらはリフォーム時に個別設計の鍵となる，特に重要な部位である。Ⅳ：狭義のインフィルは，住戸内部の個人専用部分である。15～30年程度での更新を想定している。

また材料製造時のコストやCO_2負荷が少なく，再利用や再生利用によって環境負荷を削減することができる材料，エコマテリアルを上手に使うことも重要である。木材や石，土，植物，紙といった自然素材や雨水を有効利用し，植栽や菜園など自然の生態系を保全しながら循環的な暮らしを求めているエコハウス，計画から廃棄までライフサイクル全体にわたって環境負荷を低減するライフサイクルローインパクトの考え方も浸透してきた。

振り返ってみると，さまざまな民家やインテリアの原点である洞窟住居なども風土性や生態系を配慮してつくられており，現在求められている環境共生住宅の要件を満たしているものもある。

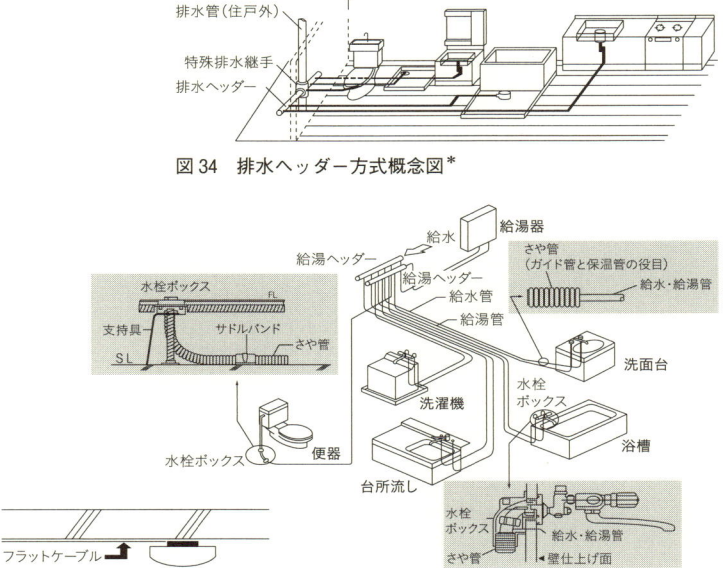

図32 クラディングの組替え例

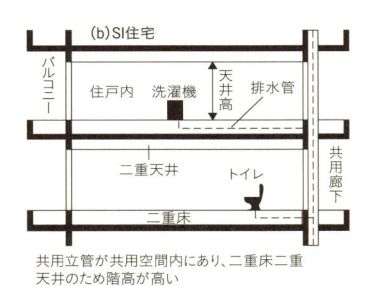

図33 従来の住宅とSI住宅の違い*

図34 排水ヘッダー方式概念図*

図36 テープケーブルによる直配線*

図35 さや管ヘッダー工法概念図*

3 西洋のインテリアと家具様式の変遷

3.1 古代

エジプト／BC 3000年から約2,000年にわたるエジプト文明では，現世は仮の世であって来世が真実であると考えられていた。そこで神殿や墳墓は石材が用いられて不朽の構築物として建てられ，死後のために必要なものが多数埋葬された。それらが当時の生活を知る資料として今日まで残されている。

上流階級の住宅は日干し煉瓦による2,3階建てで，大小多数の部屋から成り，そこでは椅子座式がとられていた。しかし，庶民の住居はヤシの木の骨組に土を塗り込めつくられた1室住居で，床にパピルスが敷かれ，そこにじかに座る平座式の生活が行われていた。

家具は支配階級の地位の象徴であり，特に王のための家具は，象眼や彫刻など豪華な装飾が施されており，なかでも18王朝のツタンカーメンの黄金の椅子は，その豪華さで知られている。

ギリシア／BC 5世紀に最盛期を迎えたギリシア文化は，民主政治が発達した時期でもあり，生活の合理化や簡素化が理想とされていた。当時の住宅はモルタル造漆喰仕上げのコートハウスで，中庭の周りに採光や換気のための回廊がまわり，客室・寝室・居間・主婦室・台所などの部屋が回廊によってつながっていた。家具は生活の機能に適合した実用的で簡素な形態のものとなった。その代表例として，軽快で美しい曲線で構成された女性用のクリスモス，また，男子用の家具として，クリーネと呼ばれる寝椅子があげられる。

ローマ／ローマの領土が次第に広げられていく過程で，道路や新都市が計画され，各地にいくつもの公共建築が建てられていった。そこでは煉瓦とコンクリートのアーチ構造の採用によって今までには見られなかった壮大な建築空間が生み出されることになった。

ローマ時代の住宅は，上層階級の住居であるドムス，庶民のための数階建ての集合住宅であるインスラ，それに田園の別荘あるいは荘館であるヴィラの3種類があった。ドムスはアトリウムと呼ばれる天窓をあけた広場を中心とする表の来客空間と，奥の中庭（ペリステュリウム）を囲んだ家族のための空間とに分かれ，この二つは回廊によってつながれた

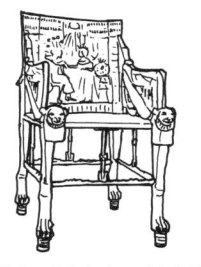

図1　ツタンカーメン王朝時代の王座

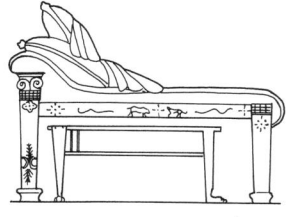

図2　クリスモス*

図3　クリーネとトラペザ*
寝椅子と三脚式の食卓

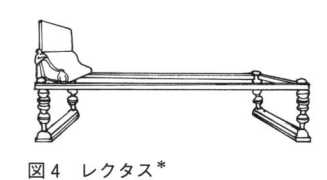

図4　レクタス*

図5　ポンペイの住宅「パンサの家」

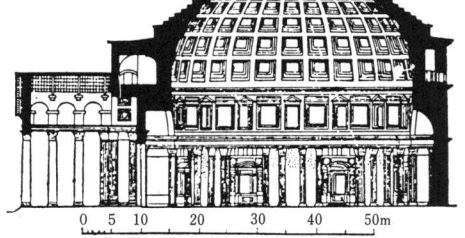

図6　パンテオン（2世紀）の断面図

ものであった。一方，庶民の住むインスラは煉瓦造の粗末な高層アパートで，狭い部屋の中で家族が多数雑居していた。

家具はギリシアの家具から引き継がれたものであったが，ローマでは装飾的な性格をもち，木材のほかに大理石，ブロンズが多用された。代表的なものにレクタス（寝椅子），クノロス（王座）などがあげられる。

3.2 中　世

ビザンティン／東ローマ帝国の首都が AD 395 年にコンスタンチノープルに置かれ，ここでヘレニズム文化とオリエント文化の双方の影響を受けて，キリスト教を中心としたビザンティン文化が 15 世紀ごろまで続いた。この時代の家具はローマ時代の形式が踏襲されたものの，ローマ時代の家具にみられる曲線や半円形などの構成は影をひそめて堅苦しい直線的なものとなり，装飾には東洋的な手法が加わった。代表的な椅子には象牙に薄彫りを施したマキシミニアヌスの玉座があげられる。

ロマネスク／11 世紀から 12 世紀にかけて，西ヨーロッパでは各地の土着の文化とローマ的要素が混和したロマネスク様式が誕生した。ロマネスク建築は教会や修道院の建築を中心に発展したもので，厚い壁，太い柱，半円形のアーチなどが特色となっていた。当時の封建領主の居住はキープ（天守）と呼ばれる城館で，厚い壁に囲まれた内部は巨大で，多目的な広間と数個の付属の部屋があるだけの簡素なものであった。この中にタペストリーで囲われた大きなベッド，ベンチやスツール，架脚式テーブル，それに物入である櫃など，わずかな家具が備えられていた。

家具はアーケードや石柱などロマネスク建築の意匠が取り入れられて，特にこの時代，ろくろ加工の開発によって丸柱のデザインが特色となっている。

ゴシック／12 世紀から 13 世紀にかけて北フランス地方から発し，次第にヨーロッパ各地に広がり，イタリアでは 15 世紀，フランス・ドイツでは 16 世紀まで続いたキリスト教会を中心とした文化である。尖頭形のアーチ，ステンドグラスの窓，垂直性重視のデザインなどが特色の教会や修道院等の宗教建築が盛んに建てられた。

封建領主の住居は，日常生活の上では不便なキープから居住性が重視されたマナーハウスと呼ばれる邸宅に取って代わった。

家具は 14 世紀，薄板を造る技術が発達し，かまち組に薄板を挿入するかまち組板張りとなり，マッシ

図7　ビザンティンの椅子
マキシミニアヌスの王座

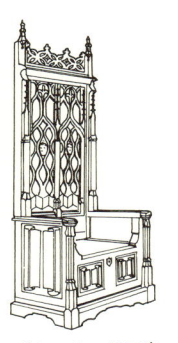

図8　ロマネスクの椅子
（ロクロ加工）*

図9　ゴシックの椅子*
座が櫃になっているハイバックチェア

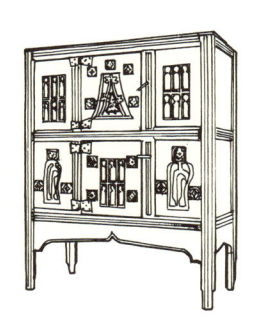

図10　聖具棚
ゴシック時代のチェスト

図11　カッソーネ*
広間の装飾品てもあったチェスト

図12　サヴォナローラ*
人名を冠した折畳み椅子

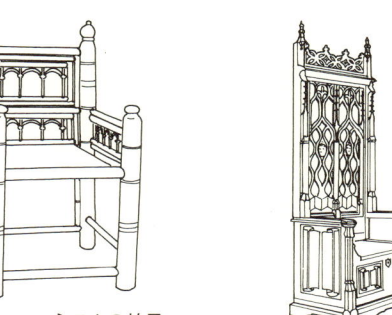

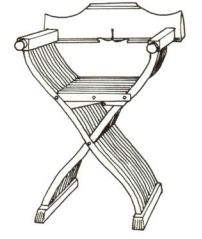

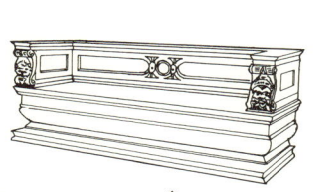

図13　カッサパンカ*
座の部分が櫃になっている長椅子

図14　スガベルロ*
ホールの装飾用小椅子

ブで大型化した。また，材料もオーク材が使われるようになった。特に椅子は移動に際して便利なようにチェスト（物入）付き椅子で，背もたれは板状になって背高く，ここに彫刻などが施された。

3.3 近世

ルネサンス／中世末の宗教的規制や封建制度による重圧から脱し，自由や人間性の回復をうたったルネサンス運動が15世紀初期，イタリアのフィレンツェから発した。ルネサンスとはイタリア語「リナシタ」（再生）に由来し，古代ギリシア・ローマの古典文化の復興を目指すものであった。

イタリアでは15世紀以後パラッツォと呼ばれる建築が貴族の都市邸宅として盛んに建てられる。これは採光と通風のための中庭をもつ3，4階の建物でクラシック様式を基調とし，抑制と調和に満ちた意匠であった。しかし，次第に彫刻や彩画・寄木細工などで埋め尽くした豪華な意匠に変わり，ここで華やかな社交生活が営まれるようになった。

家具は室内に対称的に配置され，その代表的なものは，表面に彫刻を施した櫃のカッソーネ，折畳み肘掛椅子のダンテスカとサヴォナローラ，座面下を物入にした長椅子のカッサパンカ，板脚のスガベロなどがあげられる。

また，フランスでは15世紀末にイタリアの影響を受け，古典的様式で統一されたフォンテンブロー宮のフランソワ1世のギャラリーが完成し，16世紀後期には婦人用の椅子カクトワール（おしゃべり椅子）などが現れた。

バロック／語源は歪んだ真珠を意味するポルトガル語のバロコに由来し，ルネサンス時代の古典的な整然とした形式が崩れ，不規則で不完全なものへと変わった。

この様式は宗教改革の時代（16，17世紀）にローマで生まれ，17世紀後期にはヨーロッパ諸国に拡大した。フランスではルイ14世（1643～1715）のベルサイユ宮殿の造営において，荘重，華麗なる宮庭様式として完成した。ルネサンス期に流行したカッソーネに代わって大型の衣裳戸棚やコモード（たんす）が収納として使われるようになった。フランスのルイ14世様式の家具は，獣足の脚，渦巻状の唐草や花綱の彫刻，金銀めっきが多用され，室内装飾家アンドレ・シャルル・ブールが得意とした黒檀などの木部に鼈甲・象牙・金・銀・銅・真ちゅうなどの象眼などが特徴となっており，太陽王と呼ばれたルイ14世の絶対的権威を象徴した男性的で，豪壮なものであった。

図15　カクトワール*
婦人用の談話椅子

図16　エリザベス様式のカップボード

図17　イタリアンバロックの椅子*

図18　バロックの家具*
A.C.ブールのキャビネット

図19　ベルサイユ宮殿のインテリア

図20　クイーンアン様式の椅子*
オープンワークの背もたれとガブリオールが特徴

図21　ルイ15世様式のコンソールテーブル

ロココ／ルイ15世（1715～1774）の治世になると貴族は堅苦しいベルサイユの宮廷生活から離れ，パリ市内に館を構え自由で快適，享楽的な生活を行うようになった。その中心的な存在は女性であり，このため，室内は女性好みの快適さや安楽さが求められ，繊細で優雅な装飾が行われるようになった。

ロココの名称は，庭園の飾りとして洞窟に使われる人工の岩のロカイユと，ポルトガル語のバロコという言葉が合成されたものである。ロココ様式の特色は，シンメトリーの原則が破られ，アシンメトリーやアンバランス，曲線輪郭などの自由な形式がとられるようになったことである。部屋の形なども八角形やコーナーを丸くしたものが多く，円，楕円などの曲線が多用され，色も淡いソフトな色調が好まれた。

ルイ15世時代の家具は，軽快繊細で曲線による構成がとられ，材料はオークやウォールナットが使われた。特に，椅子は脚にカブリオール（猫足）が用いられ，優雅な曲線の額縁の中に，絹地やゴブラン織りの布地が張られる快適性の高いものとなった。

イギリスではこの時期，家具作家トーマスチッペンデール（1718～79）による中国風（シノワズリ）のモチーフやリボン状の背板をもつ椅子などが流行した。

新古典主義／18世紀になると古代ローマ遺跡などの発掘によって，ギリシア・ローマの古典様式への関心が急激に高まり，オーダーを主体とした厳格で簡素な様式にと変わった。この様式をネオクラシシズム（新古典主義）と呼んでいる。ロココの特色である曲線は再び直線に復原し，古典的なプロポーションの美が求められた。フランスではルイ16世の時代の家具は，直線と矩形が基本にされ，ギリシア時代の装飾が用いられた。

イギリスでは建築家ロバート・アダム（1728～92）がインテリアと家具のデザインの分野に軽快で優雅な新古典主義を広めた。また，ジョージ・ヘップルホワイト（？～1786）とトーマス・シェラトン（1751～1806）がそれぞれ楯形の背もたれをもつ椅子，方形の背もたれの椅子をトレードマークとする機能的で軽快な家具様式をつくり上げた。

コロニアルスタイル／1492年のアメリカ大陸発見以来，ヨーロッパ人が自由な天地を求めてこの地に渡り，1776年に独立建国を宣言した。ヨーロッパ各国人は本国の生活様式を持ち込み，出身国により特徴あるアメリカ大陸におけるコロニアルスタイルを造り出した。

また，シェーカー様式は，俗世間から離れ，労働と信仰の生活を送るシェーカー教団によってつくら

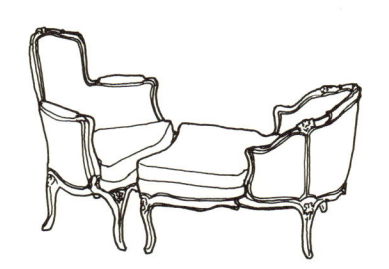

図22 ロココ時代のデイベッド 　図23 チッペンデール様式の椅子*
リボンバックの背もたれが特徴　図24 ベルジェール（フランス）*
ロココ様式と異なり肘木が前脚に連続　図25 ネオクラシシズムの家具*
コモード（フランス）

図26 アダム様式の椅子*
メダイヨン（円形装飾）が特徴　図27 ヘップルホワイト様式の椅子*
楯形の背もたれが特徴　図28 シェラトン様式の椅子*
方形の背もたれが特徴　図29 シェーカー様式のロッキングチェア*

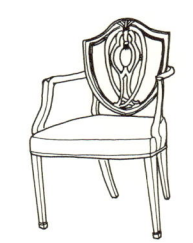

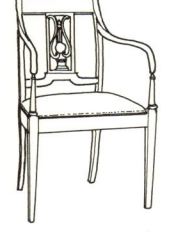

れた家具様式で，一切の装飾を取り除き構造と形態を単純化した機能的なもので，モダンデザインに通じる形式を作り出した。

3.4 19世紀

アンピール様式／フランスではローマ帝国の復興を夢みたナポレオンが1804年皇帝となり，古代ローマ様式を再現しようとする傾向が一層高まった。これをアンピール（帝政）様式と呼ぶ。装飾要素としてはエジプト風の蛇，スフィンクス，ギリシアの雷紋，ローマ風の鷲，Ｎの頭文字の花輪，月桂樹などが用いられ色調は褐色や赤の地に金や黒で装飾された。

ビーダーマイアー様式／ドイツ・オーストリアでは1815年ごろから市民階級が流行を支配する時代に入ったといわれ，そのころの様式をビーダーマイアーという。これはアンピール様式を基調とし，装飾モチーフを取り除いて簡素で実用的にした様式であった。

リージェンシー様式／アンピール様式の影響を受けたイギリスの様式で，古代ギリシアの様式のほかエジプトや中国などの影響をも受けており，トーマスホープ（1769〜1831）やジョージ・スミス（1804〜28）などの活躍があった。

3.5 近代

近代とは産業革命によってもたらされた機械による大量生産品と手作業による一品生産との関係が論議され，過去の時代様式から決別し，新しい様式を生み出すための経緯ともなる時代であった。

アーツ・アンド・クラフツ運動／機械化による低俗な生産品が氾濫している中で，ウィリアム・モリスは「造る者も使う者も喜びを感じるもの」をつくることを主張し，機械生産を否定し，手工技術による良質な製品の生産，販売を行うために，1861年「モリス マーシャル フォークナー商会」を設立した。この運動はアーツ・アンド・クラフツ運動と呼ばれ，その後のヨーロッパ諸国のデザイン運動に大きな影響を与えた。

アール・ヌーヴォー／モリスの運動に刺激され，1890〜1910年ごろにかけてベルギーやフランスを中心に過去の様式と決別し，新しいデザインを創造しようと，植物の曲線を源泉とした装飾的な形式が生まれた。この時期ベルギーではヴィクトル・オル

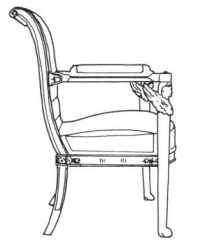

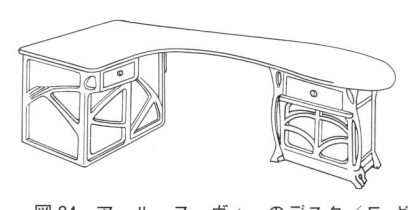

図30　アンピール様式*　図31　リージェンシー様式*　図34　アール・ヌーヴォーのデスク／E.ギマール　図35　ラダーバックチェア／C.R.マッキントッシュ*

図32　レッドハウスの室内　図33　オルタ アトリエの室内　図36　水晶宮

タ，ヴァン デ ヴェルデ，フランスではエクトール・ギマール，エミール・ガレ，マジョレルなどの作家が活躍した。また，イギリスではマッキントッシュを中心とするグラスゴー派が直線的な構成と有機的な装飾を組み合わせた独特の作品を造り出した。

ゼツェッシオン（分離派）／1897年，画家のグスタフ・クリムトを中心に，オーストリアのウィーンの芸術家たちによって従来のアカデミズムからの分離を唱えて幾何学的造形形式が生み出された。建築家オットー・ワグナーの用と美の調和を目指した「実用主義」が思想の柱の一つとなったこの時代，ワグナーのほかヨゼフ・ホフマンの作品があげられよう。

ドイツ工作連盟／機械と芸術との統一を目指して1907年，ミュンヘンにおいてドイツ工作連盟が結成された。ここではデザインの指標として，簡潔さや合理性を意味するザッハリヒカイト（即物性）が唱えられた。鉄，ガラス，コンクリートといった工業材料を用いて，ペーター・ベーレンス，ブルーノ・タウト，オーギュスト・ペレらの作品が造られた。

デ・シュテイル／1914年から18年までは第一次世界大戦のため社会は混乱し，デザインは一時期停滞，あるいは新しい運動への萌芽の時期にあった。1917年オランダではモンドリアンを中心に抽象芸術の機関誌「デ・シュテイル」が創刊され，抽象運動の核となった。リートフェルトはこの原理を「青と赤の椅子」に応用している。

バウハウス／アーツ・アンド・クラフツ運動以来の理念のもとに，1919年，ドイツのワイマールにデザイン教育のための学校としてバウハウスが設立された。建築家のワルター・グロピウスをはじめとして，パウル・クレー，モホリ＝ナギ，ヨハネス・イッテン，ワシリー・カンディンスキーらが教師として参加した。ここでは工房活動を中心に「芸術と技術の新しい統合」が目標とされ，装飾を排除して，合理的機能的形態が追求された。1925年，ワイマールの政治事情のためバウハウスはデッサウに移り，ここで，マルセル・ブロイアーの鋼管椅子，ミース ファン デル ローエのバルセロナチェアなどの近代デザインを象徴するいくつかの家具が生まれた。

アール・デコ／装飾の問題は近代運動とは距離をおいていた建築家やデザイナーの間でも論議され，その成果が1925年に開催された「パリ装飾博覧会」で結実した。ここでは独特の装飾的スタイルが見られ，この展覧会の名にちなんでアール・デコの名で呼ばれ，第一次～第二次世界大戦の戦間期に花開いた華やかな都市文化の象徴であるといえよう。

図37 ストックレー邸

図38 レッドアンドブルー／G.T. リートフェルト＊

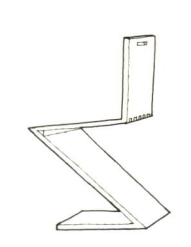

図39 ジッグザッグチェア／G.T. リートフェルト＊

図40 デッサウのバウハウス校舎

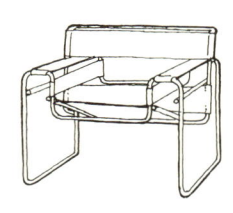

図41 ワシリーチェア／M. ブロイアー（スチールパイプ＋皮革）＊

図42 チェスカチェア／M. ブロイアー（スチールパイプ＋籐ネット）＊

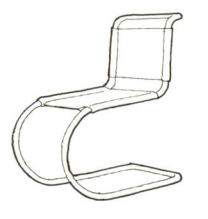

図43 MRチェア（ミスターダイニング）／ミース ファン デル ローエ（スチールパイプ＋皮革）＊

図44 バルセロナチェア／ミース ファン デル ローエ（クロームメッキ鋼＋皮革）＊

4　第二次世界大戦後のデザインの流れと日本の現代家具

　第二次世界大戦後の家具・インテリアデザインの流れは，大きく北欧，アメリカ，イタリアおよび西ドイツの四つに分けられる。

　スカンジナビア／デンマークを中心に，北欧諸国は戦後ヨーロッパの中でもいち早く，家具・インテリアデザイン産業を足がかりとして，産業復興を果たした国々であった。戦前からカーレ・クリント（デンマーク），ブルーノ・マッソン（スウェーデン），あるいは建築家アルヴァ・アアルト（フィンランド）などによるデザイン分野での活躍があったが，そうした技術的蓄積と，伝統のクラフト（手工業）を生かした北欧特有のモダンデザインが展開された。北欧デザインの特色は，北欧の人々の国民性と生活が反映されたもので，合理的で，しかも穏健，高品質の家具・インテリア製品の生産が行われた。特に1945～60年にかけて，ハンス・ウェグナー，アルネ・ヤコブセンらの活動によって，デンマーク家具の黄金時代が築き上げられた。

　アメリカ／ナチスの台頭によってバウハウスで活動したデザイナーの多くはアメリカに移住して，第二次世界大戦後の1950年代からデザイン界の主流が次第にアメリカに移っていった。ここでは，高度な工業技術と資本力を背景に，工業化，量産化をテーマに斬新なデザインが生み出されていった。アメリカの家具は，アルミニウム，プラスチック，合板などの工業材料が用いられ，工業化の手段のなかで生み出されたため，チャールズ・イームズ，ジョージ・ネルソンのような工業デザイナーの手によるものが多かった。また，一方では，ノル社を中心にして，エーロ・サーリネン，ハリー・ベルトイア，ウォーレン・プラットナーなどの家具デザインへの貢献もあった。

　イタリア／北欧・アメリカに次いで戦後1960年代から世界のデザイン界をリードした国がイタリアであった。その基をつくり上げたのがジオ・ポンティで，デザイン誌「ドムス」あるいはトリエンナーレ展がデザイン活動の中心となった。イタリアデザインの特色はデザイナーの個性や感性がそのまま形態に現れるなどの，きわめてユニークな造形性をもつことであった。代表的なデザイナーに，トビア・ス

図1　成形合板の椅子／A. アアルト

図2　パレットチェア（バッチェアーズチェア）／H.J. ウェグナー（木）*

図3　ザ チェア／H.J. ウェグナー（木）*

図4　スワンチェア／A. ヤコブセン（硬質発泡樹脂＋アルミダイカスト）*

図5　ワイヤーチェア／H. ベルトイア（スチールワイヤー＋スチールロッド）*

図6　ラウンジチェア／C. イームズ（成形合板＋皮革＋アルミダイカスト）*

図7　スーパーレジェーラ／G. ポンティ（トネリコ材）*

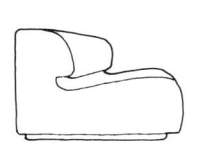

図8　ソファ「ボボ」／C. ボエリ（発泡ウレタン）*

カルパ，ヴィーコ・マジストレッティ，ジョエ・コロンボ，マリオ・ベッリーニ，などをあげることができる。

西ドイツ／1970年代オイルショックによってデザイン界は世界的にも一時期沈滞したものの，1980年代に入ると，西ドイツを中心にオフィス家具を対象として，新しい展開が始まった。オフィスオートメーションが普及する過程で機能性が重視され，いくつかのメカニズムが組み入れられた家具が開発され，新しい形態が提示されることになった。

ポストモダン／近代建築国際会議（CIAM）が解体した1956年前後からモダンデザインの危機が叫ばれはじめ，モダンデザインが陥っていた禁欲的態度から脱し，風土や伝統，歴史的関連のなかに新しい創造の道を見いだそうとする傾向が現れてきた。1961年のアーキグラム（ロンドン），1966年のスーパースタジオなどによるモダニズムの否定・解体・超克などといったさまざまな動きである。このような状況下で，チャールズ・ジェンクスは1978年『ポストモダニズムの建築言語』を著し，反モダニズムの傾向を系統付け，整理し，総称してポストモダニズムと名付けた。ポストモダニズムの主眼は隠喩性，歴史主義，さらにポピュリズムと装飾の問題を突き詰めていくことにあった。家具・インテリアの分野では，イタリアではエットーレ・ソットサス，アンドレア・グランジ，アレッサンドロ・メンディーニなどによって1981年にグループ「メンフィス」が結成され，マイケル・グレーヴス，ハンス・ホライン，倉俣史朗，梅田正徳などの世界のデザイナーが参加し，多様な作品をつくり出していった。

日本の家具デザイン／第二次世界大戦後は工芸指導所が中心となって，洋家具のデザインの普及，開発の指導が行われ，格段の進歩をとげた。工芸指導所は1952年産業工芸指導所（のちの製品科学研究所）と改称し，剣持勇をリーダーとして，戦時中の航空機の生産技術を生かした成形合板家具や量産具・プレハブ家具の研究を進めた。

一方，住宅公団によるダイニングキッチンの普及もあって，一般庶民の生活にも次第に椅子式の洋家具を用いる生活が定着していった。デザイン分野では，渡辺力，剣持勇，柳宗理，田辺（村井）麗子などの手による家具が世界的にも高い評価を受けることになった。また，家具業界によるデザイン競技会の開催，インテリアと家具の人間工学的研究の成果などによって，日本のレベルも次第に世界の水準に近づいてきた。

近年はイタリアンモダンをはじめ，海外の影響を受けたデザイナーの国際的進出がめざましく，喜多俊之，倉俣史朗，川上元美などや，その他若手のデザイナーの台頭が目立っている。

図9　セレーネ／V.マジストレッティ（強化ポリエステル）*

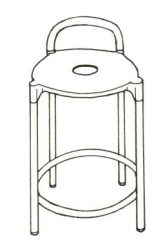

図10　カステルハイストゥール／A.C.フエリェーリ

図11　籐椅子／剣持 勇*

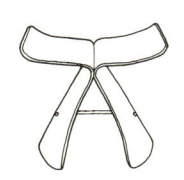

図12　バタフライチェア／柳宗理（成形合板）*

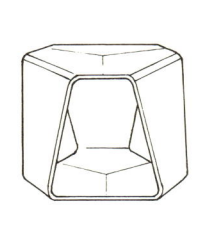

図13　ムライストゥール／田辺麗子

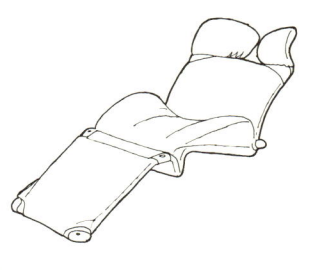

図14　ウィンクチェア／喜多俊之*

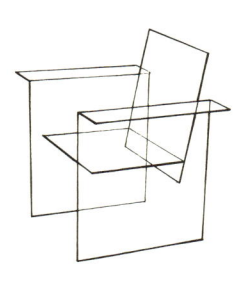

図15　ガラスの椅子／倉俣史朗

図16　ブリッツ／川上元美

5 人間工学の意味と人体寸法

5.1 人間工学とは

人間にとって，インテリア空間は衣服に次いで身近な存在である。衣服が着る人それぞれのからだに合って着心地の良いことが一番であるように，インテリアもそこで過ごす人々のからだや感性に合って住み心地や住まい勝手の良いことが，まず基本となる。インテリア空間の快適さとは，そこで過ごす人間の肉体や生理，心理や行動など，人間のもつ特性に応じて造られることがまず必要であろう。

人間工学とは，「人間に直接かかわりをもつあらゆるシステムについて，人間の種々の特性を知って取り込み改善する工学」と定義されている。この意味で，人間に最も身近な環境であるインテリア空間を計画していくうえでは欠かせない学問と言えよう

（図1）。もともと人間工学は機械と人間との関係をより良い状態に改善，改良しようとの思想から生まれた。産業革命以来，機械文明の発展はめざましく，それは人間の社会に大きな利益をもたらしたが，一方では機械と人間との間に不協和音を生じさせた。このギャップを埋めようとするのが人間工学の基本的な考え方である。

ヨーロッパでは人間工学をエルゴノミックス（ergonomics），アメリカではヒューマンファクターズエンジニアリング（humanfactors engineering）と呼んでいる。エルゴノミックスとはギリシア語でergon（仕事）と nomos（管理，法則）の二つの言葉を組み合わせてできた造語で，ヨーロッパでは労働科学に視点が，アメリカではシステム工学的な意味合いが強い。

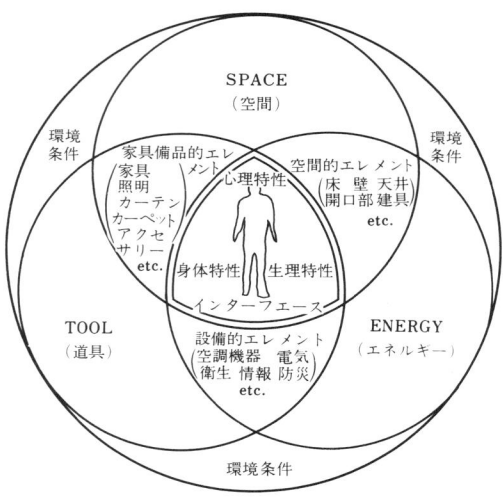

インテリア空間における人間とのインターフェース（接点）の計画・設計に際し，人間（MAN）の種々の特性（身体的・生理的・心理的）を考慮し，快適・効率的にすごせるよう整合性をはかる

図1　インテリアの人間工学

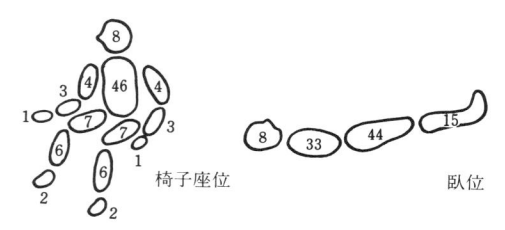

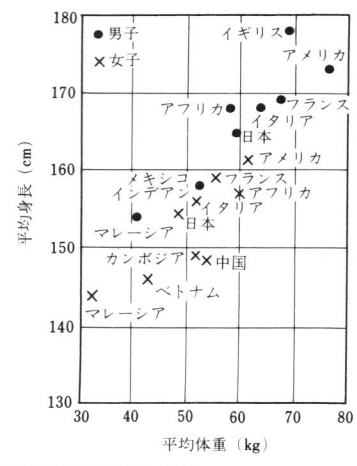

図2　各国人種の平均身長と体重

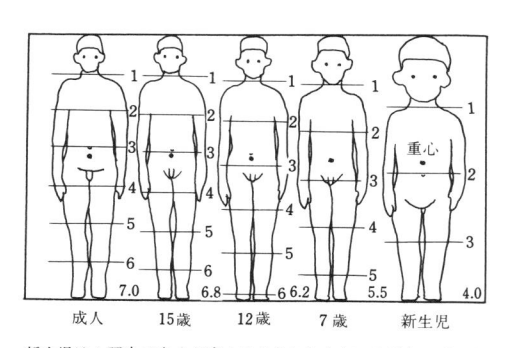

図3　人体各部の重量比（％）

図4　年齢とプロポーション

新生児は4頭身であるが成人になるにしたがい8頭身に近づく

5.2 人体寸法

人間工学の最も基本となるのが人体寸法である。人体および人体各部の形態の特徴と寸法などを計測し，標示することを人体計測という。近年，人体に関する計測資料もたくさん整備され始めているが，建築インテリアへの応用として利用できる形になったのはごく最近のことである。

人体の大きさは普通，身長，体重，座高，眼高などのように平均値で示される。しかし，当然ながら個人差もあれば，年齢，性別，民族，地域，職業，経済的な条件などによってもいくばくかの差が現れる（図2）。衣服や家具，それに身の回りの道具，機器などは，それぞれの民族や国民のからだの大きさに合わせて造られているため，海外の製品がそのまま日本人に必ずしも適合するとは限らない。また，年齢によってからだの大きさは異なるが，成人になるに従い，身長および身体各部位は大きくなり，何よりもの特徴は頭部と身体との間でプロポーションが異なることである（図4）。これは重心位置の違いに現れて，乳児・幼児は重心位置が成人に比べ，上方に位置して安定性がやや悪くなる。成人になると身長と人体各部の計測値との間では，ほぼ比例関係がある。身長を基準にして，人体の主要部位の寸法を求めた換算値がよく用いられる（図5）。

人体各部の質量の配分も設計時に必要になることがある。人間のからだは，頭部，胸部，脚部など各ブロックに分かれていて，それぞれがジョイントされた状態となっていると思えばよい（図3）。

5.3 人体寸法と設計

人体寸法の計測値を使うにあたって注意することが三つある。その一つは人体寸法がそのまま設計寸法にはならずに，"あき"を考えることが必要となることである。"あき"の寸法をどの程度増減するかは設計される対象物によって異なる。衣服の場合"あき"の寸法は小さいが，空間となると"あき"の取

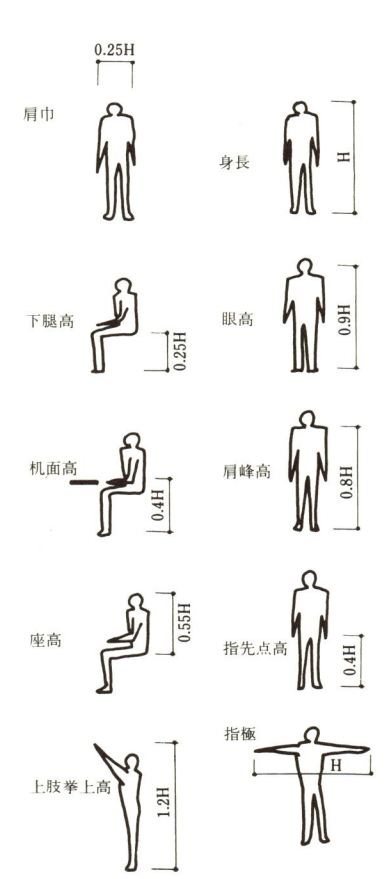

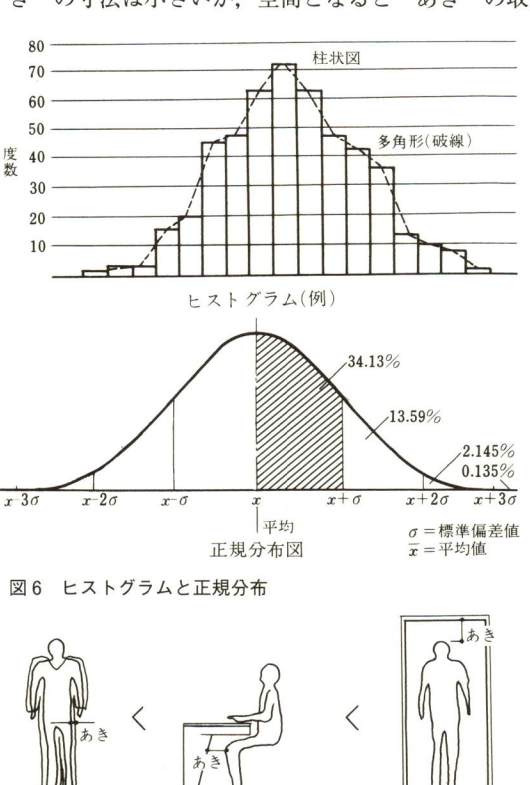

図5 人体比例略算値

図6 ヒストグラムと正規分布

衣服→家具→インテリア→建築になるにしたがい設計上の"あき"のもつ意味が大きくなる

図7 人体寸法とあきの意味

り方は大きくなる。こうした"あき"の重みづけをよく理解して人体寸法に"あき寸法"を見込み設計寸法を設定することである（図7）。第2に，人体寸法は通常，平均値で表される。だが，人体寸法の平均値を採用すれば全部の人々に対して適用できるというのは大きな誤解である。平均値の採用は，その近くに相当する人々のみに適用されるだけで，それ以外の大半の人々は原則的に適応範囲から外れることになる。人体計測図表を用いる際には，平均値と標準偏差値を用いて操作すれば大小さまざまな人体寸法を，導き出すことができる。そうした操作を行って，ケースバイケースで人体寸法値の適応範囲を見極めつつ設計寸法を決定する（図6）。第3に，人体寸法を組み込む際，設計対象ごとに人体寸法を優先させる方向性について考えることである。空間やエレメントは通常立体的で，その寸法は間口，奥行，高さなどX，Y，Z軸の三次元で示される。衣服は人体に適合するよう三次元の方向で人体寸法が適用されなければならないが，机やテーブルなどは，甲板の上に載せられる"もの"や，机が配置される空間の寸法を考慮して寸法は決められなければならない。この際，人体寸法は主として高さ方向，間口や奥行方向にはものや空間寸法を優先させると合理的な設計寸法が得られる。以上のように人体寸法の優先順位を適宜使い分けていくことが大切である。

5.4　姿勢，作業域，動作空間

インテリア空間の中では各種の生活行為に応じて人間のさまざまな姿勢がとられるが，基本的には次の四つに分けることができる。①立位姿勢，②椅子座姿勢，③平座位姿勢，④臥位姿勢。これらの代表的姿勢に生活の仕方を対応させて，従来からの日本の畳の上での生活を平座式生活様式，椅子やベッドなどを用いる西欧式の生活を椅子座式生活様式と呼ぶ。前者は生活の基準点が床にあり，後者は椅子の座面部にあると見なすことができよう（図8）。

さて，人間工学的には日常生活の中でも目的に応じて，それぞれ正しい生活姿勢を確保する必要があろう。正しい姿勢とは，生理的にカロリー消費が少

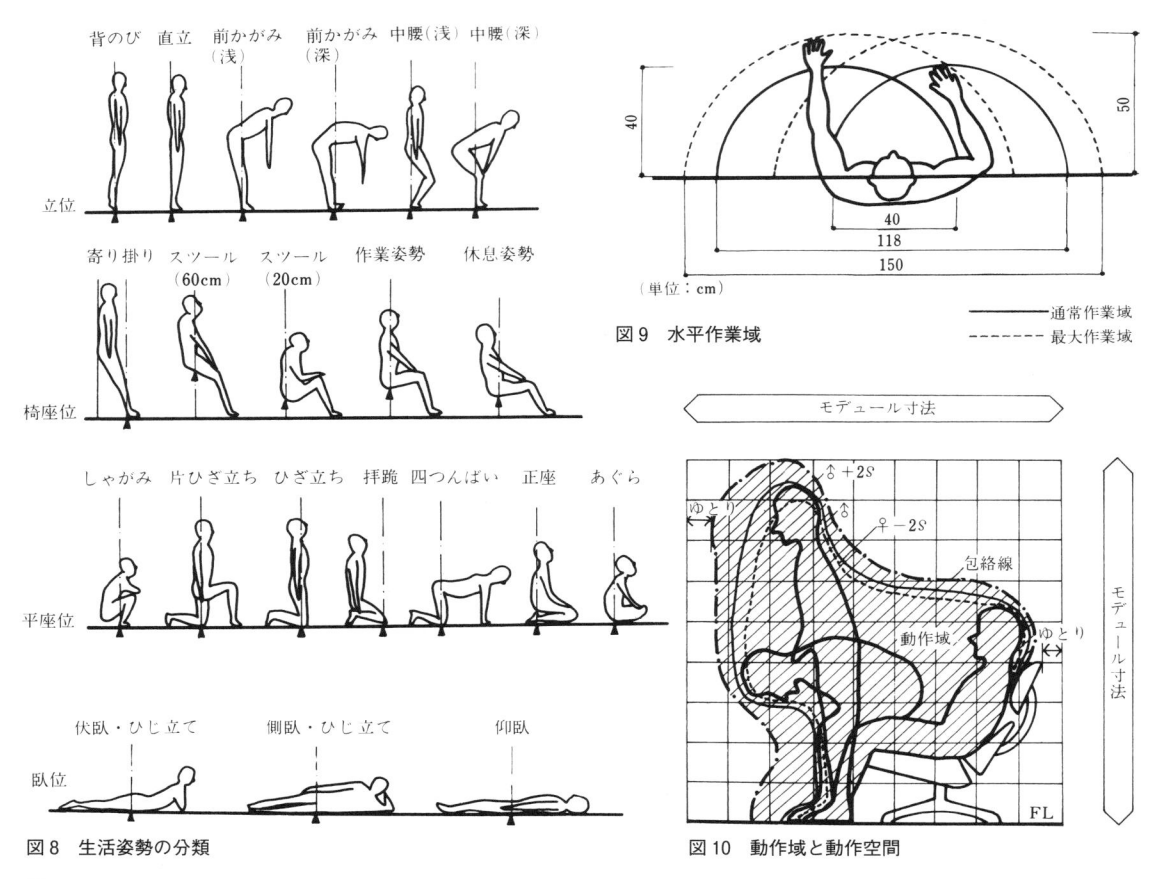

図8　生活姿勢の分類

図9　水平作業域

図10　動作域と動作空間

なく，からだの重心位置や力の伝わり方も合理的で疲労部位も少なく，効率よく力やエネルギーが出せるような状態を造り出すことである。不合理な姿勢がとられていれば，作業効率が落ちるばかりか，疲労し，身体の故障の原因となる。また不自然な休息姿勢であれば十分に休養するに至らない。姿勢が正しいかどうかを測るには次のような方法がある。

①姿勢・動作の観察を行い，姿勢の乱れ，不自然さをチェックする（図12）。
②体の重心位置，身体各部間の角度などを測定し，身体力学の立場から良否を判定する。
③疲労部位の調査を行い，疲労部位を知り，問題点の抽出を行う（図11）。
④筋電図やカロリー消費量などの測定分析を行い，生理学上から姿勢の適合性を確かめる。
⑤官能試験などの検査法により，主観的感覚量を数値などに置き換えて評価する。

次に，人間が一定の場所にあって，身体各部位を動かしたとき，そこに平面的あるいは立体的にある空間領域がつくられる。これを動作域といい，特に手足で作業が行えるに必要な空間領域を作業域と呼ぶ（図9）。作業域は自動車の運転席やコンピューターのワークステーションの設計に際して，よく用いられる。作業域の範囲内に作業に必要な機器類が適宜配置されていなければ，無理な姿勢や動作を強いられることになり作業もスムーズには行われない。作業域は頻繁に細かな作業を行うことのできる通常作業域と，手を最大限に伸ばしての作業が可能な最大作業域などに分けて考えることができる。

動作域に加えて，動作に必要なものの寸法を含めた空間領域を動作空間という（図10）。ある動作をするとき，周囲の空間を小さくしていくと動作はできるものの，無理な姿勢になったり動作に不自然さが出るようになる。これが最小空間である。次に少し余裕のある空間にすると，作業はスムーズになり，疲労も少なくなる。これが必要空間である。インテリア空間を計画するには，こうした動作空間の大きさが基本となって組み立てられていく（図13）。

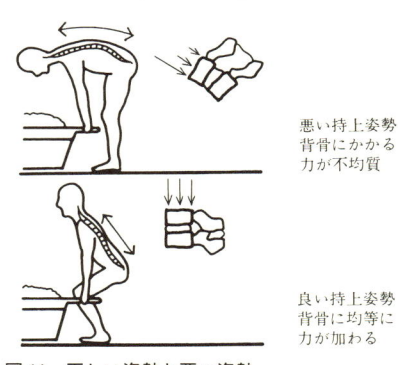

図11 正しい姿勢と悪い姿勢

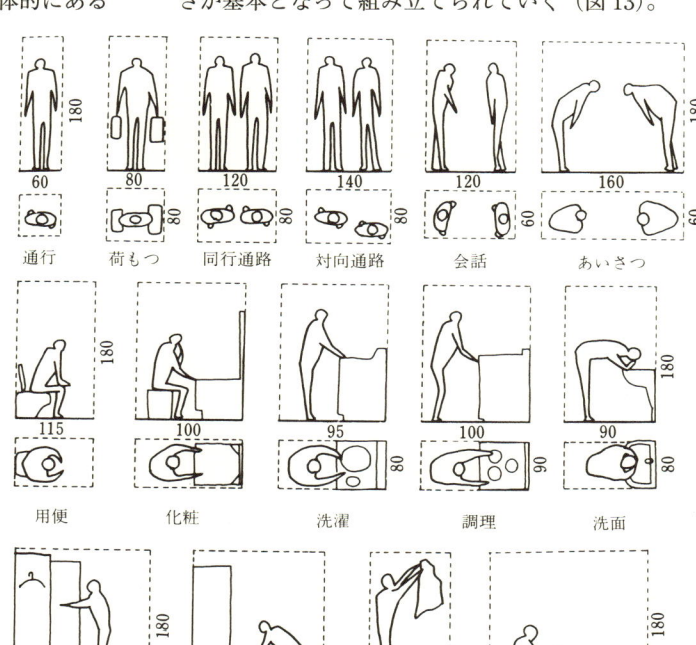

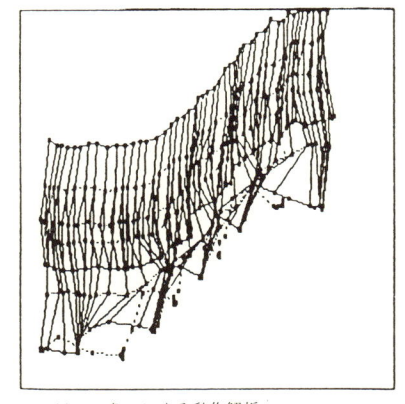

図12 動作解析手法の例

図13 動作空間（例）

6 家具・設備への人間工学の応用

6.1 椅子，ベッド

　椅子やベッドは人間のからだを支えるもので人体とのかかわりが強い。そこでこれらを人体系家具と呼ぶ。

　人間は2足歩行の動物で，身体構造上では2本足で立って合理的なように造られているため，立っているときは下肢は疲れるが上体の方は自然である。だが，座ると下肢は楽になるものの，上体の姿勢に無理が生じる。それは座ると骨盤が後方に回転して背骨がアーチ型に曲がるためである。座ると2足歩行に進化する前の4脚動物と同じ背骨の形に戻ってしまう。このため内臓が圧迫され脊柱の椎間部分にも無理が生ずる。座った姿勢に無理があれば，これを修正するための補助具が必要で，その補助具が椅子と考えればよい。したがって椅子で大切なのは座面よりもむしろ背もたれ部分であって，背もたれの支持の仕方が椅子の機能に大きくかかわってくる。

　椅子の座り心地を左右する因子には，①寸法・角度，②体圧分布，③クッション性などがある。まず

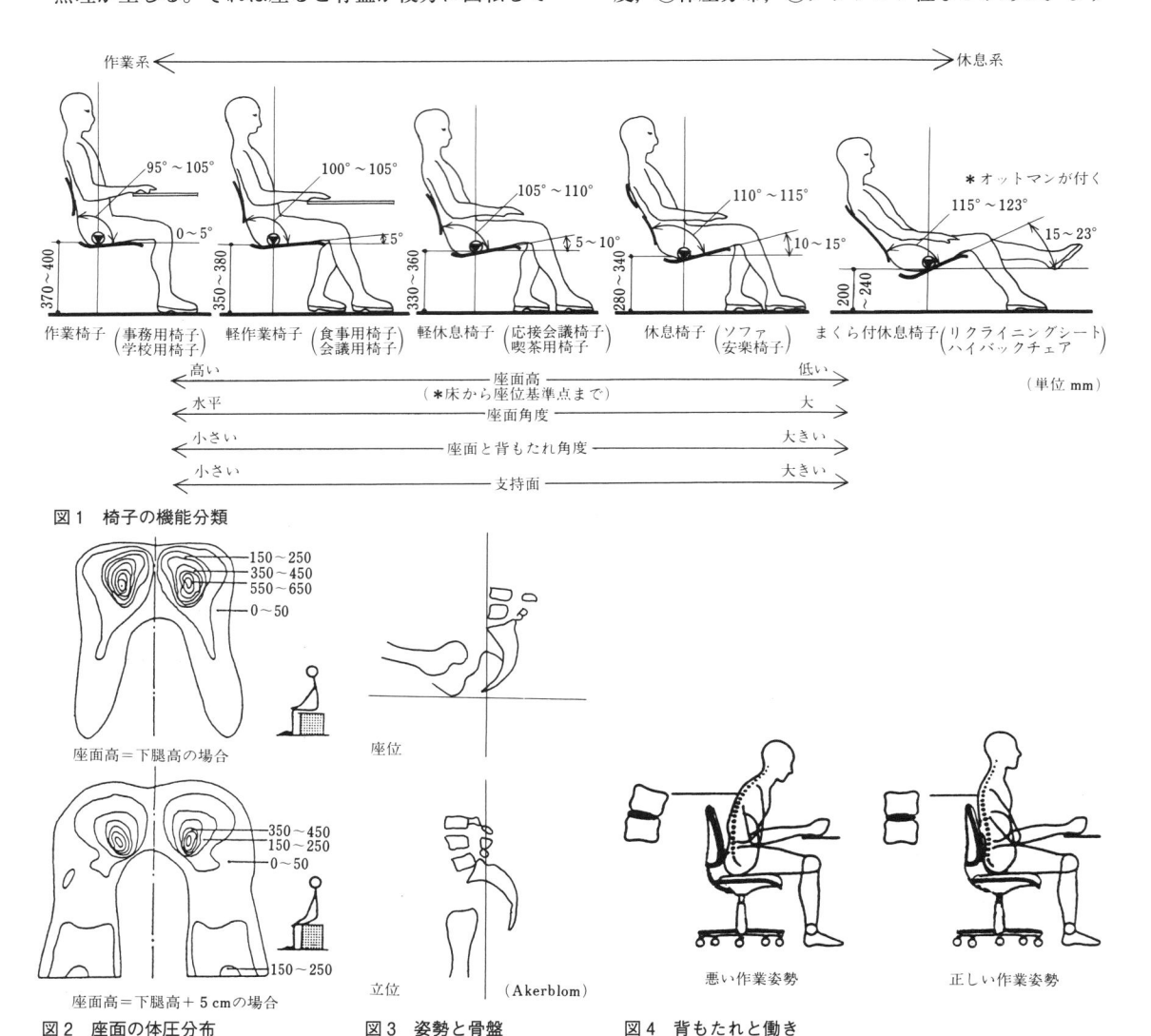

図1　椅子の機能分類

図2　座面の体圧分布

図3　姿勢と骨盤

図4　背もたれと働き

椅子で重要なことは目的に応じ正しい椅子座姿勢が保てるか否かで，そのためには座面の高さ，奥行，角度，背もたれ支持点の位置，背もたれの角度などが適切であることが必要である。機能という観点から，椅子は作業性のあるものから休息性のあるものまでおおよそ五つのタイプに分類することが可能である（図1）。これらの支持の仕方を示すものが椅子の支持面のプロトタイプで，これは椅子の出来上がりの形状ではなく，人間が座って沈み込み，落ち着いた状態での最終安定姿勢で表される。人体とシート面との間に生じる圧力分布の違いを示すものが体圧分布であり，体の側から大きな圧力が加わってよい部分とそうでない箇所がある。椅子の座面が高すぎるような場合には，大腿部の前縁部に圧力が加わりすぎ，血行障害や不快感を起こす原因となる（図2）。椅子の寸法の原点を座位基準点（座骨結節点位置）といい，座面の高さとは，ここから床までの垂直距離を指す。

ベッドも機能的には椅子と同じ原理で考えればよい。人間は寝ころべば重力から解放されて一番楽な姿勢となる。だが，頭部と胸部と骨盤の三つのブロックが頸椎と腰椎の二つのジョイントで結ばれていて，それぞれに重力が働く。あまり柔らかすぎるマットレスや布団であれば，重いブロックの部分が沈み込んで体はW字となってしまう。こうなると正しい寝姿勢が確保できず，体圧分布も不適切となる。人体を支えるマットレスはよいクッションを保つことが大切で，現在3層構造をもつものが良いとされている（図6〜9）。

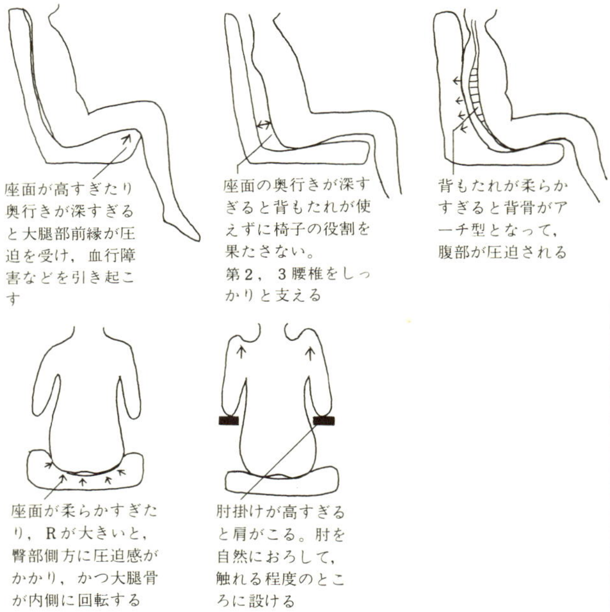

図5 椅子の座りごこちに関するチェックポイント

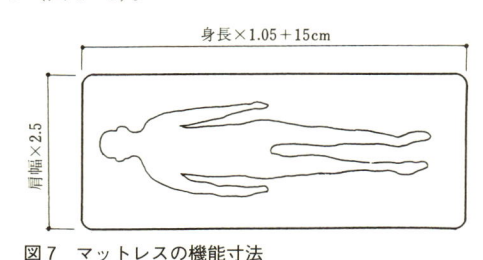

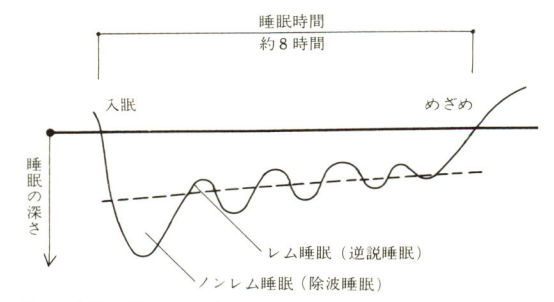

図6 人間の眠りのリズム

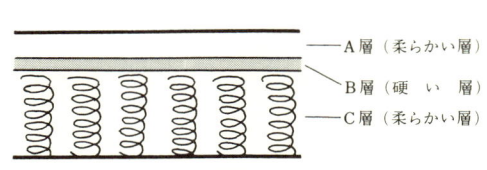

図7 マットレスの機能寸法

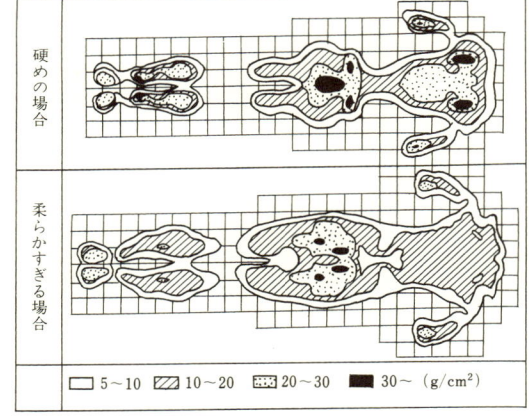

図8 マットレスの体圧分布

柔らかすぎるマットレスは身体が沈み体圧分布が不適切となる。やや硬めのマットレスのほうが体圧分布は適切である

図9 マットレスの三層構造

6.2 テーブル，デスク，カウンター

テーブルやデスクはかつて台類と呼ばれていた。それは"もの"を載せて，そこで作業が行われる台であるとの意味からである。同じ家具といっても，テーブルやデスクは椅子やベッドと異なり，人体との関係はやや薄らいで，その分"もの"や"空間"の要素がかかわってくる。そこで，これらを準人体家具と呼んでいる（図10）。

人間工学的に考えればデスクやテーブルは，まず使用する人間がいて，そのからだに合わせて椅子を選び，次いでその関連のなかでテーブルやデスクを選定することが大切である。人間のからだに近い所から順次とらえていく方が合理的である。特に作業机はそうした考え方が大切で，機能という立場からみたとき，一番大切な事項は，座骨結節点から甲板までの垂直距離（差尺）が，人体寸法に合っているか否かである。この距離が不適切であれば，肩こりや作業効率の低下，あるいは明視距離の不適合によって視力障害などの原因となる。差尺は人間の膝の高さが基準となって決められる。座骨結節点から肘の下端までの寸法は，おおよそ座高の3分の1に相当する。差尺の寸法は作業内容によって多少異なるが，通常の事務作業では座高の3分の1からマイナス1cm程度が良い。これは，筆記作業に能率効果を求める場合の差尺は座高の3分の1からマイナス2～3cm，読書や緩慢な作業では差尺は座高のちょうど3分の1，の中間値を取ったものである。

作業デスクの甲板面の床からの高さは，椅子の高さに差尺を加えたものであるから，人体から割り出されたデスク，テーブルの高さは次のような式によって求められる。

デスクの高さ＝椅子の高さ（座面高）＋差尺
　　　　　　＝（下腿高 −1cm）＋（座高/3−1 cm）

こうした公式を利用すれば，各人の身体に適した

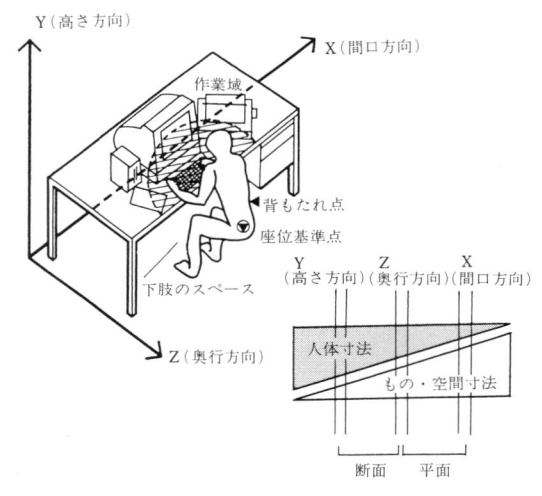

図10　デスクにおける寸法機能の方向性

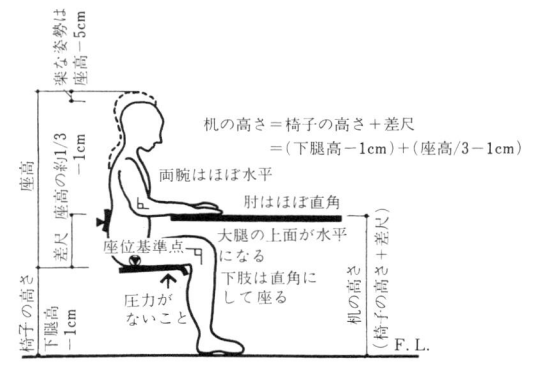

図11　体にあった椅子・デスクの選び方

図12　身長に適合する椅子・机の高さのモノグラム

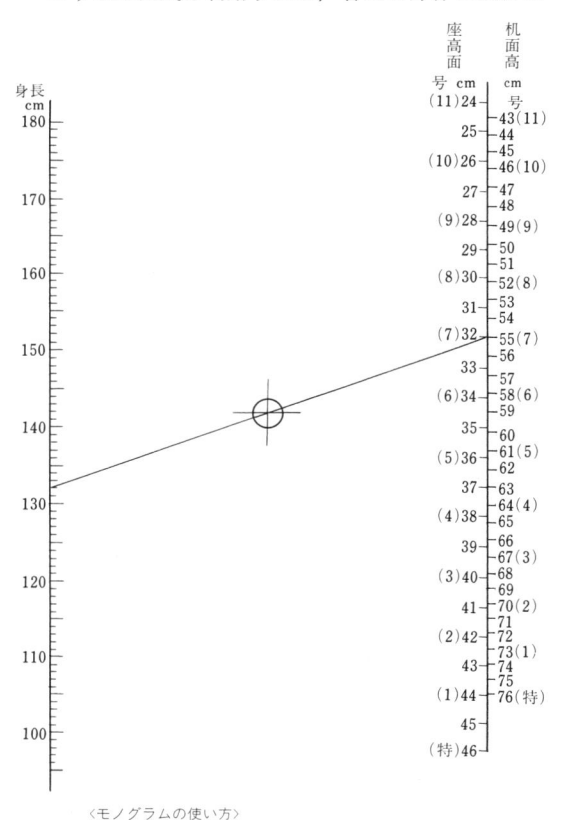

〈モノグラムの使い方〉
図の左側の身長の目盛を各人の身長に応じて選ぶ。次いでモノグラムの中心点を結んで線を引き，延長上の交点が，座面高と机面高を求める。（特）～(11)は学校用家具の規格寸法の号数を示す

作業椅子，机の設定ができる（図11）。一般家庭で用いられる学習デスクは，椅子，机とも子供のからだの成長に合わせて上下調節の可能となっているものが多い。学校で用いられる普通教室用机，椅子についても，特号から11号まで児童，生徒のからだの大小に合わせて使用されるようJISで高さ寸法が定められている。また，事務用机のJISも日本人男女のからだを参考に，70cmと67cmの2種類となっている（図12）。

さて，調理台やカウンターなど立位での作業台については，日本人の男子の平均で，立位作業点がおよそ90cm程度の高さであり，女子はそれよりも5cmほど低い（図13）。そこで調理台のJISでは，まないたなどの寸法を見込んで，その高さを85cmと決めている。ISO（国際標準化機構）では85cmと90cmの2種類に定めている。また，洗面などの行為は前かがみとなって行われるため，調理台と同じ高さでは不都合となる。そこでJISでは調理台より低くし，72cmと68cmの2種としている（図14）。

6.3 室内の高さ寸法

インテリア空間の中では，水平方向に対しては人間は移動すれば対応できる。しかし垂直方向では，手の届く位置や視点の高さなど，人体寸法に深いかかわりが出てくる。スイッチ，手すり，窓台，ドアアイの高さなど，いずれも高さ方向は人体寸法を優先させると，使用上都合がよい。例えばドアの取っ手の高さは成人のちょうどおへその高さに相当し，これは腕をまっすぐに伸ばした状態で，最も力のかけやすい90cmの高さの位置につけられている。インテリア空間での人間工学の応用にあたっては，人体寸法の優先順位を適宜考慮して，使い分けていくことが大切である（図15）。

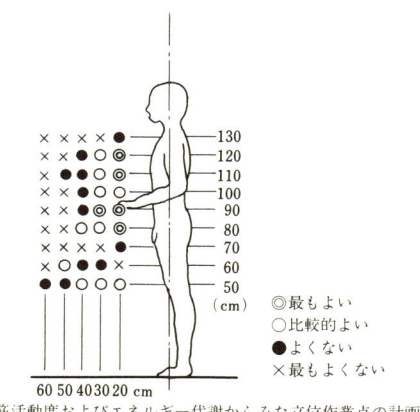

図13　立位作業点の高さ

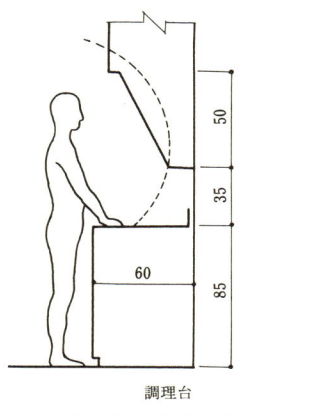

図14　調理台と洗面化粧台の高さ（単位cm）

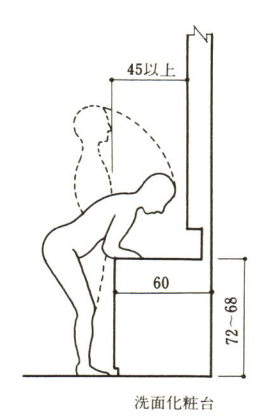

図15　高さ方向の寸法（単位cm）

7 インテリアの安全性

7.1 安全とは

世界保健機構では,人間の居住環境に心要不可欠な条件として安全,健康,効率,快適の四つをあげている。このうち最も基本的なものに安全がある。だが,実際の居住空間の中では,さまざまな事故が発生しており,必ずしもインテリアの安全が確保されているわけではない(図1)。

人間の身近な環境の安全が不備であったり,危険であれば,人命の保証もおぼつかなく,一時として安心して暮らすことはできない。インテリア空間を造るにあたっては,まず安全へのチェックが必要である。

建築,インテリアの安全については,設計・施工時のいわゆる"造る側"によるミスもある。だが,そうした側でのチェックがいくら十分であっても,住まい手側すなわち,"使う側"としての,住まい方の不慣れや使用上の間違いによって引き起こされる事故もある。インテリアの安全とは,このように造る側,使う側双方から注意して初めて成り立つものである。

さて,建築,インテリアにかかわる事故は,大きく日常災害と非常災害の二つに分けられる。前者は設計,施工あるいは使い方の不備などから起こる比較的日常レベルのもので,後者は地震,風水害,あるいは火災,爆発など,外的要因や突発的原因がもとで建物の被害によって人間が受ける事故などを指す。

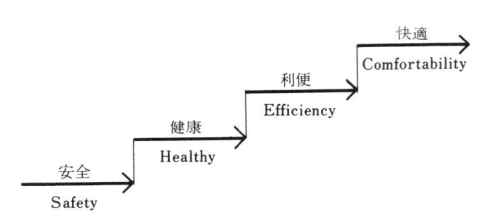

図1 人間の生活環境のそなえるべき条件(WHO)

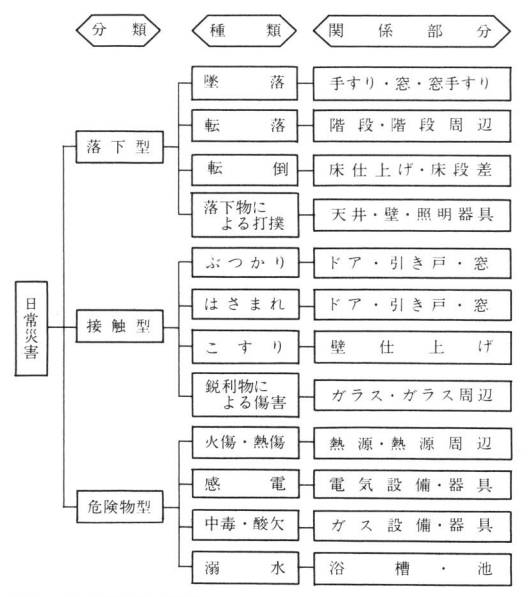

図2 日常災害の種類

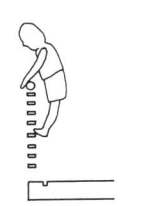

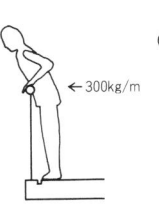

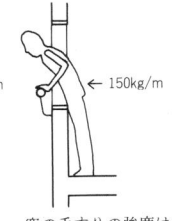

図3 ベランダの安全性

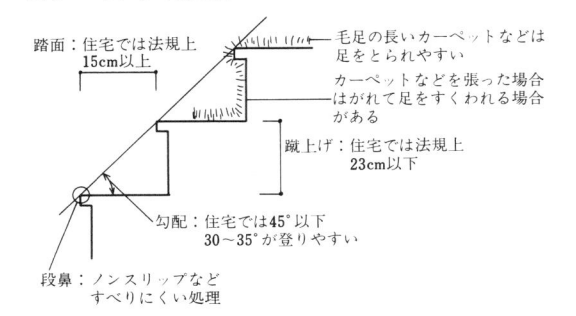

図4 階段の安全性

7.2 日常災害

家庭内で起こる事故については落下型，接触型，危険物型の三つに分類することができる（図2）。

a. 墜落

ベランダや窓など高い所から人間が落下することが墜落で，特にベランダでは，幼児が乗り越えられないような手すりの高さ，すり抜けられないような手すり子の間隔，子供らがよじ登れないような手すりのデザインなどが大切である。また，数人が寄りかかっても大丈夫なように手すりの強度も必要とされる（図3）。

b. 転落

階段やスロープなどの高い所から，体をぶつけながら転がり落ちる事故である。緩やかな勾配，一定のリズム，滑り防止への仕上げ材の考慮，手すりの取付け，踊り場の設置などが安全に役立つ。また，スロープは勾配が強すぎれば滑りやすく，法規上は1/8以下とされている（図4, 5）。車椅子は1/12以下。

c. 転倒

転倒とは同一平面，あるいはそれに近い状態の所で体のバランスを崩して倒れることで，滑りやすい床，ちょっとした床段差があるとそこでつまずいてケガを起こしやすい。床の滑りは足の裏と床との間に生じる摩擦係数の違いによって決まる。滑りが生ずるのは，かかとが床につくときのかかと部分に生じる水平な力が摩擦抵抗力よりも大きくなったときである。このときは後ろ向きに倒れることが多く，頭を打つなどして大きな被害となる。材質的には，滑りにくい床材を選ぶことはもちろんであるが，硬くて滑りやすい材料には目地や表面に小さな溝をつけて滑りにくくすることも必要である（図6）。さらに転倒しても，衝撃吸収性をもたせた内装材にしておけば，事故の被害を少なくすることもできよう。老人はドアのくつずりやカーペットのしわなどにも足を引っかけて転倒するおそれがある。あるいは中途半端な高さの床段差も，足のつまずきの原因となりやすいため，どうしても段差を設ける場合には図7のような対応をするなどして安全に気をつけたい。

d. 落下物

天井材や照明器具などが重力，振動，凍結などの影響によって落下し人に危害を加えることがある。重いシャンデリアを取り付ける際には，天井の強度を高めるための補助をしたり，取付け方法を十分に検討するなどして落下に対処する。また，高層住宅のベランダに置いた植木鉢などが落下することもある。加速度が加わって，たいへんな凶器となることもあるため，ベランダの手すりなどに物が置けない

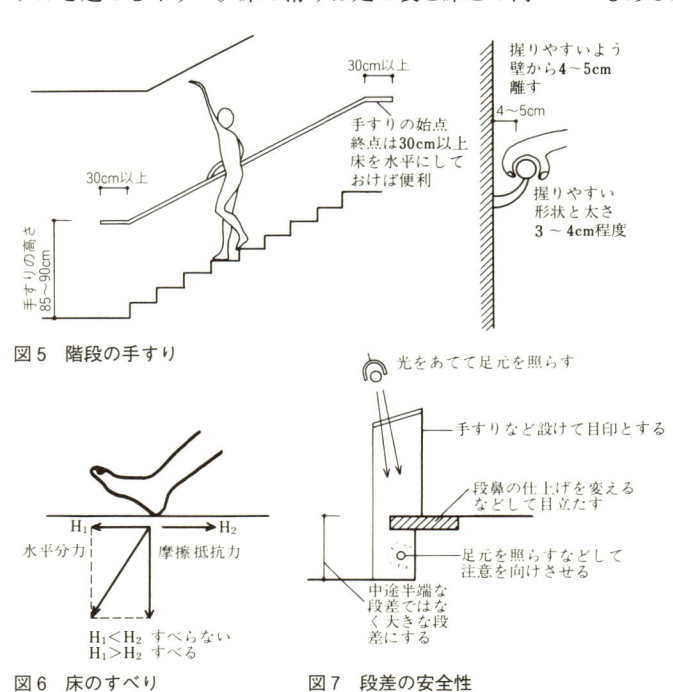

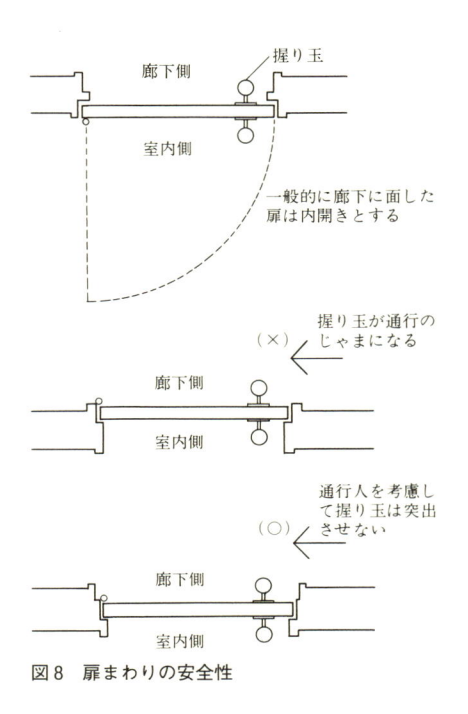

図5 階段の手すり

図6 床のすべり

図7 段差の安全性

図8 扉まわりの安全性

よう工夫したり，仮に落下しても，危険の少ないよう考慮することも大切である。

e. 衝突, 挟まれ

廊下の曲り角で出会いがしらにぶつかったり，他者の開けた扉に当たったりと，廊下や出入口などの動線の激しい所や，交差する場所での衝突事故も多い。同じくスチール製扉に挟まれるなどの事故も多発している。十分な動作のためのスペースを確保したり，扉の開き勝手の検討，動線量の激しい所では見通しのきく扉のデザインを工夫するなどの対策が必要である（図8）。

f. こすり, すりむき

人間の生活は動くことで成り立っている。空間が人体寸法プラスゆとり寸法で設計されていれば問題はないが，限られた空間で，しかもその中にさまざまなものが持ち込まれた空間では，周辺の荒い壁に人間のからだの一部が触れて，こすれ，すりむきなどのケガが起こる。狭い所や動作の激しい所，直接肌に触れるような浴室の壁の表面仕上げには留意したい。

g. ガラス

大型ガラスが採用されるようになって，ガラスの存在に気がつかずに，これにぶつかって破片で負傷したり，時には出血多量で死に至ることもある。このような場所では，ガラスの前面に手すりの設置や観葉植物などを置いて，近づかない工夫をしたり，目印となるようなものを張って，ガラスの存在を認識させることも必要である。特に，階段下や浴室では転倒事故も多く，ガラスに激突し，大きな被害を起こすこともあり，設計上，使用上注意したい。

7.3 非常災害

a. 地 震

たとえ地震によって，建物自身の安全が保証されていても，その内部のインテリア空間での耐震対策が十分でない場合が多い。狭い家の中で家具が倒れたり，天井仕上げや照明器具の落下，内装の崩壊などがあっては人命はおぼつかない。また，地震時には家具の転倒で逃げ道をふさがれたり，ガラスの破損でケガをするなど，地震時では2次的災害を引き起こしやすい。特に，インテリア空間の中で注意しなければならないのが，地震時における家具の転倒や落下である。背の高い収納家具が倒れたり，積み重ね式のユニット家具の上部が落下したりと危険が大きい。そうしたおそれのある家具は設置位置や固定や連結方法について検討する（図9, 10）。

b. 火 災

建物の火災の中で，住居の火災の占める割合は約半分である。しかし死亡者数でみると，住居が8割以上と，住宅火災の危険性がきわめて高い。火災に

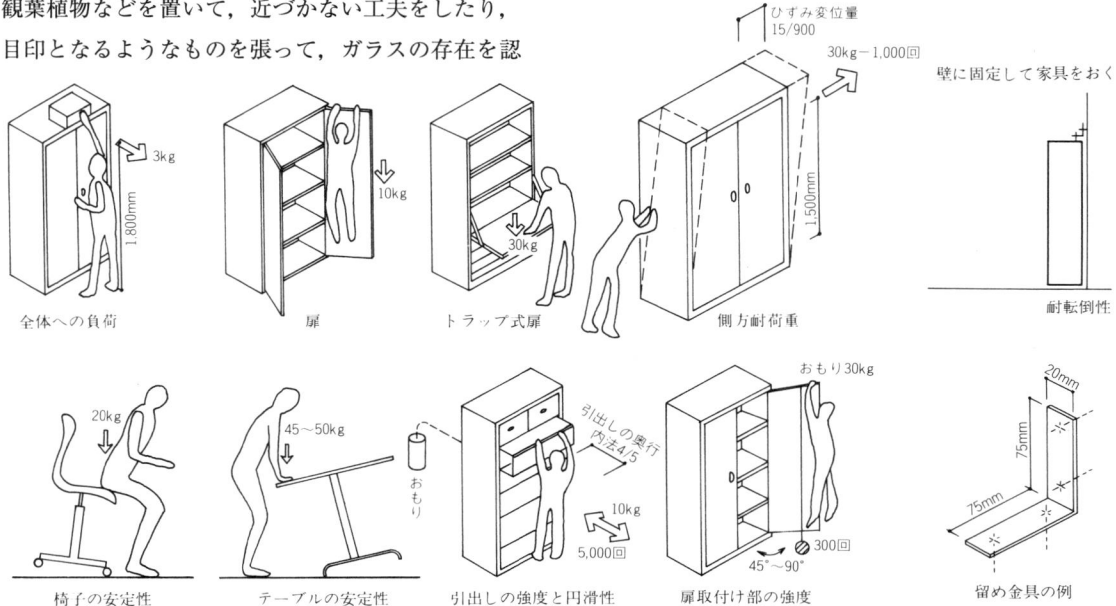

図9 家具の安定性の試験法

図10 家具の耐震性

よる被害は、家屋、家財、道具などの焼失のみならず、煙にまかれたり有毒ガスによる窒息・中毒死、火傷、避難時でのケガなど人命に深いかかわりをもつ。インテリア空間を計画する際には、耐火、防火はもちろんのこと、万一出火した際の避難や被害の縮小、あるいは出火防止のための住まい方の工夫など万全な対策が必要である。

防火対策は法的にも建築基準法、消防法、さらには条令などによって、最小限の対策が講じられている。しかし、具体的には火災の発生、成長プロセスのそれぞれの段階に応じてきめ細かな対応が必要である。特に、フラッシュオーバーと呼ばれる、瞬時に爆発状態で燃え上がる現象が火災にはある。こうなると室内は炎につつまれ、消火器では手に負えなくなる。それに至らぬまでの対応が必要であろう（表1～4）。

火災の段階	出 火	成 長	拡大・延焼
火災現象	燃　焼　　　　　着火・着炎 発　煙　　　　　発煙増大	炎の拡大　フラッシュオーバー （一面・多面）発煙急増	拡大・延焼　　　　　類焼
火災箇所	火　源　　　　　周囲可燃物 　　　　　　　　室内調度品	内装　室内全体 （天井,壁,床）建具	火元階・建物全体　　　隣家
防火対策	(1) 火源，着火物などの出火防止対策自己消性，防災加工などの処理 (2) 感知器，報知設備の設置 (3) 消火器，スプリンクラーなど消火設備の設置 (4) 避難誘導灯，誘導標識などの設置 (5) 教育・その他	(1) 内装の不燃化，フラッシュオーバーの延期発煙速度の低減など (2) 建物内への警報伝達，消防署への通報 (3) 安全な避難経過の確保と避難 (4) 屋内消火栓による消火 (5) その他	(1) 防火区画・防火扉・防火ダンパーなどの設置 (2) 防煙区画・防煙扉・防煙タレ壁などの設置 　　排煙対策 (3) 屋外消火栓による消火 (4) 屋外への安全な避難 (5) その他

表1　火災の発生・成長プロセスと対策

(1)帰巣性……パニック時には、もときた道に引き返そうとする傾向
(2)指光性……明るい方向へ逃げる性質
(3)退避性……炎や煙など危険のある場所から遠ざかる方向に逃げる傾向
(4)追従性……付和雷同性。多くの人々の逃げる方向へ逃げる傾向
(5)左回性……右手，右足が発達し、暗中での歩行は左回りとなる傾向
(6)向開放性……開かれた感じのする方向へ逃げようとする傾向
(7)至近距離選択性……なるべく近道して行動しようとする性質

表2　人間の本能的行動特性

	30分～1時間で重体	30分～1時間で死亡	即　死
一酸化炭素	1,500～2,000	4,000	13,000
塩素ガス	40～60	—	1,000
シアン化水素	110～135	135	270
硫化水素	400～700	—	1,000～2,000
塩化水素	1,000	—	1,300～2,000
フッ化水素	50～250	—	—
アンモニア	2,500～4,500	—	5,000～10,000
ホスゲン	25	—	50

表3　火災時に発生する有毒ガスの毒性　　　単位(P.P.M)

種類	性　状	例
不燃材料 （令第108条の2）	火熱が加えられて20分間、全く燃焼せず、防火上有害な変形、溶融、亀裂その他の損傷を生じず、避難上有害な煙またはガスを出さない	コンクリート，石綿スレート，モルタル鉄板，アルミ板，石綿けい酸カルシウム板など （無機質材料）
準不燃材料 （令第1条の5）	火熱が加えられて10分間、上欄の要件を満たすもの	木毛セメント板，石膏ボードなど （無機質材料＋有機質材料）
難燃材料 （令第1条の6）	火熱が加えられて5分間、最上欄の要件を満たすもの	難燃合板，難燃繊維板，難燃プラスチック板など （有機材料＋難燃処理）

表4　防火材料

8 形・色・テクスチャーの心理

8.1 形と色の心理

a. デザインの3要素

形・色・テクスチャーは造形の基本的な要素である。インテリアエレメントが全く同じでもそこに配する形，色，テクスチャーを違えれば異なったデザインにすることができる。色やテクスチャーのコーディネートはデザインの重要要件である（図1）。

物の属性を表す場合，色彩については明度，彩度，色相の3指標で表現できる。しかし，硬軟，軽重，粗滑，温冷，乾湿，光沢感，透明感などといった，物の質感や表面性状は複雑で，それらを網羅して表現できる適切な指標はない。こういった「材質，表面構造等によって生ずる物質の表面の性質（JIS）」がテクスチャーと呼ばれているものである。

デザインの3要素のうち色と形は主に視覚で知覚される。テクスチャーは本来触覚で知覚されるが，通常触覚体験を視覚に転移させて視覚で知覚している。我々は視覚，触覚，聴覚，味覚，嗅覚の五感で外界の情報を得ているが，五感で得る全情報の80％は視覚によるものである。視神経は耳の蝸牛殻神経の約18倍のニューロンを含み，耳の1,000倍の情報を伝えている。触覚は情報量が少なく部分的でいまいなため全体像がとらえにくいが，本能的原初的に私たちの心に触れる柔らかさや落着きといった安らぎの感覚と大きくかかわっている。そのため触覚的デザインは安息性追求のデザインといえる（図2）。それに対して視覚的デザインは，明るさやシャープさ，スピード感覚などのような機能性を追求するためのデザインといえよう。

b. 見え方の心理

インテリア空間を計画する際に必要のある基本的な見え方の法則の概略について触れておく。

1) 図と地の法則

形の知覚は背景となる地とそこから浮かび上がる図の相互関係によって知覚される。ルビンの謎の杯はよく知られている例である。図と地の区別が明らかにつかない場合は形の見え方が不安定になる。図に見えやすい条件をまとめてみると次のようになる。

①面積関係：面積の小さい領域（近さ）
②位置関係：垂直・水平の位置に置かれた領域
③相称関係：左右対称に置かれた領域
④包摂関係：囲まれた領域（内側・取囲み）
⑤明度関係：背景の明るさとの対比の大きい領域
⑥まとまり関係：よき連続，繰り返された図形，

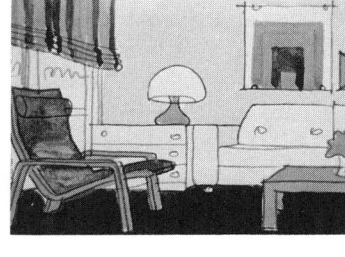

図1 造形要素が同じで色とテクスチャーの異なるインテリア

一層分節された領域（群化・まとまり）
⑦主体の条件：観察者に記銘されたもの（経験）

これらは心理学上の図形成の形態の法則と呼ばれるもので物の見え方の基本となる。

2) 視角の法則

私たちが物の大きさを知覚するのは，その物の距離と位置によって網膜上に投影される像の大きさをもとにしているからである。物を見たときの視角の大きさが，物の大きさの判断の知覚にかかわっている。しかし，視角の大きさが同じでも新生児と大人を同じ大きさに判断しないのは（図4），人の大きさが強く記憶に入力されているため視角よりも恒常性の知覚が働きやすいからである。図3に示すように階段の上にいる人を丁度，階段の下の人の肩の上に立っているように見ると（そのためには3人とも静止して立っていなければならない），後ろの人は突然前の人の肩から耳の上までしかない小人のように見える。それは大きさの恒常性が失われ，視角の法則だけが働いたためである。しかし，少しでもそのバランスを崩せば，直ちに階段の上にいる人も階段の下に立っている人も同じ大きさに見えてくる。

3) 知覚の恒常性

このように，物の大きさを視角で判断せず経験や知識に基づいてその物本来の大きさに修正して知覚することを視覚の恒常性という。形や大きさの恒常性（図4）のほかにも色や明るさの恒常性がある。知覚の恒常性は周囲の世界に関する知識によって私たちの知覚内容が変化することを示す良い例である。例えば，煉瓦は物理的に同じ色であるはずがないにもかかわらず，どれも均一な煉瓦色として知覚してしまうことにもそれが表れている。

空間知覚の恒常性についても同じことがいえる。空間知覚は日常生活において，通常距離に関連する手がかりを用いることで成り立っている。それは両眼視差（左右両眼の網膜像のずれ），距離の違いによるきめの勾配の差（図柄の密度が細かい方が遠く粗い方が近くに見える―図5），平行線の見かけの収斂（線遠近法）などである。また，イッテルソンが指摘しているように建築では対象物としての恒常性とともに環境的な恒常性が存在する。

4) プレグナンツの法則

形の見え方の簡潔性については，プレグナンツの法則というものが明らかにされている。すなわち，近接したもの，類似したもの，内に閉じ込みあうもの，連続の仕方に無理のないものなどは互いにまとまり合い，きわだってくる。つまり，見えの簡潔性（プレグナンツ）を生むのである。

c. 形と空間構成

1) 視点高

空間の中では生活姿勢に伴い目の位置（アイレベル）が変わる。アイレベルの違いは空間構成にも影響を与える。和室では床座になるため目の位置も低くなり，立位や椅子式の生活が中心となる洋室ではアイレベルは高くなる（図6）。そのため一般的に和

図2 有機的でテクスチュアラスな空間

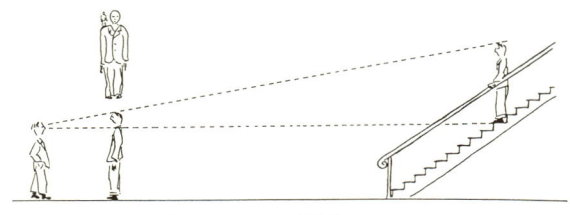

図3 大きさの恒常性が失われる実験*

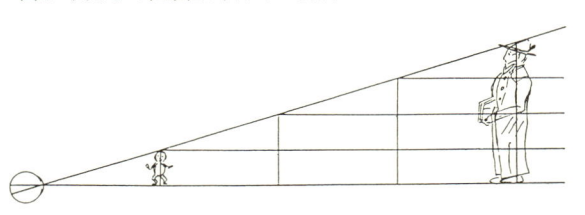

図4 大きさの恒常性*
網膜の上には，4mの距離にある2mの大きさの人と1mの距離にある50cmの新生児が同じ大きさに映っているが同じであるとは誰も気づかない。

室では掃出し窓を設けたり，窓台の高さを50〜60cmにしているのに対し，洋室の窓台は80〜90cmの高さに設計されている。模様や装飾のつけられている位置もおのずと違ってくる。一つの空間の中に床座と椅子座が混在するような日本のインテリア空間では，このアイレベルの調整を行っておくことが基本的な空間構成のポイントになる。

2) 視野と視距離

人間の視野は頭を固定したとき上下130°，左右200°に限定される。頭部を回転させればその範囲は広がる。空間構成にあたって視野の範囲を認識しておくことも必要である。同じ床面積の部屋では天井高が高ければ壁や床面を見ているが，天井高が低いと常に視野の中に天井面が入ってくることになる（図7）。対象物の大きさとその距離も見え方を左右するため重要である。内装材料などのテクスチャーをどのレベルまで見せたいのか，色の調子でよいのか，細部の表面形状まで見せたいのかは，視距離との関係で計画しておくべきことである。

3) 錯視効果

ミュラーライヤーの矢印の錯視図形はよく知られているが，インテリア空間においても内装材料のパターンや色，壁面に配するパターンなどによって見え方に同じような錯覚を生ずることがある。逆に錯視を利用してデザイン効果を高めることができる。内装材料の，横線や小さなパターンを強調することで部屋を広くみせたり（図8），ある方向にパターンを配列することによって視線の動きを誘導できる（図9）。

d. 色彩の心理

インテリアの色彩は一般に天井→壁→床の順に，明度が低く，彩度が高いものが安定した雰囲気を構成する。また，色彩は使い方によってさまざまな心理効果を生むので，その法則性をつかんでおくことが重要である。最も失敗しやすいのがその面積効果である。大面積ほど高明度・高彩度に感じられるため，小さなサンプルで色を決定する場合には注意が必要である。

1) 色の対比効果・同化効果・視認性

色相差・明度差・彩度差がある場合各々対比効果がみられ，互いに属性を強め合う方向に働く。これを色相対比，明度対比，彩度対比という。補色関係にある2色では補色対比が働く。

囲まれた色が周囲の色に似て見える同化効果は囲まれた色の面積が小さいとき，囲まれた色が周囲の色と類似しているとき，二つの色がしま模様のときに起こる。また，色によって遠くまではっきり見える色とそうでない色がある。地色と図形の色の3属性の差が大きいほど視認性は高くなる。

2) 色の恒常性

ビレンによれば日の当たる場所にいる灰色の鶏と暗がりの中にいる白色の鶏とを比べれば，この2羽は各々灰色と白色に誤りなく知覚される（図10）。このように照明の差により，異なった光を知覚しているにもかかわらず対象の色が変わって見えないことを色の恒常性という。

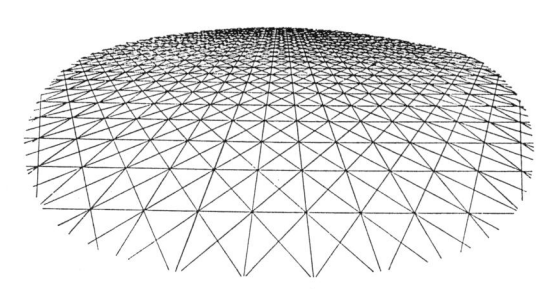

図5　傾斜した表面を示す生地組織*

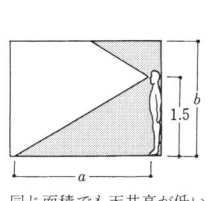

(a) 同じ面積でも天井高が低い天井面が視野の中に入る
(b) 同じ面積でも天井高が高い壁面だけが視野の中にある

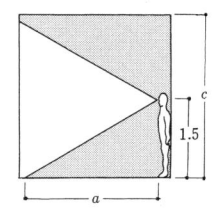

図7　視野と室内の見え方*

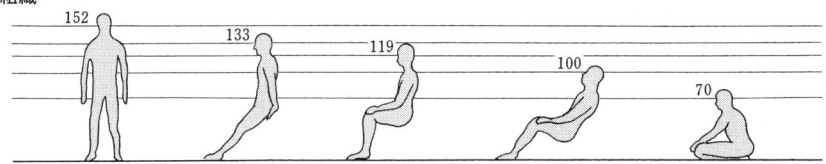

図6　アイレベルの違い*

152　133　119　100　70

（単位：cm）

3) 色の感情効果

暖色は進出・膨張・興奮の傾向が強く、寒色は後退・収縮・沈静の傾向が強い。また明るく彩度の高い色は軽く、暗く彩度の低い色は重く感じられる。

また、火事を体験した人が無意識のうちに赤に恐怖を抱くように、人は色に対して固有の時間・空間における体験の意味をかぶせてみる特徴がある。色は諸感覚の中でも特に認識過程の最前線にあり、人間の深層心理や情緒、文化、風土にかかわっている。

4) 演色性

物の色の見え方はインテリアの雰囲気を大きく左右する。それを決定づける光源の性質を演色性という。白色蛍光灯のような青っぽい光は色温度が高く、白熱灯の赤みを帯びた光は色温度が低いという。

5) 色彩調和

色彩調和論の原理としては相互の色の間に明度、彩度、色相のいずれかについて①秩序性、②親近性、③共通性、④明瞭性があることがあげられる。実際の色彩計画では、それをどのように空間の性格に結びつけるかが大切であるが、その際、配色の位置関係や面積関係、材質との関係にも留意する必要がある。

調和しにくい色でも金・銀・白・黒・灰を間に入れることによって、セパレーション効果で不調和感を取り除くことができる。

8.2 テクスチャーの心理

a. テクスチャーとは

テクスチャー（texture）は、生地、地肌、肌理、感触などと訳されているが適切な訳語がない。建築材料の分野では材質感が最も近い表現である。元来は織物や布の風合いを表す言葉で、テキスタイル（textile）を語源とし、織物の糸の配列の模様から起こったものである。食品関係ではパンをこねる際の小麦粉の粘っこさやスポンジケーキ、チーズ、バターなどの生地の柔らかさを問題にするときに使われる。カッツやモホリ＝ナギによるテクスチャーの分類はあるが、抽象的、概念的で現実のテクスチャーとは対応させにくい。そこで、知覚する感覚でテクスチャーを大別すると次の二つに分けられる。

タクチルテクスチャー（tactile texture）／布、木、金属、畳などのように毎日の生活で接触するもので、触覚により知覚している。

ヴィジュアルテクスチャー（visual texture）／物の表面を見たり触れたりして育つうちに、見るだけで触れた感じを感じ取れるようになったもの。巨大な山肌、田園風景、波紋、苔庭などがある。

建築空間は主に視覚で知覚されるため、建築材料のテクスチャーは触覚から転移した材料表面の視覚特性が重視される。そのため、建築材料では視知覚

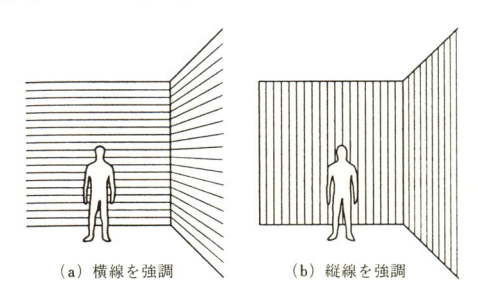

(a) 横線を強調　　(b) 縦線を強調　　(c) 大きなパターン　　(d) 小さなパターン

図8　インテリア空間における錯視*

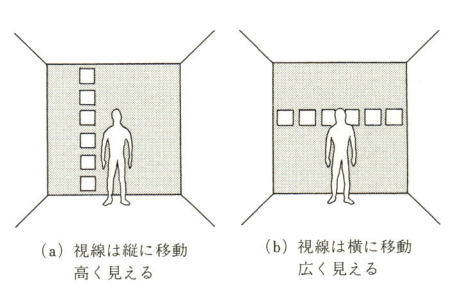

(a) 視線は縦に移動 高く見える　　(b) 視線は横に移動 広く見える

図9　エレメントによる空間の錯視*

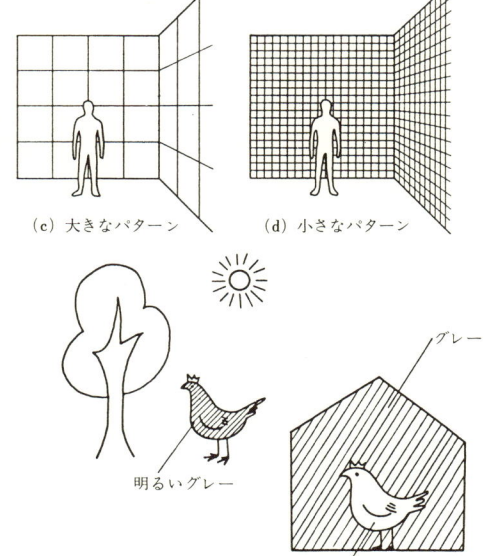

図10　明るさの恒常性（ビレン）*

と触知覚が一致しない，偽のテクスチャーが大きな役割を果たしている。それに対して本物のテクスチャーとは視知覚と触知覚が一致するものを指す。

1) **本物のテクスチャー**

ストラクチャー（structure）／組織や構造が外部に現れたもので金属，石，木材，繊維プラスチックなど各々のストラクチャーがある。木材のなかにも杉，ひのきなど，それぞれ固有のストラクチャーがある。ガラスやプラスチックの透明性もストラクチャーの一種である。

ファクチャー（facture）／加工によって生じた材料の外形的変化，すなわち様相をファクチャーという。人工的な材料の表面処理もファクチャーの一種である。ストラクチャーは同じでもファクチャーによって異なった様相になる。例えば，小叩き，びしゃん，水磨きなどの石材表面の処理。石目，ちりめんじわ，結晶などの工業製品の表面塗装仕上げ。雨だれにうたれた石，苔むした岩，小川の石，古建築物など，自然環境にあって自然物との接触や衝撃でできたものなどがある。

2) **偽のテクスチャー**

視覚で感じるテクスチャーと触覚で感じるテクスチャーが一致しないものをいう。

機械的なもの／大理石，木材，布などのテクスチャーを紙や金属に印刷したもの。

手でつくられたもの／フロッタージュや，斜交平行線，剛毛での点描などによるもの。

建築やインテリア材料のテクスチャーは足ざわりを除けば，触覚体験の記憶をもとにした「目で触る」ときの感触が問題になる。

b. **テクスチャーの効果**

テクスチャーは生活を豊かに潤いあるものにしていると同時に，視覚的なデザイン効果としても次のように四つの重要な役割を果たしている。

1) **物に安定感を与える**／日常見慣れている何でもない壁の目地や天井の目地，コンクリート打放し面の型枠で造られた木目のテクスチャーなどは，重要な心理効果をもたらしている。それらは，壁や天井面の大きさや均質性からくる圧迫感を取り除いている。有孔ボードや有孔テックスなども物理的な吸音機能とともに，空間の心理的抑圧を和らげ，安定した空間をつくるのに役立っている。

2) **実際上の必要性**／工業製品の表面のむらや，全体の歪みのために起こる光沢のむらなどを目立ちにくくするために，テクスチャーをつける。例えば，溶接によるくぼみを目立たなくするために，ちりめんじわ仕上げや結晶仕上げにする。金属やプラスチックなどの表面に梨地や皮革模様の型付けをするのも，同様の理由による。また，事務機器などの金属部分も平滑面だと光沢や反射が強くなり使いにくくなるので，粗面のテクスチャーがつけられている。

3) **対比効果**／特にインテリアデザインでは，テクスチャーの対比効果の効用は大きい。粗面と滑面を対比させることで粗面はより粗く，滑面はより滑ら

①拭き込まれて木目が浮きでた縁側の床板

③波打つ曲面をもつ外壁のタイル

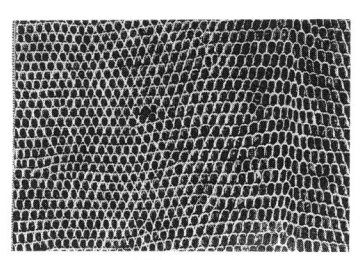

⑤爬虫類の皮

②うろこの形に型づけされた住宅の外壁

④路面に敷き込まれた石

⑥タイルの目地

図11　テクスチャー*

かに見え，双方の特徴がさらに強調される。大理石の冷たい質感と毛深い絨毯の床，椅子の粗い織り地とシャープなガラスブロックの壁など，インテリアエレメント間のデザイン効果にはテクスチャーの対比効果が大きな役割を果たしている。

4) **色彩調和の補助**／配色が不調和になっている場合にはテクスチャーをつけることによってそれを補うことができる。同じ材質，同じ色でも表面形状の違いにより異なった色に見える。滑面ほど色は濃く見え，粗面になるほど白っぽく見える。また明度が低いほど光沢がより大きく感じられる。この傾向を利用すれば，強い色でも深めの型付けをすると影の効果で明度が低下し落ち着いた上品な色に見える。近似明度のときは明度の低い方を粗面にすると，より明度差がつき調和しやすい。テクスチャーの効果を利用した色彩調和法には，光沢法，粗面法，型付け法がある。繻子(しゅす)などはあくどい色でも光沢によって，部分的に彩度を弱く見せ上品な感じにできる。モケットやベルベット，コーデュロイのようなものは彩度が強くても粗面の効果で調和が得やすい。皮革模様や凹凸などの型付けでも，明度が落ちるため色を調和させやすくなる。型付けで手がすべらないようにという機能面での要求とともに，デザイン面の調和や美しさも達成できる。

c. **テクスチャーの相対性**

テクスチャーは，日本建築を問題にする際の一主題ともいえる。伝統的な和風住宅は木，竹，紙，土などで構成され，植物材を中心とした微妙なテクスチャーの組合せである。比較的同質な多種の素材によるにもかかわらず，調和がとれているのは色彩が素地のままの同一色相になっているからである。

しかし，洋風のコンクリート造住宅では，鉱物質の硬さと安定感を生かし，それを相殺する軟らかな動・植物質の素材をインテリアに持ち込むことによって，対立する異質なテクスチャーの対比とバランスの効果が得られることが魅力となる。例えば，硬いコンクリート造の中に木造を造っても，本来の木造の弾力性を再現することはできない。コンクリート造でインテリアの柔らかさを強調するためには，毛足の長いシャギーの床と，より硬い石の壁の対比の方が効果的といえる（図12）。

粗滑，硬軟，軽重などのテクスチャーの触感を総合して1〜10の段階に分けてみると，和風の木造住宅では2〜5の幅になるのに対し，洋風のコンクリート造では2〜9の幅がある。同じようにテクスチャーの対比効果といっても各々の目指している対比効果の質が全く違っていることを認識しておく必要がある。私たちの身の回りで見かけるインテリアの中にも，このようなテクスチャーの対比効果の意図がわからず混乱して使われているため，互いの質感を相殺してしまっているような例をよく見受ける。

8.3 人体感覚と内装材料

a. **材質と安らぎ**

人がインテリア空間に求めているのは柔らかさへ

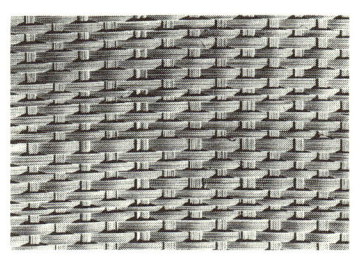

⑦割竹の平編み

⑧青空に浮かぶ雲（ヴィジュアルテクスチャー）

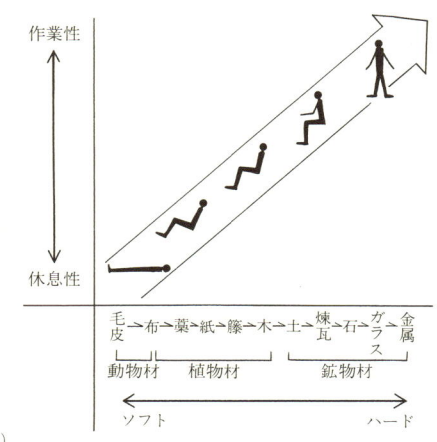

図12 材質とやすらぎ*

図13 猿の乳児の心理的安定の実験

の欲求である。心理学の分野での面白い実験がある（図13）。アメリカのウィスコンシン大学霊長類研究所のH.ハーロー博士の猿の乳児の実験である。生まれたばかりの子猿を母猿から引き離し，針金で作った針金ママとテリー織の布で覆った布製ママの入れてある檻の中に入れると，子猿はいつも柔らかい布製ママにばかりしがみついている。針金ママにだけミルクがでるようにしてもミルクを飲むとき以外は布製ママにしがみついている。また針金ママの温度を室温より5～6度上げて温かくすると生後20日くらいまでは針金ママにしがみついているが，それ以上成長するとやはり布製ママを好むようになる。このことから子猿は第一に柔らかい感触，次いで温もりを求めていることがわかる。人間の心理の奥にもこのような柔らかさや温もりを求めたいという本能的欲求が潜んでいると思われる。

毛皮や布といった温かく柔らかい材質は安らぎをデザインし，ガラスや金属のような冷たく硬い材質は機能性や作業性をデザインするのに適した素材である（図12）。柔らかさは安息のためのデザインで，それは触覚的デザインぬきにしては考えられない。

開発や公害，錯綜した人間関係などの充満したストレス社会においては外なる圧迫から守られ，柔らかく包み込まれたいという心理的欲求がインテリア空間に求められている。未来の建築は柔らかくて毛深いものになるだろうと予言したS.ダリの言葉どおりである。

b. 材料の物理的データと感覚的データ

テクスチャーはデザイン面だけでなく，材料の感覚的，心理的データとも深く関連しているため，機能面についても物理的データだけでの判断は危険である。例えば，台所の床材料を選定する場合でも，物理的データからみれば，熱伝導率は杉やひのきが0.08～0.09，リノリウム0.16，ニードルパンチカーペット0.08～0.11 kcal/m·h·℃で，この三つの材料はほぼ同じ熱伝導率を有している。しかし実際には感覚的にニードルパンチカーペットが最も温かく感じられる。表面のあらいものの方が足の裏との接触面積が少ないためである。表面の滑らかなリノリ

図14 面積比と図・地判断

図16 建築材料の表面あらさと断面形

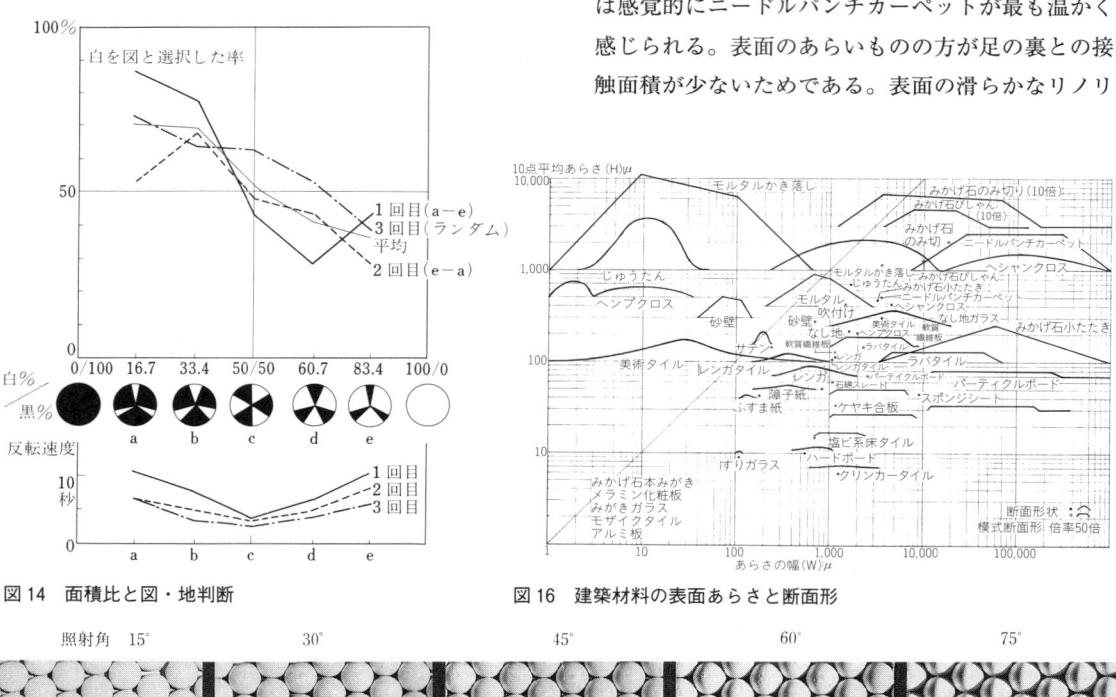

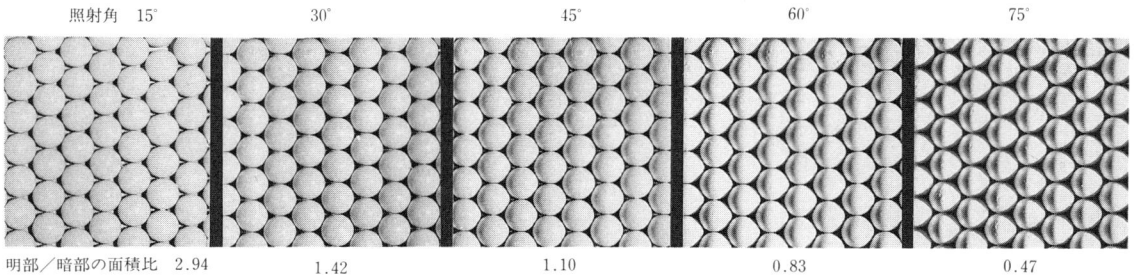

図15 光のあて方と立体感

ウムなどは夏はべたつき冬は冷たい。こうした感覚的影響を考慮したテクスチャーの選択が大切になる。

c. 表面あらさの見え方

日常私たちは身体のどの部位においても繊維類との接触が，面積的にも時間的にも抜群である。建築材料とは足による床材，手による壁材との接触がわずかにある程度で，大半が視覚で知覚されるため，見え方が問題になる（図14）。

立体感は陰影のつき方によって知覚されるといわれているが，表面あらさの知覚は人によって異なり，粒子の暗部（影部分）を見ている人と粒子の明部を見ている人があるほか，粒子の明部と暗部を交互に見ている人がある。全体では暗部を見て立体感を感じている人がやや多いが，どこを見ているかはその人の性格や心理的要因に強く支配されているほか，場の影響や照射角，粒子のあらさ，断面形状などの物理的要因によっても強く影響されている（図15）。

建築材料の表面形状を断面形（図16）でとらえると，明視の距離ではあらさ高が見え方とかかわる。あらさ高の小さいものでは，大きなあらさ幅をもつものがうねりとして知覚される。あらさ高が大きいと，見かけのあらさは断面形状のプロポーションにかかわり，幅と高さの比で知覚される。断面寸法が同じでも断面形状が直線型か曲線型か，山型か台形型か，多角形型か円型かによって見かけのあらさは変化する。クリンカータイルや煉瓦は実際の値よりもあらく見え，美術タイルや御影石小叩きなどは，本来の凹凸の大きさよりも滑らかに感じられている。

d. 建材の工業化と偽のテクスチャー

偽のテクスチャーは人工的に造られた建築材料に多い。プリント合板は視覚的には木目を感じることができるが，触れても木質特有の触感やエンボスを感じられない。ビニール表のスタイロ畳，プラスチックの大理石，塩ビシートの煉瓦，繊維質の砂壁も天然素材に擬した新建材である（表1）。

偽のテクスチャーも本物のテクスチャーも時と共に傷つき摩耗し価値が低減するが，黒光りのする柱や磨き込まれ木目の浮き出た床板には，時の刻んだ風格が備わるのに対し，プリント合板は劣化する一方である。しかし経済，機能，加工施工面で偽のテクスチャーは無視できない存在であり，畳，砂壁，障子，和紙，竹などの伝統的素材に似せたものや，プリント合板類，人造石類が多用されている。こうした素材を偽のテクスチャーとしてではなく，新しい本物のテクスチャーとして，体系化し位置づけていく必要がある。テクスチャーは色のように定性的，定量的表現手段をもっていないため，あいまいな指示や伝達しかできないのが最大の問題点であろう。

テクスチャーを人の感覚と対応させながら尺度化していくことが，今後の大きな課題である。

本物	偽物	本物	偽物	本物	偽物
クロス	ビニールクロス	竹・籐	合成樹脂製品	石	タイル
和紙	アクリル板	芝生	人工芝生		アルキャスト
	プラスチックシート	コルク	合成樹脂シート・クロス		壁紙
	新鳥の子	砂壁	ビニールクロス		布
ふすま	ダンボールふすま		砂壁状吹付け材		コンクリートブロック
畳	スタイロ畳	塗壁	サイディング		ビニールクロス
木	集成材・積層材・合板	吹付け材	ビニールクロス		合成樹脂板
	プリント合板	かき落し	〃	アルキャスト	樹脂吹付け
	プリントボード	スタッコ	硅カル板	金属	メッキ材
	合成樹脂・化粧合板	タイル	合成樹脂シート・クロス	銅	合成樹脂 銅箔
	ビニールクロス（シート）		合成樹脂板	銅板屋根	カラーベスト カッポールーフ
	パスリブ（木目）		化粧石綿板	ガラス	合成樹脂製品
	合成樹脂板	石	人造石	皮革	ビニールレザー
	塩ビ鋼板		結晶化ガラス	レンガ	レンガタイル 合成樹脂製品
木製建具	金属建具		セラミック	瓦	セメント瓦

表1 建築材料の偽のテクスチャー

9 人間的尺度と空間の心理

9.1 人間的尺度とモジュール

a. 人間的尺度

古代の度量衡は人間の身体各部分を使ったものであった。日常の仕事では手が基準に用いられ，指幅のフセ，親指と中指をいっぱいに開いた幅のアタなどが単位とされた。また両手を広げた長さのヒロで糸をたぐり水深が計られた（図1）。この種の計り方や単位は世界各国に共通するが，それらが変遷の末に尺貫法やヤード・ポンド法になったものである（図2）。そのため伝統的な単位はほぼ人間に相応し人体の比例関係が反映されている。それに対して，メートルの単位は地球の周りの長さを百進角度法（直角を百等分して度，度を百等分して分，秒とした）で割り出して作ったもので人間的な寸法ではない。

b. モジュール

ギリシア建築では柱の基部の直径を1モジュラスとして他の部分の寸法を比例的に定めていた。モデュールという語はそれが起源である。モデュールは古典建築においては建築技術やデザインの伝承が目的であった。近代になって建築生産の機能性や合理性，経済性のために利用されるようになった。建築の工業化の進んだ現在では建築の量産化，部品化，設備機器のユニット化のためには寸法の標準化は必須の要件である。

c. 建築モデュール

建築産業の合理化，建築材料や建築部品生産の工業化促進のためにつくられた数値である。モデュール数の構成は表1に示すように右方へ2倍数列，下方へ3倍数列，左方へ5倍数列の数値間の倍数関係をもつ。最上段の横列は1の横列の7倍列として，その上方に配置されている。これらの数値をもとにつくられたのが建築モデュール JIS A 0001（表2）である。しかし，日本の工業化住宅ではほとんどこの数値が用いられず，各メーカー独自のモデュール数を用いたクローズドシステムになっている。そのためメーカー相互間の部品の互換性がない。しかし，工業製品については工業標準数 JIS Z 8601（表3）が使われている。これをそのまま建築に適用するには問題が多いが，建築モデュールの25 mm 以下は工業標準数と併用できる。

d. モデュロール

ル・コルビュジエのつくったモデュールをいう。人体寸法を基準にし，黄金比（$(1+\sqrt{5})/2 \fallingdotseq 1.618$）で分解して生活に適した寸法系列を求めたもの。機能的な人体寸法と，古典的な美的プロポーションの

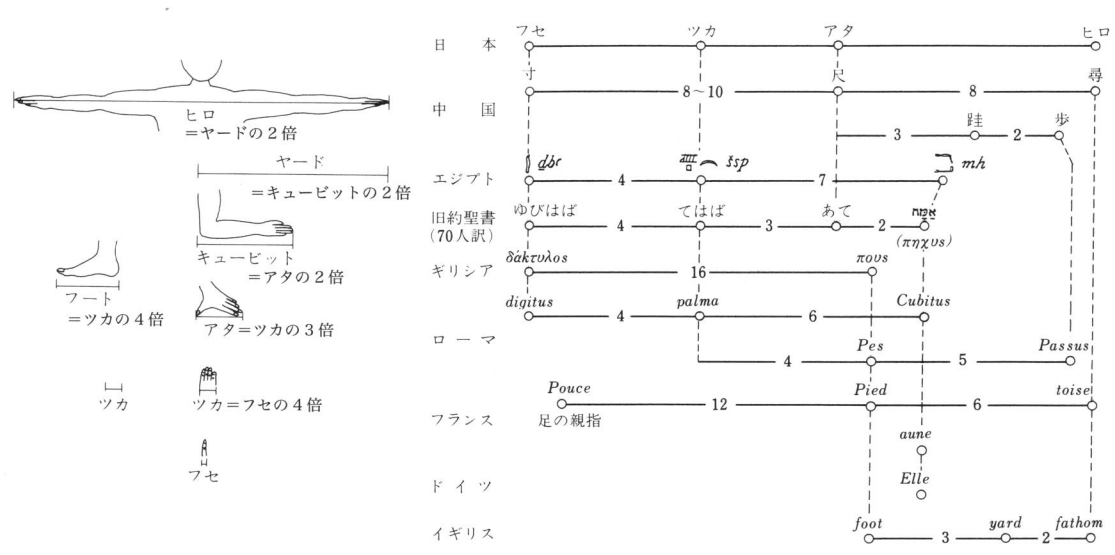

図1 尺度として使われている人間の部位　　図2 長さの人間単位

875	175	35	**7**	14	28	56	112	(224)	(448)
125	25	**5**	**1**	**2**	4	8	16	32	64
375	75	15	**3**	6	12	24	48	96	192
(1125)	225	45	9	18	36	72	144	288	576
(3375)	675	135	27	54	108	216	432	864	(1728)

注) ( ) 内の数値は除外する。太字は倍数関係を示す。

表1　建築モジュールの数値の構成

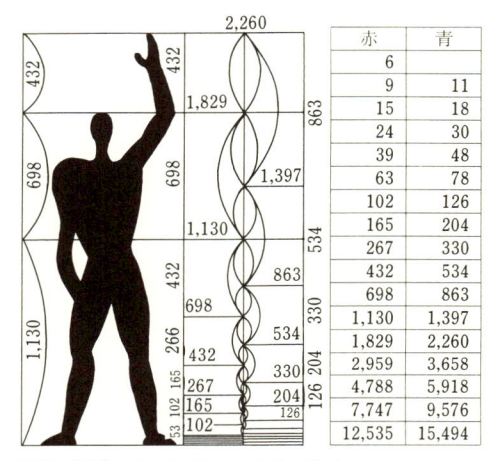

		赤	青
		6	
		9	11
		15	18
		24	30
		39	48
		63	78
		102	126
		165	204
		267	330
		432	534
		698	863
		1,130	1,397
		1,829	2,260
		2,959	3,658
		4,788	5,918
		7,747	9,576
		12,535	15,494

図3　モデュロール（ル・コルビュジエ）

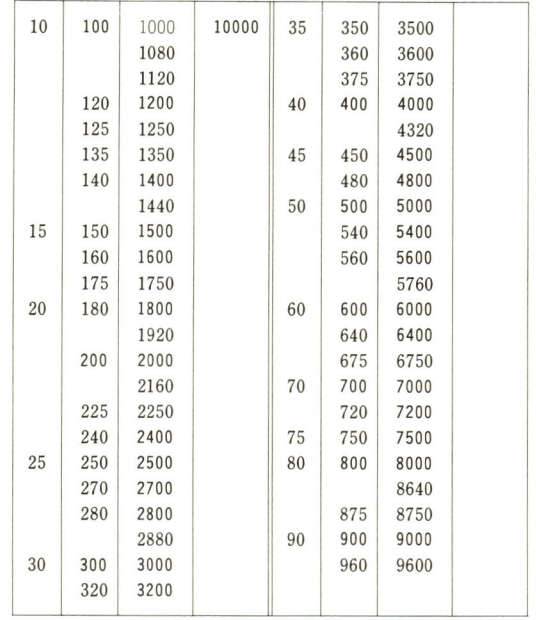

10	100	1000	10000	35	350	3500
		1080			360	3600
		1120			375	3750
	120	1200		40	400	4000
	125	1250				4320
	135	1350		45	450	4500
	140	1400			480	4800
		1440		50	500	5000
15	150	1500			540	5400
	160	1600			560	5600
	175	1750				5760
20	180	1800		60	600	6000
		1920			640	6400
	200	2000			675	6750
		2160		70	700	7000
	225	2250			720	7200
	240	2400		75	750	7500
25	250	2500		80	800	8000
	270	2700				8640
	280	2800			875	8750
		2880		90	900	9000
30	300	3000			960	9600
	320	3200				

注1）太字は10cmの倍数を示す。　　　　　　　　（単位 mm）
　2）25mm以下は "JIS Z 8601 標準数" を併用することができる。

表2　建築モジュール数（JIS A 0001）

図4　日本の木割（匠明殿屋集古法）

R 5	R 10	R 20	R 40	計算値
1.00	1.00	1.00	1.00	1.0292
			1.06	1.0902
		1.12	1.12	1.1548
			1.18	1.2232
	1.25	1.25	1.25	1.2957
			1.32	1.3725
		1.40	1.40	1.4538
			1.50	1.5399
1.60	1.60	1.60	1.60	1.6312
			1.70	1.7278
		1.80	1.80	1.8302
			1.90	1.9387
	2.00	2.00	2.00	2.0535
			2.12	2.1752
		2.24	2.24	2.3041
			2.36	2.4406
2.50	2.50	2.50	2.50	2.5852
			2.65	2.7384
		2.80	2.80	2.9007
			3.00	3.0726
	3.15	3.15	3.15	3.2546
			3.35	3.4475
		3.55	3.55	3.6517
			3.75	3.8681
4.00	4.00	4.00	4.00	4.0973
			4.25	4.3401
		4.50	4.50	4.5973
			4.75	4.8697
	5.00	5.00	5.00	5.1582
			5.30	5.4639
		5.60	5.60	5.7876
			6.00	6.1306
6.30	6.30	6.30	6.30	6.4938
			6.70	6.8786
		7.10	7.10	7.2862
			7.50	7.7179
	8.00	8.00	8.00	8.1752
			8.50	8.6596
		9.00	9.00	9.1728
			9.50	9.7163

表3　工業標準数（JIS Z 8601）

概念を結びつけたという意味でモデュールの歴史に重要な段階を生んだ。モデュロールのデザイン効果を利用してモデュール格子の窓などが設計された（図3）。

e. 日本の木割

木割は木砕きともいわれ，建築に必要な部材の寸法を原木に墨付けする技術を意味する。広義にはデザインするための，狭義にはモデュールを使用して統一した設計をするための伝統的な寸法調整法，現代でいうモデュラーコーディネーションである。木割は室町時代末から桃山時代に完成し，その後の日本建築の伝統を形づくった。代表的なものとして匠明殿屋集古法（1608年）があげられるが，これは書院造りの木割として江戸幕府作事方大棟梁の平内政信が受け継いだ古来相伝の法である（図4）。それが江戸期に一般住宅の座敷飾りとして大衆化され定型化されたものが，雑工三編大工棚雛形座敷向略木割（1850年）である（図5）。

f. モデュラーコーディネーション

空間設計において基準となる空間の位置を決めるための線や面を組立基準線，組立基準面と呼ぶ。一方その空間を構成する部品や部材である構成材にも大きさを示す基準，構成材基準面を設定しておく必要がある。この組立基準面と構成材基準面が同一のモデュールに調整されていれば構成材の組立て配置が行いやすい。このようにモデュールに基づいて構成材と空間の大きさや位置を調整することをモデュラーコーディネーション，MCと呼んでいる。

g. 京間と田舎間

組立基準面はグリッドによって表され，それに基づき設計することをグリッドプランニングという。均一な間隔で引かれたグリッドをシングルグリッドという。このシングルグリッドに構成材の心を合わせて配置していく方法をシングルグリッド心押えという（図6）。在来工法の田舎間（関東間）がこれに該当する。柱間寸法の6尺を基準に，柱または壁を設けて畳を敷き込むため，畳の寸法は通常5尺8寸程度になるが，柱や壁厚によって変わり一定ではない。また，シングルグリッドに構成材の面を合わせて配置する方法をシングルグリッド面押えといい，間仕切収納家具の配置などに利用される。

あらかじめ壁やパネルの厚みに相当する幅を想定してダブル線で引いたグリッドをダブルグリッドという。この方法では内法寸法が保証されているという利点がある。京間（関西間）はダブルグリッドに基づいているため，畳の寸法は6尺3寸でモデュールの基準になる（表4）。

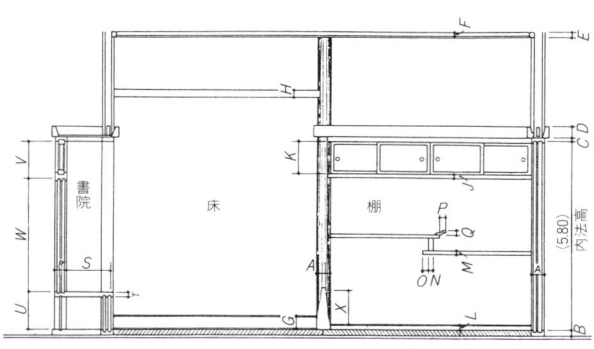

図5 雑工三編大工雛形座敷向略木割

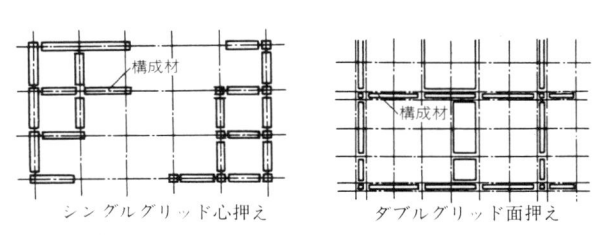

図6 モデュラーコーディネーションの方法（構成材と空間のグリッド）

表4 畳の寸法

JISの参考呼称	通称	寸法上の呼称	長さ	幅	備考
メートル間	—	—	192cm	96cm	現代の建築モデュールに合った寸法
京間	本京間 本間間 関西間	六三間	191cm (6尺3寸)	95.5cm	関西・中国・山陰・四国・九州に多い。畳の寸法が基準となり建物の寸法が決まる
—	三寸間	六一間	185cm (6尺1寸)	92.5cm	山陽地方の瀬戸内海に面した地域に多い。柱間寸法は6尺3寸
中間	中京間	三六間	182cm (6尺)	91cm (3尺)	中京地区および東北・北陸の一部・沖縄に多い。並京間ともいう
いなか間	江戸間 関東間	五八間	176cm (5尺8寸)	88cm	東京間ともいい，昔は名古屋以東に多かったが，最近は全国的に普及し，五八間が一番多い。柱間寸法は6尺
—	団地間	五六間	170cm (5尺6寸)	85cm	公団公営住宅などの団地住宅その他建売住宅に多い

9.2 行動動作特性と対人距離

a. 行動動作特性

人が無意識に行う動作には人間の生理的な特徴がそのまま出る。そのため災害などの緊急時に迷わず空間や機器が操作できるには人のくせまで考慮した計画や設計をする必要がある。このような動作や行動の反応において多くの人に共通に見られるくせ，あるいは傾向をポピュレーションステレオタイプという。このステレオタイプへの配慮の有無が快適で安全な機器の操作などにつながる。ステレオタイプの強いものほど人間の反応は速い。右利きが多いため人間工学的にはドアは右回りで開き，ノブや引き手は扉の左側に寄せられている。テレビやオーディオ機器のボリュームを増大するとき右に回すのはステレオタイプと一致している。ガスやストーブ・水道では開栓の方向が左回りで，安全性を考慮してステレオタイプは閉栓方向に合わせてある。生理的特性以外にも人間の行動特性を左右しているいくつかの要因がある。例えば，壁・窓・出入口に対する机や椅子の配置の仕方は文化によって異なっている。日本人は壁や窓に向かって座るのに対し，西欧人は壁や窓を背にするのを好む傾向がある。和室の床の間と出入口との関係で生ずる上座・下座の問題もその例である。このように文化，習慣，社会的ルールなどによってもステレオタイプが形成される（図7）。

b. パーソナルスペース

動物心理学者ヘーディガーによれば，個々の動物は一連の泡（バブル）というか不規則な形をした気泡のようなもので囲まれており，それが個体間のスペーシングそのものの維持に役立っている（図8）という。二つの個体の各々を取りまく泡が重なり合わない正常な距離を個体距離と定義している。文化人類学者 E. ホールは，その著『かくれた次元』の中で人間の個体距離を取り上げ，人間の空間知覚と空間行動について説明している。R. ソマーはそれをさらに心理学的に検討した結果，人間は他人が侵入することを拒否する，個人の身体を取り囲む目に見えない境界をもつ領域を有しているとし，それをパーソナルスペースと称した。パーソナルスペースは自由な形をした泡のようなものと考えられている。高橋鷹志の研究によれば，男性のパーソナルスペースは相手との距離が長く女性では相手に接近しやすい。特に女同士の距離が最も近い。また正面向きより斜めの関係，さらに並列の関係の方が心理的な距離は近いという（図10）。

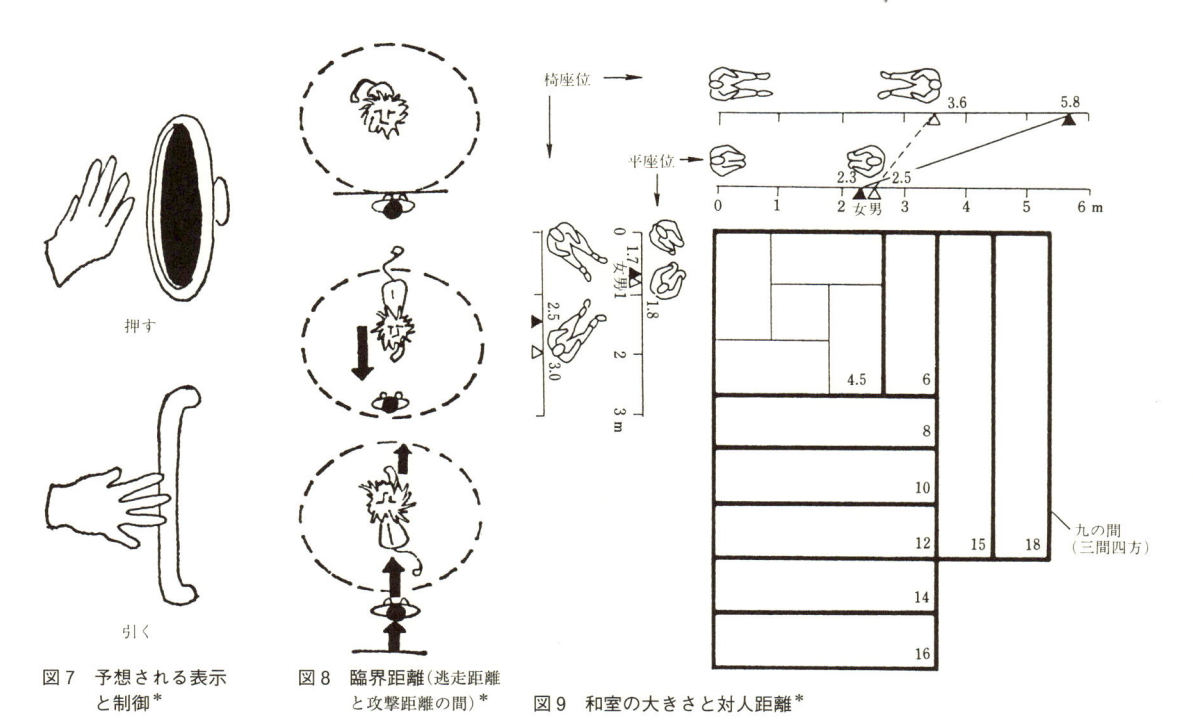

図7　予想される表示と制御*　　図8　臨界距離(逃走距離と攻撃距離の間)*　　図9　和室の大きさと対人距離*

c. 対人距離

E. ホールは人間の個人的行動の型は空間感覚による行為を通してつかむことができるとしている。その最も単純な型が密接的，個体的，社会的，公衆的相互作用にこたえるときのものであるとしている。そしてアメリカ人の対人距離を密接距離（愛撫・格闘・保護などの身体的接触の距離），個体距離（正常なバブルの領域），社会距離（個人的でない用件を行う支配の限界），公衆距離（公的な関係の会話や演説の限界）の四つに分け，感覚受容器の相互作用によるコミュニケーションの仕方の違いを明らかにしている（表5）。この対人距離の大きさは文化によって異なると考えられるが（図9），その基本的概念は居住や労働の構造および都市の設計や改善などの環境計画において重要な意味をもつものである。

d. 空間に占める人間の位置

人間の関係は座席や場所の選択にも反映されている。駅や劇場のロビーで待合せをしている人を観察すると必ずしも均等に散らばっていないし，最も機能的に適した場所にいるわけでもない。見通しがよく，あまり人目につかない場所，移動経路でない場所に身を寄せる。椅子がなければ柱が寄りかかるものの働きをする（図11）。レストランでも空間配置の明確なパターンが観察できる。レストランでは中央のテーブルよりも周辺部のテーブルの方がよく選択されるのは一般的な現象である（図12）。乗物やベンチシートの座席の占め方や設計者にとっては当然と思える家具配置が，実際の生活では全く使われない例もよくあることである。

人間の空間行動は物理環境そのものよりも他人との関係により強く引きずられており，他人の行動に対応するために好ましい場所に身を置くような環境の使い方をするとも解釈できる。物理環境とともに人間環境の社会的意味を設計する必要がある（図13,表6）。

e. 人間の位置関係

二人の人間の位置関係はコミュニケーションの両極を示す対面型・ソシオペタルと，離反型・ソシオフーガルな型に分かれる（図14）。対面型は会話や交渉など緊密なコミュニケーションの場の型であり視線の交錯が可能である。離反型は無関係な相手や交渉を拒否する型で頭を極端に動かさなければ視線

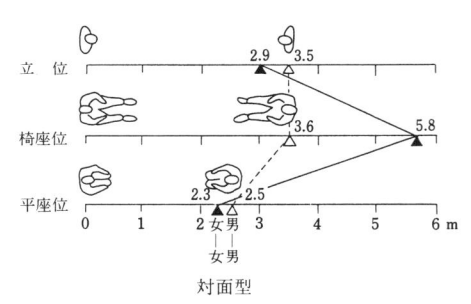

図10 人の姿勢と距離*

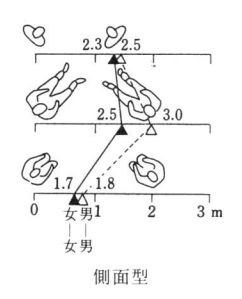

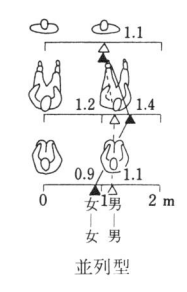

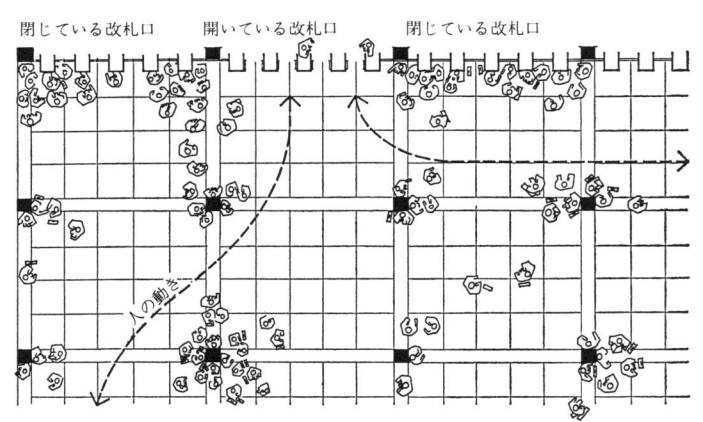

図11 駅における人の位置*

を交わすことができない。

この両者の中間が側背面型・ソシオヘテロタルで両者の関係が一方的なものである。相手から見られているが，見られている側からは簡単に相手を見ることができない型である。この例としては，一般に行列や観衆などに見られるが，両者に関係が発生して

も，先生に注意されたときのように一方は必ず受け身の立場にある。また，ベンチシートやカウンターなどの並列型を誘導する物理的設定は，身体の向きだけではなく距離を自由に変えられるため適応性の高いしつらえであるといえる。これら人の向きの三つの型は室空間構成の基本原理と考えられる。

フィート	0	1	2	3	4	5	6	7	8	10	12	14	16	18	20	22	30
距離の略分類	密接 近接相/遠方相		個体 近接相 / 遠方相			社会・用談 近接相 / 遠方相				公衆 強制的認識距離はここからはじまる							遠方相 30′-40′より
筋覚	頭，腰，もも，胴が触れる。または偶然に触れることができる 手は胴のどこにでもたやすく届き，動かすことができる																
		手は四肢にたやすく届き，にぎることができる。しかし上より ぎこちない 座ったまま相手の脇に手を触れることができる。偶然の接触が起こるほど近くはない															
			1人がひじを自由に動かせる														
				2人がひじを自由に動かせる。片方が手をのばし，相手の四肢の一つをにぎることができる													
					接触距離のちょうど外												
						干渉距離の外 手をのばすと，相手にやっと届く			頭が8′-9′離れている2人は，手をのばしてものをやりとりできる							
温度感覚	伝導(接触)																
	放射		一般に知覚されない		動物的温度・湿気は消える(ソーロー)												
嗅覚				文化的態度													
	洗った皮膚と髪		可														
	シェイヴィング・ローション		可 — タブー														
	性的におい		タブー														
	息		消毒薬は可，その他はタブー														
	体臭		タブー														
	足臭			タブー													
視覚 細部の視覚 (中心窩視覚1°)	視認おさえ	瞳孔，眼球，顔の毛穴，細い毛拡大される	顔の細部，正常の大きさに見える。目，皮膚，歯の状態，まつげ，おくれげ	目の毛細管，見える。衣服のいたみ，毛髪はっきり見える	顔の細しわ，見えなくなる。深いしわきわだつ。かすかなまばたき，唇の動きはっきり見える		顔の中央全体が含まれる		表情ほける。目の色わからない。笑い顔としかめ顔わかる。頭の動き目立つ		スネレン距離視覚標準(一分角刻み)。アメリカ眼鏡商組合検眼表。視力20-40の人は，まばたきは見えるが，目や目のまわりの表情を見るのに困難を感じる						
明瞭な視覚 (水平12°垂直3°の視覚)		25″×3″ 片目，口，鼻孔	3.75″×.94″ 顔，上下半分	6.25″×1.60″ 顔，上または下半分	10″×2.5″ 顔，上または下半分。または肩	20″×5′ 1人または2人の顔			31″×7.5 2人の顔		4′2″×1′6″ 2人の半身				6′3″×1′7″ 4，5人の半身		
60°ざっと見る		顔つき。目または耳または口のあたり。顔ゆがむ	鼻つき出る。顔全体ゆがまない	上体，指は数えられない	上体，身振り	座った体全体。相手の60°視覚内に足をおくことがよくある				体全体。まわりにゆとりがある。姿勢によるコミュニケーション重要になりはじめる							
周辺視		背景中に頭が見える	頭と肩	体全体，手と指の動き見え	体全体	いあわせる他の人々が見える				周辺視内で他の人々が重要になりはじめる							
頭部の大きさ		実物より拡大。視野をみたす	正常より大きい	正常の大きさ					正常または縮小しはじめる		きわめて小さい						
				注）頭の大きさの知覚は，被験者と距離が同じでも変化する													
補注		寄り目の感覚							12′-15′まで，人やものに丸みがある		15′以上で焦点調節機能終わる。人やものは平たくなりはじめる						
潜水艦内での作業			67%の仕事	この距離で23%の仕事		F.L.ディミッチおよびD.ファーンズワース：潜水艦内での視覚的鋭敏さを用いる作業，ニュー・ロンドン，1951											
グローサーによる画家の観察		きわめて個人的距離	画家またはモデルが優越する必要	肖像画。やといのモデルでない人の絵は4′-8′で描かれる		談話には遠すぎる			体の大きさ		いかめしい全身像。人体は全体として見られる，一目でとらえられる。温かい感情と同一視止む						
聴覚	ごく低い声 ささやき うちとけた文体		低い声 無頓着な談合の文体		しきたりに従った声					集団に話すときは大声。注意をひくために声をはりあげる必要あり。形式的文体					完全に公的 演説口調 凍結した文体		
	注）声の高さの水準の変化が起こる境界は正確に定められていない																

表5 プロクセミックスの知覚における距離と受容器の相互作用*

9.3 空間の心理

a. 空間知覚

建築空間の特殊性はその内部に人間を包括していることにある。人は，目や耳や皮膚や鼻で空間の色や形や音や触感やにおいを感じているように，身体全体で空間を感じている。人は空間を知覚するための特別な器官を持っているわけではない。空間秩序は諸現象の混合であり，それらが潜在意識的に総合されて空間感覚をつくり上げる手がかりになっている。また視覚を中心とした聴覚，嗅覚，触覚，温度感覚などの記憶や経験も空間知覚に参与している。そしてこの空間知覚が空間の心理的影響となって私たちの空間意識の基本を形成している。

b. 空間知覚の発達

子供の発達過程における物の認知は，視覚だけでなく，口でなめたり手で触れたりすることから始まる。その結果最終的には，視覚中心の知覚系統が確立される。E.J. ギブソンの視覚的断崖（図15）の実験では，這う機能を持つ乳児は奥行知覚を持っていることが明らかにされている。空間内部の形態やテクスチャー識別能力も早い時期に形成されている。また，2歳児では色・形・テクスチャーのうち目につきやすいものに関心を示すが，3歳児では色への興味が目立つ。幼児の空間への興味は複雑な入り組んだ空間から，運動能力の発達に伴って広がりをもつ空間に変化する。成人に見られる空間心理の基礎はこのような空間体験の蓄積で形成されていくものといえる。

c. 空間のスケール感

空間の尺度は常に人間との相対的な関係に基づいて問題にされる。それは人間の寸法が万物の基準スケールになっているということである。

また，空間の基準寸法が同じでも，その境界のつけられ方によって部屋の大きさの感覚が異なってくる（図16）。境界面の広がりと人間との近接性によって空間のスケール感覚は規定される。したがって空間のスケール感覚は規模感覚（広さ），圧迫感覚（抵抗感），明瞭感覚（区切られ方）の三つに関係してくる。特に境界条件の大きさ・位置・プロポーション・かたち・意味などの形態的特性，例えば頭のつかえそうな天井，間近に迫る高い壁，しみのある壁などが圧迫感を発生させる要因となる。圧迫感と類似の概念である室内の開放感は窓の景色など外部との関係で規定される部分が多いが，圧迫感は室空間自体の容積にかかわる問題である（図17）。

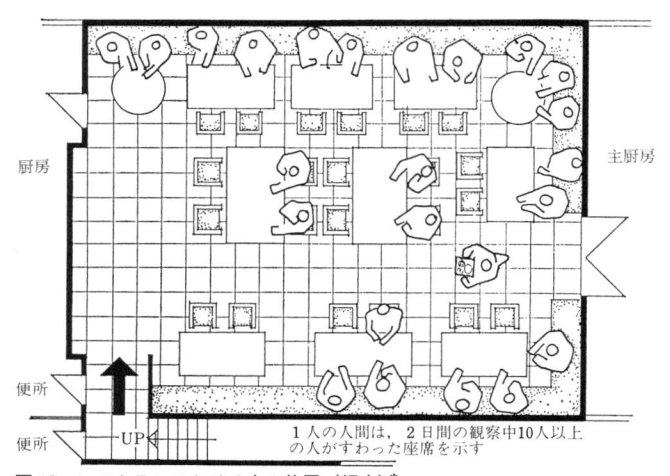

図12　レストランにおける人の位置（頻度）*

ソシオペタル 対面型						
ソシオフーガル 離反型						
ソシオヘロタル 側背面型						

図14　2人の人間の位置関係*

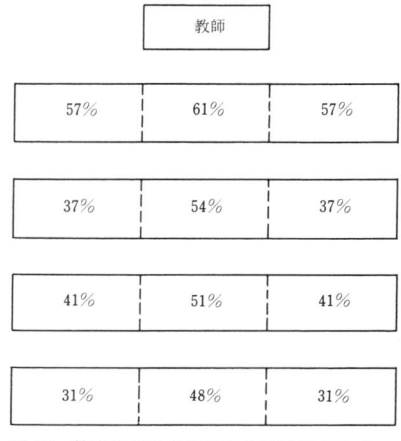

図13　教室における参加の生態学（ソマー）

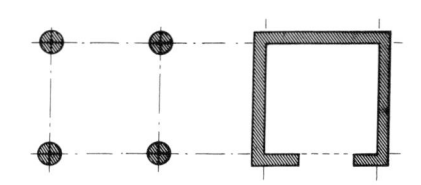

図16　空間の境界条件

空間と人間の間に生まれている一定の関係，空間尺度をはずすことによって，現実には狭い空間を広く感じさせたりすることができる。その心理効果をフルに活用した例として，躙口(にじり)をはじめとする茶室のインテリアがあげられる（図18, 19）。

d. 空間の心理

人はあらゆる意味で安定感を得るために空間を造ってきたと考えられる。大きな空間の中では人は常に壁によりどころを求める。喫茶店やレストランでは壁がわや隅から席がうまっていくのもそのためである。壁がへこみ，交わればさらにその安定感が高まる。居間やラウンジ空間などにアルコーブを造ることは落ち着いた居心地のよい場所を造るうえで設計上の重要なポイントである。また無の空間や空白面の引き起こす圧迫感や不安定感は大きい。原始の装飾や空間内の彫刻はその恐怖を取り除くためのものといわれている。

1) 白の恐怖

何ひとつ置かれていない部屋や何もない真っ白な壁面を持つ空間は不安な感情を抱かせ，圧迫感が感じられる。団地での白壁ノイローゼなどもこれに相当するものである。単調な無の空間のもたらす緊張感と圧迫感に対する恐怖である。変化のない等質な巨大な壁面に目地やテクスチャーで変化をつけようとする努力はこういった心理的恐怖を和らげようとするものである。

2) 閉所恐怖と広域恐怖

現代では，人間の身体的スケールを外れた空間が造られることによって，高さや広さ，狭さなどによる不安定感を感じることが多い。カプセルホテルの個室などのような最小限空間に閉じこもったときの圧迫感や不安定感を閉所恐怖感という。逆に広域恐怖は平面的な広がりに対応するもので，どちらを見ても地平線しか見えない砂漠や水平線しか見えない海面で感ずる恐怖である。ホテルのロビーや食堂で広すぎて肩のこるようなものや広場で時に感じる開放された所での恐怖でもある。共に人間的スケールを外れた大きさによる不安感である。

3) 高所恐怖

最近の高層や超高層の集合住宅で生まれ育った子供たちにとっては鳥瞰的眺めは日常的に安定したものになっている。そのため最近では幼児の転落事故が多くなっている。高さに対する高所恐怖の心理は人間本来の正常な感覚であり，それが失われ高所を怖がらないことの方が異常な状態といえる。

図15 視覚的断崖（ギブソン）

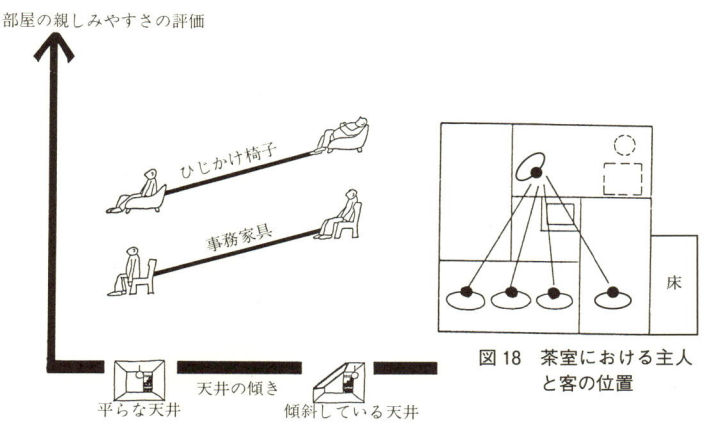

図17 部屋の親しみやすさの評価

図18 茶室における主人と客の位置

伝統的な教室の席による参加度の違い	自発的な発言回数の平均			
	第一列 (N=144)	第二列 (N=162)	第三列 (N=128)	第四列 (N=20)
広い窓の部屋：最初の6週	2.30	1.88	1.45	0.80
広い窓の部屋：次の6週	1.25	0.76	1.20	1.10
窓のない部屋：最初の6週	1.00	0.78	0.97	―
窓のない部屋：次の6週	2.38	1.57	1.78	―
合計：両室をあわせて	1.77	1.23	1.32	0.95

表6 教室の席による参加の違い（ソマー）

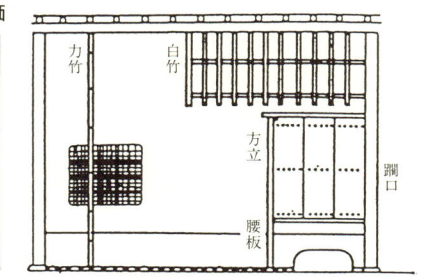

図19 茶室の躙口

10 家具　インテリアエレメントのデザイン(1)

10.1 家具の種類

機能の立場から家具を分類すると，椅子やベッドのように人間のからだに直接触れて，身体を支える人体系家具，テーブル・デスクなど作業のためにものを甲板に載せてそこで人間が作業をする準人体系家具，さらにものを収納，整理するための建物系家具の三つに分けられる（表1）。人体系家具は，人体に最も身近な家具として，人体の要素に深くかかわりを持つ家具であり，座り心地や寝心地などの機能が強く求められる。準人体系家具は，人間の作業のしやすさはもとより，甲板の上に載せられるもの，あるいは家具が設置される部屋などの空間の要素も併せて考慮されるものである。また建物系家具は，人間の要素は薄くなるものの，逆に収納される物品や収納家具が収まるのに必要な部屋の大きさなど，ものや空間からの要求が強い家具である。

かつて，日本の畳の上での生活は，椅子やベッドなど洋風の家具は一切使われず，ノーファニチャーの暮らし方であり，家具といえば卓袱台や座卓子，それに箪笥，水屋などの収納家具だけであった。戦後になって，一般の家庭の中にも洋風の家具が使われるようになったものの，実際は西欧とは異なり靴をぬいでの生活ぶりであり，そうした生活様式に見合った日本独自の家具の開発が試みられている。

10.2 家具の構成

椅子の主要構成部分は，人体を支持する座と背，これらを支える脚部の三つから成り立っている（図1）。これに肘掛けや頭もたれの付くものもあり，また，背と座の直接人体に触れる部分にクッション性をもつタイプもある。機構としては人体への適合性のための背座の上下調節，背もたれ傾斜のリクライニング，前後のゆれのあるロッキング，オートリターンなどを持つものがある。またスタッキング（積み重ね），フォールディング（折畳み），などコンパクトに収納のできる機構も椅子ならではの要求とい

家具の分類		一般的名称
人体系家具	椅子　ソファ　ベッド　身体に直接触れて身体を支える	スツール(オットマン)，子供椅子，ハイチェア，ダイニングチェア，回転椅子，チェア，アームチェア，片アームチェア，両アームチェア，コーナーチェア，イージーチェア，ラブチェア，ソファ，カウチ，寝椅子，ベッド，座椅子，ベンチ，ハイバックチェア
準人体系家具	テーブル　デスク　作業のため，または椅子の補助的役割	ティーテーブル，サービステーブル，サイドテーブル，ステップテーブル，コーナーテーブル，センターテーブル，ダイニングテーブル，ワゴン，ワークテーブル，バーカウンター，座卓，座机，コーナー机，平机，片袖机，両袖机，ナイトテーブル，流し台，調理台，レンジ台，配膳台，アイロン台，花台，電話台，ドレッサー
建物系家具	収納家具	和だんす，洋服だんす，スーツだんす，衣装だんす，整理だんす，ローボード，洋服ロッカー，整理ロッカー，すき間家具，ローチェスト，リビングボード，サイドボード，コーナーボード，カップボード，カウンターボード，ハッチボード，コーナーラック，玄関ユニット
	物の整理，収納	

表1　家具の機能分類*

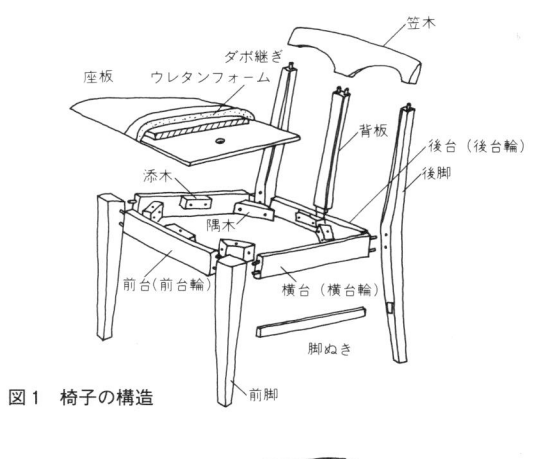

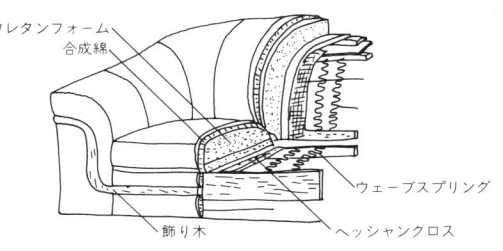

図1　椅子の構造

図2　ソファの構造*

えよう。

　ベッドの基本は人体を支えるマットレスである。このマットレスを支持するためにヘッドボード，フットボード，サイドフレーム，あるいはすのこなどが必要となる。ヘッドボードとフットボード両方の付いたタイプをフレームタイプあるいはヨーロッパスタイルと呼び，ヘッドボードのみのタイプをハリウッドスタイルという。

　テーブルは甲板（天板）が何よりも生命となる。作業に必要な高さと水平性，安定性を確保するために，甲板に脚部が取り付けられ，脚部または甲板との取付けを強固にするため通常は幕板が回される（図3）。テーブルも，脚部が折畳みできるタイプ，甲板部分が中央から折畳みができる中折れタイプ，あるいは甲板部分が垂直状に4分の1回転するフラップタイプ，あるいは入れ子状にスタッキングするネストテーブルなど，空間効率を上げる機構を持つものもある。また使用人数の変化に応じ甲板部が伸長したり，折り畳めたり，スライドして拡張できるものなどが使われている。テーブルとは通常，使用に際しての方向性が2方向以上のものを指す。テーブル状の家具に引出しなどの収納機能が付け加えられるとデスクとなる。収納機能のためにデスクは使い勝手が1方向に限定される。いずれにせよテーブル・デスクは甲板が主機能で，反りや傾斜のないように甲板の構造や脚部のディテールに工夫がされる。

　収納家具は，一つだけが単独で考えられた単体家具，連結，積み重ねがあらかじめ考慮されたユニット家具，部屋の寸法や性能との関係が配慮されている収納・間仕切ユニットの三つに分けられる。いずれも基本的に側板，台輪，支輪などで構成されたものが多い。これに，棚板，引出し，扉などが取り付く（図4）。収納・間仕切ユニットは，収納壁となったり，部屋同士を仕切る間仕切家具のため，部屋の寸法，遮音性などが加味されて，建築躯体との関係は強く，建築空間との取合いの機能が必要となる。

10.3　家具デザインの条件

　デザインとは，機能・性能，材料・工法，流通・コストなどのさまざまな条件が組み込まれ，総合的にかたちが整えられていく過程を示す行為といえよう。家具のデザインも目的（purpose）に応じて，人間，もの，空間などの要求が組み入れられ，使い勝手，座り心地，安全性などの機能（function）条件が，確保されたものでなくてはならない。また同時に，

図3　テーブルの構造*

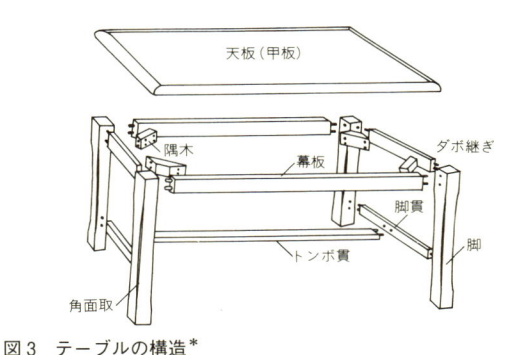

図4　収納棚の構造*

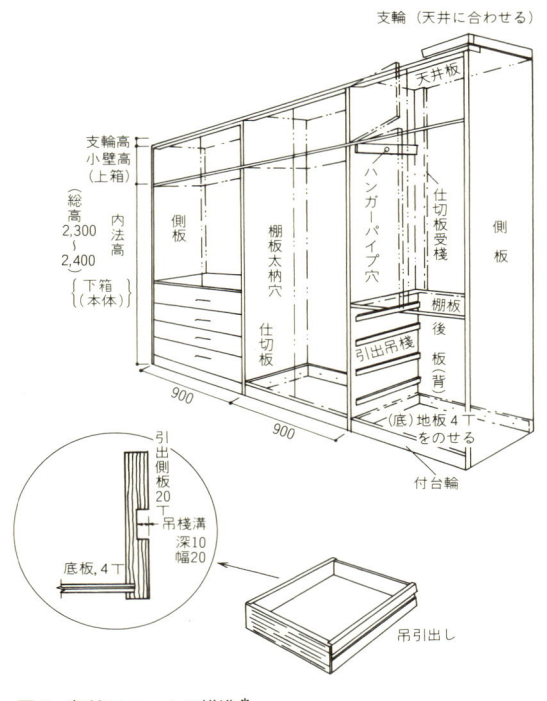

図5　収納ユニットの構造*

材料（material）の特性，コスト（cost），運搬や販売などの流通条件（distribution），あるいは，家具などが設置される空間の種類や特色などの周辺環境（environment）の条件などが十分に配慮される必要がある。さらには，家具の形態は，美的，芸術的側面（appearance）が要求され，その中には伝統や慣習，あるいは新たに生まれつつある生活様式（tradition）などの要素が加味されたものでなくてはならない。また優れたデザインとは，加工，組立て，作業方式など生産的手段（work）についても検討され，しかも，JISや関連法規などの基準・規格などにも適合することも要求される。このため，家具の構成機能は単純でありながら，さまざまな表現となってあらわれる。このようなデザインを取りまく一連の要素の関連を示した図がデザインスゴロクである（図6）。

10.4 家具のデザイン

人間に最も身近な存在である家具は，その時の社会・文化，経済の要素を反映し，時代ごとに求められる要求機能の違いや材料・技術の変化によってさまざまな形態を生み出してきた。例えば椅子は，エジプト，ギリシアの古代国家では，権威の象徴としての役割が強く，座り心地よりもむしろ豪華さや威厳さを強調することに重きが置かれていた。中世になるとこれに宗教的役割が深まり，今日で考える実用的な意味合いからはほど遠いところにあった。しかし，近世になると，ようやく権力や宗教的な束縛から放たれ，座り心地や安楽性などの面に目が向けられるようになって，形態にも変化が現れた。また材料・工法など技術の進展においても家具の形態は大きく変化してきた。

まず，古代から使用されてきた家具材料の一つに木がある。木の種類は初めシダーやナラが使われ，その後，オーク，ウォールナット，マホガニーというように，時代によって材料が違い時代ごとの特色を表してきた。加工技術も，初め象眼加工やろくろ加工が使われ，中世になって框組板張り工法が使われた。さらに近世になると，寄木細工やめっき技術が取り入れられるようになってきた。具体的には，18世紀，イギリスのウィンザー地方で農民の家具としてのウィンザーチェアが生まれ，これは後にアメリカに移り，今日まで広く使われている。1840年代オーストリアのミカエル・トーネットによって曲木家具が開発され，従来の椅子の持つイメージが大き

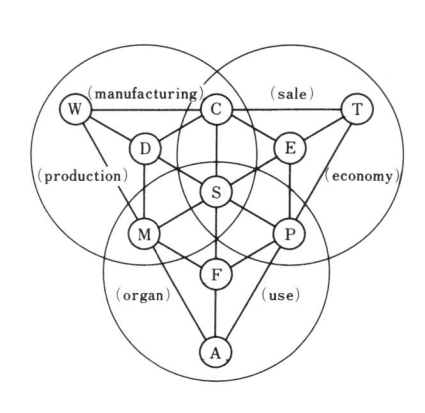

デザインスゴロク（設計システムの相関網）
W／work　　　　加工・組立て・作業方式
C／cost　　　　量産性と費用
T／tradition　　従来の様式・生活様式等
P／purpose　　　使用目的
A／appearance　美学的条件
M／material　　広義の材料
D／distribution　輸送方式・輸送量等流通方式
E／environment　周囲の支配条件
F／function　　機能
S／standard　　広義の標準（規格法等を含む）

図6　デザインスゴロク（池辺陽）

ウィンザーチェア　　　トーネット／曲木椅子

アルヴァ・アアルト／アームチェア　　チャールズ・イームズ／LCMチェア

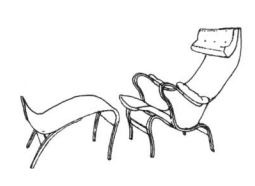

アルネ・ヤコブセン／アントチェア　　ブルーノ・マッソン／マッソンチェア

図7　椅子のデザイン*

く変えられることになった。さらに，近世になると北欧のデザイナー，アルヴァ・アアルト，ブルーノ・マッソンによって積層曲げ加工技術が採用され，軽快で曲線的な木製椅子が生み出されてきた。その後，合板の成形によって，デンマークのアルネ・ヤコブセンのアントチェア，アメリカのチャールズ・イームズのダイニングチェア，ラウンジチェアなどがデザインされ，近代木工技術の幕が開かれた。

　金属が本格的に家具の分野に用いられたのは，比較的新しいことで，特にスチールパイプなど鉄部材が家具に用いられ始めたのは1920年代のことであった。スチールパイプを利用した椅子の始まりはバウハウス時代，マルセル・ブロイアーによるチェスカチェアとワシリーチェアであった。同時期にフランスでは建築家ル・コルビュジエによってスチールパイプを用いた一連の家具がつくられた。またパイプではなく細いスチールロットを溶接することで，背・座がシェル状に広がったダイヤモンドチェアがアメリカの彫刻家ハリー・ベルトイアによって製作され，さらに，アメリカのウォーレン・プラットナーによるスチールワイヤを用いた一連の家具がデザインされた。いずれもスチールバーのもつ緩やかな曲線が特色となった椅子であった。また同時期，アメリカのデヴィッド・ローランドによってスチールロットをフレームに，薄い鋼板を背・座にして溶接しただけで出来たGF40が生まれた。これはスチールの強度を生かし，限界に近い薄さを強調した椅子で，スタッキング効果をねらったものとして注目をあびた。戦後になってアルミダイキャストの工法も家具デザインに取り入れられ，その代表的な家具にハーマンミラー社のアルミニウムグループがあげられる。以上のように，スチールやアルミ，ステンレスなどの金属材料によって，木ではなし得なかった新しい家具の形態が生み出されることになった。

　さらに戦後，プラスチックの開発により，家具はより自由に個性的なデザインがなされるようになった。硬質発泡樹脂を用いたアルネ・ヤコブセンによるエッグ・スワンチェア，FRP成形の背座とアルミダイキャストの脚を合わせたエーロ・サーリネンによるチューリップチェア，チャールズ・イームズによるグラスファイバーの一体成形による背座一体のシェルチェア，北欧のデザイナー，ヴェルナー・パントンのスタッキングチェア，さらには，発泡ウレタンウオームだけで出来た，イタリアのガエターノ・ペーシェによるUP1などがある。

マルセル・ブロイアー／ワシリーチェア*

マルセル・ブロイアー／チェスカチェア*

アルネ・ヤコブセン／エッグチェア*

エーロ・サーリネン／チューリップチェア*

ハリー・ベルトイア／ダイヤモンドチェア*

ウォーレン・プラットナー／ワイヤチェア*

チャールズ・イームズ／DAR-8*

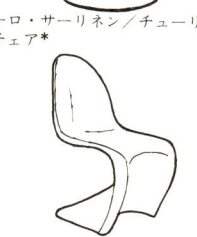

ヴェルナー・パントン／スタッキングチェア*

デヴィッド・ローランド／GF40*

チャールズ・イームズ／アルミニウムグループ*

ガエターノ・ペーシェ／UP1*

エミリオ・アンバース／バーティブラチェア*

11 テキスタイル インテリアエレメントのデザイン(2)

11.1 壁装

a. 日本の壁装

内壁を仕上げる方法には塗り壁と張り壁があり，張り壁は，壁布・壁紙・ビニールクロスなどを張り地とするが，総称して壁クロス張りと呼んでいる。和風には和紙または伝統的な和風紋様を織り出した壁張り布地があるが，洋風のイメージが強くなり，和洋折衷のインテリアになる。伝統的な和風とするためには，繊維を粉砕し，パルプ糊で固め，塗り壁風に見える方法がある。室町期以降，日本建築の壁は，小舞竹を組み，泥土で荒壁をつくり，中塗り，上塗りをする湿式工法であった。この上にクロスを張ることはしなかったが，壁の下部を補強するために腰張りが意匠として定着した。例えば桂離宮の笑意軒では，南蛮渡来のビロードや更紗を腰張りにしている。

日本建築は開口部が大きく，壁面の大部分は建具で占められている。部屋の間仕切りも板戸や紙襖であったために，障壁画や襖紙（からかみ）の文様が，その部屋のインテリアデザインのテーマとなってきた。350年間，和紙に版木で文様を染めつけ，京からかみをつくっている唐長11代目の千田堅吉氏は，その使われ方について次のように述べている。「伝統色という決まり色もあり，表千家に使われる鱗鶴は水色地に雲母押しであり，桂離宮の桐紋は白地の黄土雲母押しである。特に町家では，その部屋によく合い，決して邪魔にならず周囲をよく引き立てる色合いでなければならない。襖は部屋を区切る役目があり，隣の部屋を意識させず，逆に襖があることによって奥行を感じさせることが大事である。この条件を満たしているのは，昔から永々と続いている雲母押しである。雲母の色は決して目立たないで，明るい光線が入るとかすかに銀色に輝くのである」（「京からかみ」INA BOOKLET Vol. 12）。このように平安時代の有職文様，琳派文様などが，長年の生活の中で鍛えられ，洗練され，現代建築の中でもなお生かされつづけているのである。

b. 西欧の壁装

ウォールペーパーと呼ばれ，装飾を主眼としたプリント柄の壁紙が主流である。特に18世紀のロココ時代に流行したシノワズリ（中国趣味）の文様が壁紙の普及を促進し，ヨーロッパだけでなく，植民地のアメリカ大陸のコロニアルハウスの壁面にも壁

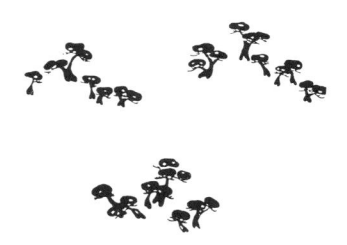

図1　京からかみ（光琳小松）

図4　モリスパターン

図2　シノワズリ文様*

図3　コロニアルスタイルのインテリアデザイン*

紙が飾られた。幅木，腰板，天井と壁の枠まわりの木部をグリーンにペイントし，壁紙の押さえとしているコロニアルスタイルのインテリアデザインは，今も東海岸のアメリカの人々に愛好されている。

イギリスでは，産業革命により機械量産化がすすみ，無機的な造形が主流となったが，それらに反抗したウィリアム・モリス（1834～96）が，中世からの手工の技術を生かし，自然の花や鳥の美しさをモチーフにした壁紙，テキスタイル，タペストリーなどの装飾文様をデザインした。現在モリスパターンと呼ばれ，カーテン，ベッドカバー，テーブルクロスなどに使われ，世界中の人々に愛用されている。

11.2　ウィンドウトリートメント，のれん

開口部を飾る方法には，内部のインテリアデザインのエレメントとして，そのスタイルにポイントをおく西欧の場合（図5）と，日本ののれんのように内部とは関係なく，外装の一つとして発達してきたものがある。今でも銭湯の入口に掛けられている外のれん（みせのれん）は，店頭飾り，目かくし，客引きを図るための仕掛けのデザインであり，みせのれんは平安時代から商家のシンボルとして大切に受け継がれてきた。内のれんは，おもてと奥，浄と不浄を仕切る布として，また，新婚夫婦の部屋の入口に掛けられた花嫁のれんもある。金沢地方に今も残る花のれんは，赤地・紫地に孔雀や久寿玉，末広などのおめでたい絵柄を加賀友禅で染め上げた華やかなのれんである（図7）。ほの暗い日本の民家の奥座敷の入口が花のれんで7日間だけ華やぐというのは，日本独自の美意識による生活デザインといえる。日本の夜具，掛けぶとんの華やかさにも通ずるものがある。

11.3　タペストリー

日本において，タペストリーという言葉が耳慣れてきたのは最近のことである。

中世ヨーロッパの古城の石壁に吊り下げられてきたタペストリーは，城にまつわる物語を絵柄にした布絵である。織り方は日本のつづれ織りと同じゴブラン織りで，フランスのゴブランで織られた。タペストリーは冷たく荒々しい大きな石壁面を，ソフトに鮮やかに彩る貴重な壁装材であった。しかし日本の場合，壁面がなく木と紙のソフトな空間ではタペストリーは不要であったが，RC造，打放し仕上げのインテリアが増加するにつれて，タペストリーの効用が注目されるようになった。インテリアデザインにおいて，このような対比する素材がぶつかり合い，反発しながら融合したときに，生き生きしたドラマチックな空間を演出することができる。

タペストリーは，活気あるインテリアデザインをつくるための有用な壁装材ともいえる。

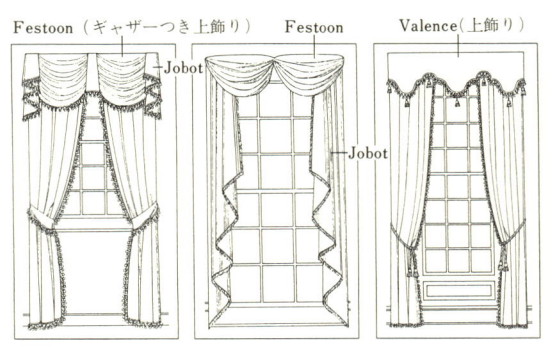

図5　ウィンドウ トリートメント　三つの基本タイプ

図6　新しい手法のウィンドウトリートメント（一宮市博物館，新建築写真部撮影）

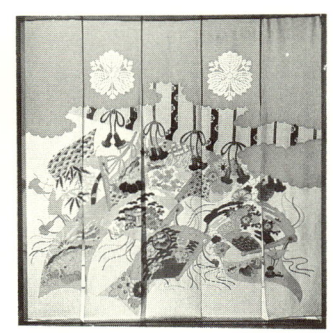

図7　花のれん

図8　日本のふとん

11.4 カーペット

a. カーペット

床敷物の総称であり，材質，織り方，敷き方などさまざまある。まず敷き方は全体敷込み（ウォールツウ ウォール）と置き敷き（ピース敷き）に分けられ，全体敷込みはコントラクトカーペット（量産，機械織り）が使われ，置き敷きには世界各地で手織りされている緞通（rug）が使われる。パイル（結び糸）にはウールが多いが，シルク，綿などもある。ペルシアカーペットの中でもシルクは宮廷用として最高級品で，タペストリーに使われることもある。

コントラクトカーペットは，摩擦，屈曲，耐水，耐火，耐化学性に強い化繊（ナイロン，ポリエステル，アクリルなど）が使われ，コンクリート床にじか張りにするか，またはグリッパー止めにして敷き込んでいる。設計当初から，カーペットの厚みや，幅木・敷居との取合せを決めておく必要がある。またカーペットの材質も，上足下足，使用頻度，目的などを十分に考慮して決めなければならない。一口に羊毛といっても，産地によってその性能が異なっている。

b. 世界の緞通

昭和40年代，畳からカーペットへの移行が急速に進み，北欧から毛足の長いシャギーカーペットが輸入され大流行した。蒸し暑い日本の風土の中では，暑苦しさが感じられたのであろう。10年ほど過ぎたころには衰退し，その工法は手刺緞通（基布にパイルを機械で刺す）になって残った。緞通は16世紀ごろから中国・ペルシアを基点に世界各地に広がっていったが，それぞれの気候・風土・生活文化によって淘汰されて，その土地独自のものにつくり変えられていった（図9）。

また先住民族が，その閉鎖的な生活環境の中でつくりつづけた独自のもの（インディアンのナバホ織り，トルコのキリム織りなど）もあり，情報交流の発達により，最近では日本住宅の中でも活用されて新しいスタイルとして定着されていくか，その結果は長い年月の生活の流れが決めることであろう。

c. 日本の緞通

タテ糸に羊毛を手で結び，鋏や小刀でループを斜めにカットして溝をつくり，浮き模様をつくる手法は中国緞通の特徴であるが，日本では1932年に天津の織工が山形に来てつくった山形緞通がある。し

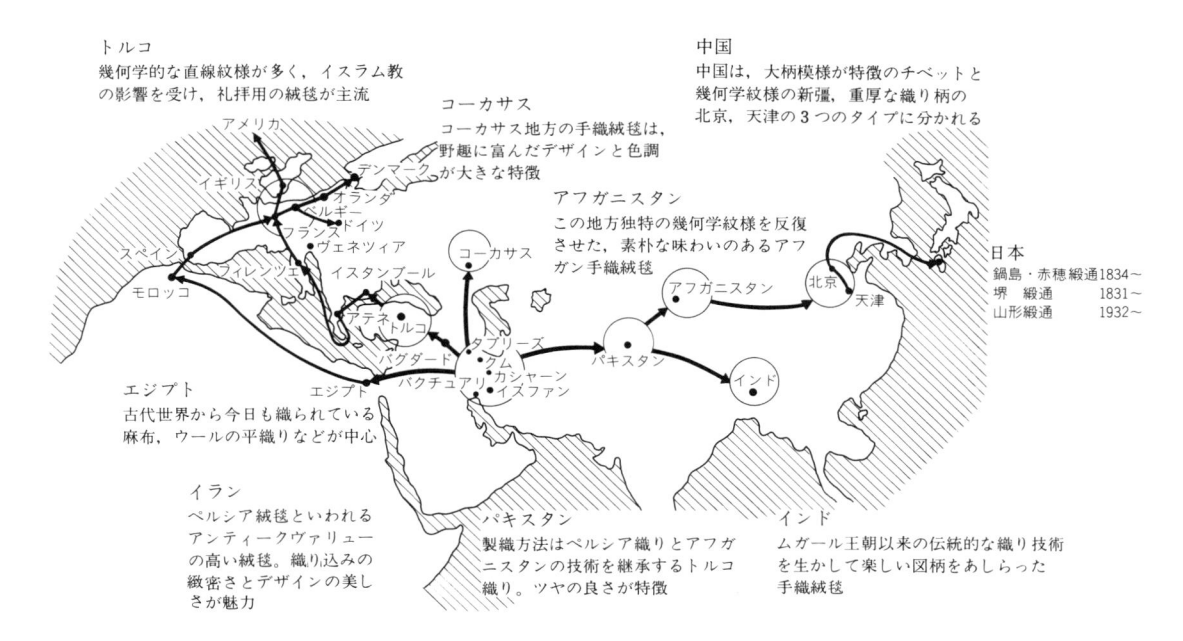

図9 世界のカーペット 16世紀の普及経過とそのデザイン

トルコ
幾何学的な直線紋様が多く，イスラム教の影響を受け，礼拝用の絨毯が主流

コーカサス
コーカサス地方の手織絨毯は，野趣に富んだデザインと色調が大きな特徴

中国
中国は，大柄模様が特徴のチベットと幾何学紋様の新疆，重厚な織り柄の北京，天津の3つのタイプに分かれる

アフガニスタン
この地方独特の幾何学紋様を反復させた，素朴な味わいのあるアフガン手織絨毯

日本
鍋島・赤穂緞通 1834～
堺　　緞通　　1831～
山形緞通　　　1932～

エジプト
古代世界から今日も織られている麻布，ウールの平織りなどが中心

イラン
ペルシア絨毯といわれるアンティークヴァリューの高い絨毯。織り込みの緻密さとデザインの美しさが魅力

パキスタン
製織方法はペルシア織りとアフガニスタンの技術を継承するトルコ織り。ツヤの良さが特徴

インド
ムガール王朝以来の伝統的な織り技術を生かして楽しい図柄をあしらった手織絨毯

かしそれより100年前，九州の鍋島（佐賀）藩が大陸からの織工によりつくった鍋島緞通があり，兵庫の赤穂にも伝えられ，赤穂緞通として現存している。いずれもパイルは，吸湿性の良い木綿糸が使われ，高温多湿の中で上足，床座に対応した敷物になっている。サイズは畳1帖分で2枚並べて置く場合もあるが，座布団としての役目をもっていた。そのためには人肌に優しく，吸湿性があり，爽涼感のある木綿が用いられ，日本独特の緞通となったのである。

またその文様は中国紋様の影響を受けているが，独自の文様へ発展していった。牡丹唐草文，蟹牡丹，唐草，富貴紋様など，家内安全，病魔封じを祈願したものである。中国だけでなくトルコから影響を受けた利剣模様が残されており，その幾何学的文様は斬新で異国情緒を感じさせる。

色調は草木染めであったから地味ではあるが，空色（花色とも呼んだ）をアクセントにして，藍色の濃淡に対比する色として，ひわだ色，はぜ色，鳥の子色など6色くらいを組み合わせ，豪華さを表現している。これを奥座敷に置き，和室の飾り布として楽しんだ上流階級の人々の生活の喜びが伝わってくるようである。

図10　赤穂緞通

図11　インディアンの織物*

11.5　手づくりテキスタイル

a. 近代建築と手づくりテキスタイル

産業革命以後，カーペットもカーテン生地も機械量産され，量販されて，世界中のインテリアはモダンデザインに統一され均質化されてしまった。

この100年間，手工による一品生産は片隅に追いやられ，その技術も消失への一途をたどってきた。しかしポストモダンの風潮は，失ったものの貴重さを気づかせ，ひそかに生きつづけてきたものに脚光をあびせて，飢えを癒すように夢中に取り込んでいる。インディアンのラグは，サンタフェの街角だけでなく，ニューヨーク，東京でも売られているのが昨今の状況である。

b. 彩布の提案

戦後，伝統的な木造住宅にかわって，RC造の集合住宅が，都市の庶民住宅として大量に供給されるようになった。それに伴い，四季を忘れ，床の間を飾ることもなく，無味乾燥な機能中心の生活を強いられる人が増加してきた。そこで，身辺を飾り，美しく室内を調える喜びを取り戻す方法の一つとして，「彩布」を考案した。彩布とは，無機的な空間に人間的な優しさと温かさをもたらし，空間を活性化させるために心をこめて1枚ずつ手織りした組合せ布である。

図12　彩布（世田谷美術館回廊，堀内広治撮影）

12　照　明　インテリアエレメントのデザイン(3)

　照明はインテリアを機能させかつ魅力ある空間にする大変重要なエレメントであり，その計画は大変難しいものの一つにあげられる。それは空間の明るさが単に照度の大きさだけで感じられているのではないためである。空間の明るさは，壁や天井の内装材料の色やテクスチャーをはじめとして多くの要因から影響を受けている。

　例えば，300 lx の空間は 50 lx の空間の後では明るく感じるが，10,000 lx の空間の後では暗く感じる。また空間の光の分布，光の方向，輝度，光源の違いによっても，空間の見え方，印象はさまざまに変化する。これらのことから，照明の設計と実際に出来上がったものとの間にはイメージのずれ——ギャップがあることが多い。この予測と結果のギャップを縮めるには経験を積む必要がある。予測の正確さを期する方法としては，建築模型をつくり照明を入れて検討するのが最善である。また最近ではコンピューターグラフィックによる作画で検討する方法も発達してきたが，いずれも，時間とコストがかかり，限定的な利用にとどまらざるを得ない。

　照明計画の第一歩は照明のイメージをつくることから始まる。インテリア空間では建物全体としての機能および空間ごとの機能があり，それらの機能を発揮させることを前提とした照明イメージをつくる。まずその空間での人間の活動を分析し，照明における三つの側面，機能的側面，美的側面，生理・心理的側面を考慮しイメージをつくる。各空間に対してつくられるイメージは，機能的でベーシックな照明を主とする一般的な場合と，演出的な特殊な照明をする場合とがある。イメージの内容は文章で表現したり，写真などでヴィジュアルに表現する。

a. 照　度

　機能的側面の第一は照度である。人間の活動の内容に応じて必要な照度レベルがあるので，それを空間ごとに設定する。同一空間で必要な照度レベルの異なる活動が予定される場合は調光器をつけて調整する。

b. 光源色・演色性

　必要な照度の設定の次は光源の検討を行う。光源は各々特有の光を発し，空間のイメージに大きな影響を与える。また光源の演色性は，昼間の自然光で見たときと同じように見える場合に演色性が良いとされ，色の見え方に差異を与える。光源の選択にあたっては，光学的な面から，これら光源色・演色性および光源の出力・輝度などのほか，経済的な面から，価格・寿命・効率・使用電力などについても考慮する。また光源の寸法・形態により，その設置方法についても考慮する。

　適当な照度および光源の設定に次いで，光源の具体的な設置方法の検討を行う。すなわち照明光の射し方およびその分布を決める。太陽光と異なり，光源の大きさ，明るさ，位置をコントロールできる人工照明は，インテリアを自由に演出でき，その魅力を引き出すことができる。この光源を空間に設置する手法は大きく二つに分けることができる。一つはインテリア空間にビルトインされた建築化照明で，他は器具型照明である。

c. 建築化照明

　建築化照明は，インテリアの構法や造作の納め方で，光源を隠ぺいしたり，反射，拡散させたりするものである。光源がビルトインされる部位別にみる

維持照度 Em(lx)	領域、作業または活動の種類	
	住宅	事務所
1000	手芸、裁縫、ミシン	
750	書斎・子供室・勉強室での勉強・読書	事務室、役員室 玄関ホール(昼間)
500	居間・寝室での読書、VDT作業、工作、玄関の鏡、寝室下の化粧	会議室、応接室
300	食卓、調理台、流し台、化粧室での化粧、ひげそり、洗面	受付、食堂、エレベーターホール
200	居間での団らん・娯楽、勉強室での遊び・コンピュータゲーム、テーブル、ソファ、飾り棚、座卓、床の間、洗濯、靴脱ぎ、応接間(洋間)全般	更衣室、書庫、便所、洗面所
100	庭でのパーティー・食事、書斎、子供室、勉強室、座敷、台所、家事室、作業室、玄関(内側)、浴室、脱衣室・化粧室の全般	玄関ホール(夜間) 廊下
75	便所全般	
50	居間・食堂・階段・廊下・車庫の全般	
30	表札、門標、新聞受け、玄関押しボタン、テラス	
20	納戸・物置・庭の全般 寝室全般	
5	門・玄関(外側)・庭の通路	
2	寝室・階段・廊下の深夜・門・玄関(外側)・庭の防犯	

照度：単位面積あたりに照射された光束(lm)であり単位はルーメン毎平方メートル(lm/㎡)

表1　推奨照度　(JIS Z 9110：2010　抜粋)

と，①天井面，②天井・壁面，③壁面，④床面，⑤手すりなどの建築エレメント，⑥造作家具に分類できる。建築化照明は，一般的にはグレアのない間接光で大きな面を照らし，空間の広がりを感じさせる照明として用いられる。

d. 器具型照明

器具型照明は，照明器具が建築表面に取り付けられ，通常それが隠ぺいされずに見える照明である。建築化照明と比較して，設置が手軽で，直接配光の器具等を用いれば高い照度が容易に得られるなどコスト面の利点がある。また，シャンデリア等，器具のデザイン自体がインテリアのポイントとなる場合にも用いられる。取付け方法別に分類すると，①埋込み型，②天井じか付け型，③吊下げ型，④壁じか付け型，⑤置き型，などとなる。また，配光の方式によって，直接照明，半直接照明，全般拡散照明，半間接照明，間接照明に分けられる。

e. 器具レイアウト

建築化照明と器具型照明の検討と平行して，光の分布を決める器具レイアウトの作業を行う。照明の方式と器具の選定から，それらの照明効率および内装仕上げ面での反射率等を勘案し，予定の照度を得る器具灯数が求められる。これを配灯し，空間での納まり，プロポーションを検討する。視覚的なポイントとなる照明器具以外は，できる限り器具自体は目立たず，光の効果だけ得られるのが望ましい。しかし，照明器具を視界にいれないようにする照明は一般的にコストがかかる。そこでこの器具レイアウトの際に，取付け面における器具の占めるプロポーションが大きすぎないか，煩雑すぎないかなどをチェックする。

f. 器具設計

照明計画の最後の段階が器具の設計である。一般的な建築では，既製品の中から型番指定をする場合が多い。しかし，インテリアデザインが主要な役割を担う場合は，その空間のために器具を設計する場合も多い。大規模なホテル・ホールなどではこうした別注の照明器具がインテリアを演出するポイントとして使われる例が多く見られる。器具の換球，清掃等の保守管理は常に考慮しておくべき要件である。

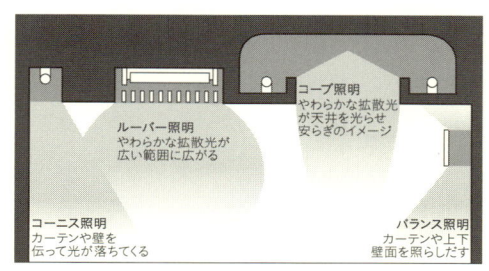

図1　建築化照明の手法

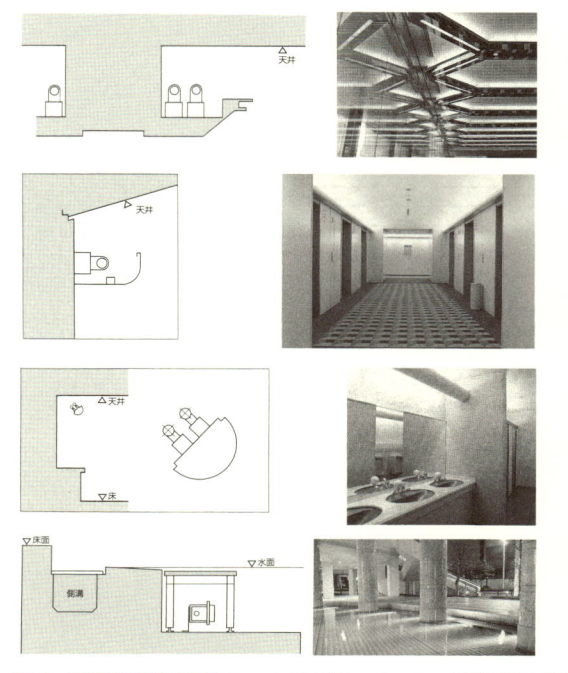

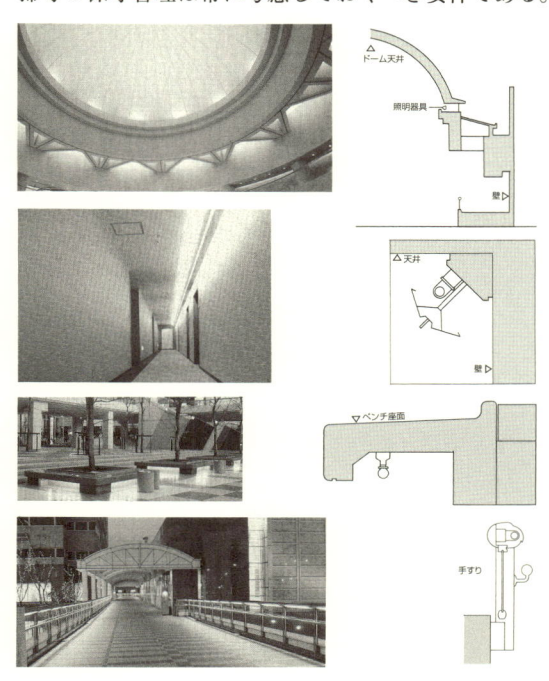

図2　建築化照明の事例（ワールドビジネスガーデン　設計／日本設計，写真提供／ナカ工業）

13 グリーン，アート インテリアエレメントのデザイン(4)

13.1 グリーン

インテリア空間に自然を取り入れる工夫の一つとして，インドアプランツ（室内植物）が用いられる。植物のもつ居住環境の快適性向上といった効果のほか，その演出性もよく利用される。インドアプランツをアクセサリー的に二，三用いるだけでなく，ある程度まとまった量を用いる場合，インドアプランツの生育条件と建築的な環境を配慮し調整する，いわば「グリーン計画」が必要となる。グリーン計画の最初は，そのインテリアの中でのグリーンの位置づけ――ポジショニングを行い，ねらいを定めイメージを作りあげることである。そしてこれをヴィジュアルに表現するプレゼンテーションを行う。イメージの設定が終われば，配置計画に進む。基本となるのは群配置，並木配置，独立配置，立体配置である。また，セッティングの方式により植込み式と置鉢式・吊鉢式等があり，空間のイメージに合わせて，植込桝や鉢あるいは鉢カバーのデザインも行う。インドアプランツの生育条件としては，光・空気・土・水を整える必要がある。光は，一般的に多ければ多いほど適用可能樹種の幅が広がる。光が乏しい場合照明光で補えればよいが，樹上からだけの照明であれば光のあたる頂部の葉だけが残り，影になる下葉は光量不足で落ちてしまうので工夫を要する。空気は人の居住環境に適する温度，湿度，通風のもとでよく生育する。空調の吹出し口からの空気が直接植物にあたらないような配慮を要する。オフィスなどで土・日曜，年末・年始，照明も空調も止められるような所は条件が悪く，ホテルなど24時間無休の所は植物にとっては良い条件を備えている。

土は最近では，セラミックス系の軽い代替物も普及してきている。土は植物の生育，保持に必要であり，その量は一般的に植物の葉と根は同重量であることから判断されている。水は植物の重量のほとんどを占めており，養分を受けとるうえでも重要なものである。給水や防水のためには建築・設備面での手配が要る。土と水を必要とすることから，大きな

図1 ジョンディア社西館（イリノイ州，設計／ローチアンドディンケルー）

a ベンジャミナ　　e 菊（シーズン）
b ボストンファーン　f スパシフィラム
c シマオオタニワタリ　g とべら
d ヘデラ　　　　　h オキシカルジュウム

図2 ウォータータワープレイス（シカゴ，設計／ワーレンフラットナーインテリア設計）

植栽で 0.8 m³ ほどの土量があれば荷重は 1 トンにもなり，構造の対応が必要となる。そこで建築計画の早い段階からのグリーン計画が必要である。

13.2 アート

建築・インテリア空間とアートは古来から密接な関係にあり，建築・インテリア計画に合わせて，アートが計画されることが望ましい。ホテルのように完成時に合わせて大量にアートが必要なプロジェクトや，大スケールのアートが必要なプロジェクト等では，事前発注のためのアート計画が不可欠である。

アート計画では，まず転用予定のある作品の調査を踏まえてコンセプトを作る。このコンセプトは，すでに掲げられているインテリアコンセプトをアート計画としていかにサポート，発展させるかという目標設定である。同時に，そのコンセプトをヴィジュアルに表現するアートイメージとしてプレゼンテーションを行う。イメージを固めるのと平行してそのイメージを具体化するのに最もふさわしい種別，平面作品（絵画，タペストリーほか），半立体作品（レリーフ），立体作品（オブジェ，モビール等）といった空間形態別によるもの，または用いる材料別に，絵具・金属・ガラス・木材・ファイバー（テキスタイル，紙）・焼物・石の作品の中から選択を行う。

作品の置かれる場とスケールは，アート計画の成否に大きく影響を及ぼすので，配置計画とサイズ検討も，このアートの種別区分と同時に行う必要がある。以上がセットされると次のステップは作家・作品の選定を行う。作家のこれまでの作品歴を把握し，既存の入手可能な作品を用いる所と，新しく作る所を区分し，新作については作案を依頼し，作品の入る空間状況，要件を作家に説明する。

新作案もそろいプレゼンテーションを経て発注図書を作成する。これらは他の発注図書と同様，見積要項，配置図，員数表，作品内容の指定からなる。

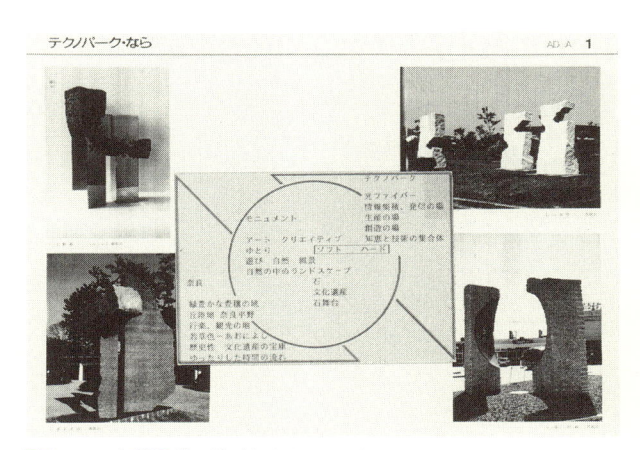

図 3 アート計画ボード（計画／AD & A）

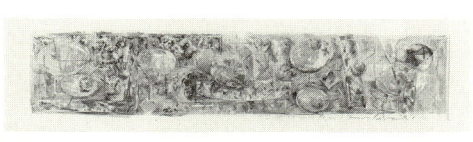

図 4 壁画のエスキスと完成写真（栗岡孝於作，グルメビル：神戸）

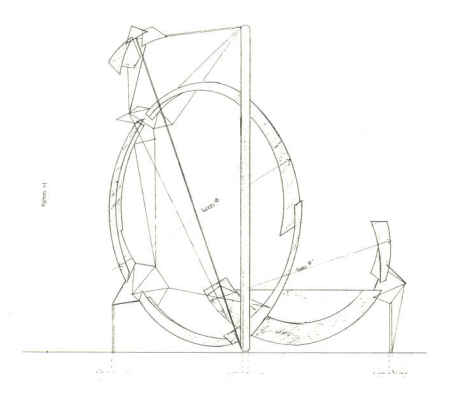

図 5 モニュメントのエスキスと完成写真（吉田和央作，大阪障害者職業訓練校）

14　材料と仕上げ

　人は，古くから身近にある自然の材料を用いて，いろいろなものをつくってきた。石を積み，木を組み立てて，住まいを作った。また，土を焼いて煉瓦や瓦などの材料を作り出した。

　一方，古くからある材料のなかでも，金属やガラスは，自然の材料を変成させて作ったものである。金属は，石の中から新しい物質を抽出して作られたものであるし，ガラスは，珪酸とアルカリ性物質とを溶融して作られたものである。いずれの材料も，人間が自然界から取り出した物質である。これらの材料は古くは生活空間の脇役的な存在であったが，現代では科学と工業の発達によって，主役の座を占めるようになった。

　さらに，石油化学工業の発達が，全く新しい材料を人工的に生みだした。プラスチックと呼ばれる合成高分子物質である。日用品からハイテク製品にまで至るところにプラスチック材料が使われ，それは現代社会になくてはならない存在になっている。

　素材の使われ方も，時代や風土によって異なってきた。日本では，構造材である木がそのまま室内に現され，木・土・畳・紙などの自然材料の素材感が表現されていた。一方，西洋では，構造材は室内では隠され，しっくい・ファブリック材・木パネルなどで装飾的に覆われてきた。そして近代，コンクリート造や鉄骨造などの新しい構造様式の開発によって，コンクリート・鉄・ガラスという材料のシンプルな構成美の表現がもたらされた。

　改めて，材料の仕上げを考えてみると，歴史的に定着した表現が残っている一方で，これまでとは異なった新しい表現が行われている。例えば，近代建築では強く硬かった金属が，曲げたり延ばしたり穴をあけられて柔らかく軽い表現をもつようになり，カラフルにペイントされた木材は，木がもっていた素材感を消されている。

図1　構造材がそのまま室内に現れ，自然材料の素材感が伝わる曼殊院茶室内部

図2　構造材をそのまま出さず装飾的に仕上げたカルナバレ邸の黄色のサロン

図3　装飾を排し構造方式を現したシンプルな構成のサヴォワ邸2階居間
　　（設計／ル・コルビュジエ，新建築写真部撮影）

図4　工業材料での表現　東京竹葉亭
　　（設計／出江寛，新建築写真部撮影）

現代の生活空間では材料も仕上げも多様になり，材料のもっていた本来の素材感すらも揺らいできている。

14.1 木　材

私たちの生活空間において，木は最もなじみのある材料であった。しかし現代，木は数ある材料のなかの一つでしかなくなってきている。生活様式の変化や，建築工法の変化，資源の枯渇，求められる性能の変化などによって，木材の用い方に変化が起こってきたのである。使われる樹種も変わり，無垢材で用いることは少なくなり，薄く剝いだ単板や木質材料（木質系のボード類）で使用されることが多くなってきた。そして，かつてのように構造材がそのままインテリア空間に現れているという使われ方よりも仕上げ材としての使用が多くなってきている。しかし一方では，木の良さも見直されてきている。木造の公共建築が話題を呼び，木のユニットバスが販売されるようになった。木は感触が良く，その香りは人の心を休めてくれるためである。

木は自然の生物材料であり，樹幹の構成は（図6），樹皮・形成層・木部・髄からなっている。木材の幹や枝の内部では，樹皮と木部の間の形成層で，常に新しい細胞が生まれている。この淡色の春材（早材）と濃色の夏材（晩材）の繰り返しが，年輪を作り木理を作り出す。一度生まれた細胞は辺材（白太）となって樹液の輸送路となり，古い細胞は次第に固い心材（赤身）となっていく。木材が切る方向や部位によって木目や性質が違うのは，このような木の組成の特徴による。

材質は，木の種類によってかなり違う。針葉樹は繊細で独特の美しい光沢があるが，広葉樹の材面は粗く木目の変化に富む。こうした性質から，和室の造作には素地の針葉樹が，洋風の造作には塗装した広葉樹が一般に用いられている。また珍しい木目や樹種，材質の特に優れたものは「銘木」と呼ばれ，床の間材などに使われる。

木を塗装するのは，素材の保護と仕上がりの美しさが目的である。自然の持ち味を引き立たす，異種

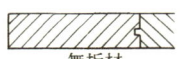

無垢材 無垢材はよほど注意しないと目に沿って曲がる	積層合板 市場性がよい。あまり厚いものは避ける	ランバーコア 重量感がありエッジも薄く仕上がる

パーティクルボード 反りを防ぐため，両面同じような仕上げをする。厚物は無理	ハニカムコア ハニカムコアに合板を張り仕上げ材を練る。軽量

図5　パネル甲板の種類と構造

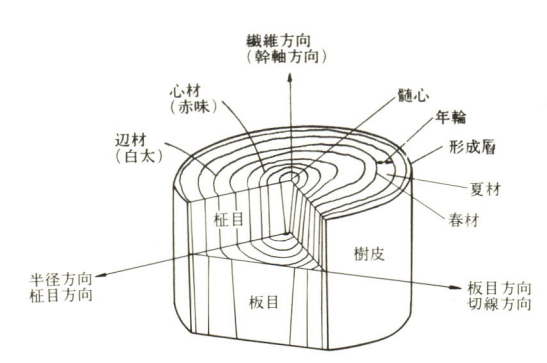

図6　木材の構造と名称

表1　主な木材の種類

	樹　種	材　質	用　途
国内材	なら	黄褐色，柾目髄線美	一般家具
	しおぢ	漆褐色，木理明瞭	一般家具
	ぶな	赤褐色，髄線明瞭	曲木家具，一般家具
	けやき	黄褐色，光沢に富み木理美	和風家具
	すぎ	褐赤色，木理通直	引出し，裏板
	まつ	黄白色，光沢乏し	引出し
	ひのき	淡黄白色，柾目美	上等家具
外国材	あかラワン	辺材／灰紅褐，心材／紅・黄褐，重硬光沢，交錯木理，リボン茎	内装材，造作 一般家具，合板用
	ウォールナット	辺材／淡色，心材／深褐，木理美，光沢有	家具，内装材 器具
	オーク	白，帯赤	内装材，家具，酒樽
	チーク	濃褐色，濃黄金色 木理通直～波状	内装材 家具，器具
	マホガニー	淡褐，桃色，濃紅～紅褐 金色光沢強，木理緻密	内装材 家具

の木材に色を付け同一材に見せる,高級感を出す,といった用途に応じて塗装を選択する。塗装することによって,色彩だけでなく光沢に変化を与えることができるので,方法によっては新しい素材感を引き出すこともできる。木の使い方が変化したことで表現も多様になってきている。

辺材／樹皮と形成層の間に生きている薄い組織層。樹液が多く,乾燥によって変形が起こりやすい。

心材／樹木の成熟した中心部分。心材には樹脂などがしみ込んでいて辺材部よりも色合いが暗い。材質が硬く狂いが少ない。

14.2 石材

自然材料の中でも木や土と異なって,石は重く硬いという厳しい表情をもっている。石はその生い立ちによって分類できる。まず,地球内部のマグマが噴出して固まった原生的な物質が火成岩である。火成岩には,花崗岩・安山岩などがある。石質は緻密で硬い。岩石が風や水や火山の作用によって砕片になり生物原とともに沈殿し堆積する。これが水成岩で,その種類には,凝灰岩・砂岩・粘板岩・石灰岩などがある。また火成岩や水成岩がその後の地殻変動による巨大な圧力や地熱,化学的作用などを受けて変質したものが変成岩で,大理石・蛇紋岩などがある。

石の中で建築によく用いられるのは,花崗岩・砂岩・大理石である。花崗岩は,通称御影石とも呼ばれ,色と仕上げのバリエーションが変化にとんだ表情を与えてくれる。砂岩は土のような暖かみが特徴で,割肌仕上げで用いられることが多い。大理石は磨くと出る独特の色と光沢と模様が特徴で,透光性のあるものは光り壁としても用いられる。またこのほか,床材としての鉄平石や,加工のしやすい大谷石などが使われる。

同じ種類の石でも産地によって,素材は少しずつ異なり,同じ石でも仕上げによって表情は変わってくる。表面仕上げの違いとその組合せと張り方によって,石材にはいろいろな表現が可能である。自然な風合いを出すこともできれば,冷たさを表現することもできる。素朴な表現,華麗な表現も可能である。わが国の内外装材としての石材の使用の歴史は浅く,西洋文明とともに明治以降に導入されたものである。そのため,これまではどちらかというと,威厳や高級感を出すために使用されることが多かった。しかし近年,石材の使用は増加傾向にあり,それに伴い表現も豊かになってきた。同じ種類で仕上げを変えて組み合わせたり,同一面に多種の石材を

分類	種類	概要
耐水温性	特類	屋外または常時湿潤状態となる環境での使用を目的としたもの
耐久性	1類	断続的に湿潤状態となる環境,コンクリート型枠用を目的としたもの
	2類	時々湿潤状態となる環境での使用を目的としたもの
	3類	極めてまれに湿潤状態となる環境でのみ使用可能(ほとんど流通せず)
心材（コア）	ベニヤコア合板	単板を心材としたもの
	ランバーコア合板	細長いひき板を合わせて心材としたもの
	特殊コア合板	パーティクルボード,繊維板,蜂の巣構造の材などを心材としたもの
表板の処理	普通合板	1～3類まであり,表板の樹種による呼称,品質により1等,2等,3等に区分される
	オーバーレイ合板	表板の上にプラスチック,紙,布などを張ったもの
	化粧張り合板	美しい良質の木材の単板を張ったもの,オーバーレイ合板の一種
	塗装合板	表面に塗装したもの
	プリント合板	木目や模様を印刷したもの
	機械加工合板	表面に溝や穴あけをしたもの
特殊性能	難燃合板	防火処理をしたもの
	防火戸用合板	防火処理をしたもの
	防虫合板,防腐合板	防虫,防腐の処理をしたもの

表2 合板の種類

使ったりして，石の新しい表現が試みられている。

花崗岩／通称御影石。石質が緻密で硬く，対摩耗性・耐久性に優れ，磨くと光沢が美しい。しかし，耐火性が乏しく，硬いため加工性が悪い。黒御影といわれるのは閃緑岩(せんりょくがん)である。

安山岩／花崗岩と共に代表的な硬石。耐久性・耐火性に優れるが，外見は花崗岩より劣る。

凝灰岩／火山噴出物や安山岩の破片が堆積し凝固したもの。耐火性に優れるが耐久性や吸水時の強度に劣る。柔らかく加工が容易。

砂岩／砂粒が珪酸質・酸化鉄・石灰質・粘土等と固化したもの。耐火性に優れたものが多いが，吸水性が大きく，耐摩耗性・耐久性に劣る。

粘板岩／別名スレート。粘土に炭酸物質や酸の鉄分が加わり板状組織をもつ。薄板にしても堅牢である。

石灰岩／炭酸石灰を主成分としており，非結晶質のものを石灰岩という。結晶質石灰岩は大理石。

大理石／石灰岩が地中で変質したもの。石質は緻密で強度があり吸水性も小さく，適当な硬度があるため加工も容易。磨くと美しい色と模様と光沢が出る。しかし，耐酸性・耐火性に乏しく，屋外では光沢を失う。トラバーチンは大理石の一種で，虫食い状の細かい穴があり，独特の風合いがある。

蛇紋岩（変成岩）／かんらん岩が変質したもの。色や斑紋が蛇の皮に似ており，この名がある。模様が美しく，磨くと光沢が美しい。性状は大理石に近い。

鉄平石／輝石系安山岩の一種で，住宅などの敷石や張り石に広く使われる。

大谷石／凝灰岩の一種で，柔らかく加工がしやすい。旧帝国ホテル（設計／フランク・ロイド・ライト，1922年，愛知県犬山市明治村に一部保存）での使用が有名。

粗面 → 滑面

のみきり	びしゃん叩き	小叩き	ジェットバーナー	水磨き	本磨き
採取された原石の表面にのみ跡をほぼ平行した条に表した仕上げ。のみ跡の数により大・中・小のみに分けられる	のみ切りした表面をびしゃん（工具）で叩いて平滑にした仕上げ。びしゃんの目数によって荒・細びしゃんに分けられる	びしゃんまたは，挽き肌仕上げした面にさらに小叩き用のみで細密な平行線を刻みつつ平面を形作った仕上げ	花崗岩の表面をバーナーで加熱し，それを水で急冷することにより，結晶体の熱膨張係数の違いにより表面の一部をはく離させた仕上げ	#400〜#800のカーボランダムと石，または同程度の仕上げとなるダイヤモンドと石で磨いた仕上げ	#800〜#2000のカーボランダムと石，または同程度の仕上げとなるダイヤモンドと石で磨いた仕上げ

図7 花崗岩の仕上げ例

図8 石の力強さと素朴な肌合いの箱根プリンスホテルロビー（設計／村野藤吾，和木通撮影）

図9 装飾タイルの魅力 カサ・ビセンス（設計／A. ガウディ）[*]

14.3 タイル

タイルは，土を焼成して作った焼き物の建材である。土はどこにでもあり，岩石の生成の循環の過程で派生する物質である。

土は高温で熱すると高い強度と硬度をもち，吸水率が低くなる。タイルを焼き物としてみると，原料や焼成温度の違いによって，吸水率の少ない方から磁器・せっ器・陶器・土器に分類できる。材質は製法によっても違い，乾式製法が石のような硬い表情を出すのに対して，湿式製法は土ものの柔らかい表情を出す。

タイルを用途別に区分すると，外装タイル・内装タイル・床タイル・モザイクタイルに分類でき，それぞれ形状が異なっている。外装タイルの起源は煉瓦積みにあり，そのために寸法や張り方は煉瓦積みを踏襲し，さまざまな張りパターンがある。内装タイルは色柄ともデザインが豊富で，最近は大型化の傾向がみられる。中近東やヨーロッパなどでは，古くから壁や床の被覆材や装飾材として，時代や風土を反映した美しく特徴のあるタイルのデザインが発達してきた。わが国で本格的にタイルが使われるようになったのは明治以降である。耐久性の良さから，主に外装タイルと水まわり部分の内装タイルが用いられてきた。

タイルの良さは，色とテクスチャーを多様に作り出せることにある。タイルの色は，うわぐすりによる方法（施釉）と，うわぐすりを用いず素地に顔料などを添加して着色する方法（無釉）とがある。色が同じでも表面のテクスチャーを変えて凹凸を付けると，光の当たり具合で微妙な変化が付けられる。さらに張り方のパターンや目地の扱いを工夫することで，煉瓦のような重厚な印象を与えるものから重量感を消した織物のような軽快な印象のものまで，多様なデザインが可能である。

磁器／素地は透明性があり，緻密で硬く，叩くと金属性の澄んだ音がする。

せっ器／磁器のような透明性はないが，焼きしまっており，吸水性が少ない。叩くと清音を発する。

陶器／素地は不透明の多孔質で，吸水率が高く，

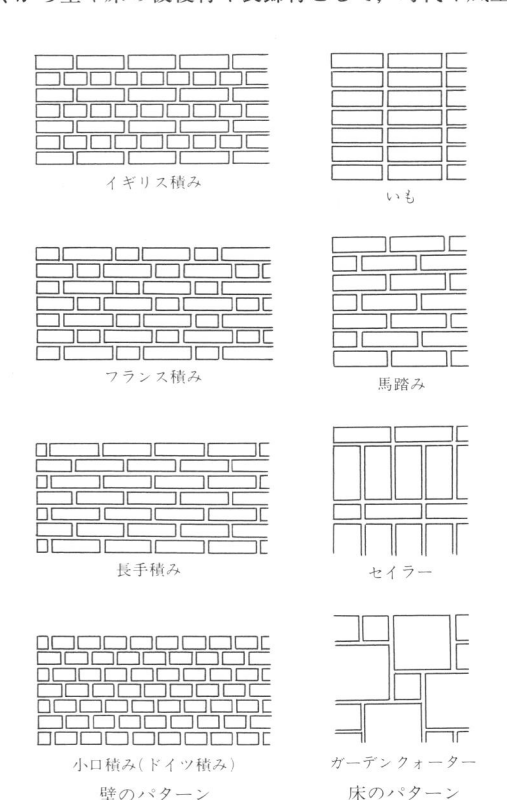

図10 タイルの張り方

図11 金属の軽くて柔らかい表現　PLATFORM（設計／妹島和世，大野繁撮影）

図12 エキスパンドメタルが即興性や虚構性を醸し出すNOMAD（設計／伊東豊雄）

叩くと濁音を発する。施釉のものが多い。

土器／素地は有色で不透明。多孔質で吸水率が高い。焼成温度は低く，無釉が中心。

乾式製法／調合材料をプレス加工する。

湿式製法／練り土を押し出し成型する。

14.4 金属

金属は，自然材料である石や土の中から新しい物質を抽出したものである。自然材料は自然界に存在する安定した材料であるので，年月を経ても特性に変化が少なく，むしろ味わいを増す。一方金属材料は，高い性能をもつ一方で材料としては不安定で劣化しやすい。金属には錆びるという欠点があるが，これは自然界で酸化した状態にあった金属を還元したため，金属が再びもとの安定した状態に戻ろうとして起こる現象である。しかし，材料として安定した状態を保てるような処置（例えば，めっきや塗装などの表面処理）をしてやれば，金属は我々の生活に非常に有利な材料となる。

金属の大きな利点は，強度があり可塑性に富むということである。ロンドンで開催された第1回万国博のクリスタルパレス（水晶宮，1851年）では，鉄を構造材とした空間の可能性がはじめて示された。以降，鉄を構造材とした試みは続き，ハイテックな金属独特の表現も生み出された。大スパンの空間，軽快な階段，細い部材で構成された家具，キャンティレバー方式を採用した椅子など，金属材料は合理的で軽快な形態を作り出してきた。

金属材料が作り出す表現を考えるとき，構造材と共に表面材としての使用があげられる。これは金属のもう一つの利点である可塑性をうまく生かした使用法である。線状に延ばしたり，薄く板状にすることができる点では，金属は他の材料から抜きん出ている。細くワイヤ状にした表現もできれば，複雑なサッシも作れる。薄板の表現の処理を工夫すればさまざまな光沢の変化が得られる。鏡のように磨く（鏡面磨き），傷を付ける（ヘアライン，サテン），腐食させる，めっきする，塗装する，めっきの表面をつや消しにする（ダル）など，多彩な表現が可能である。また，パンチングメタル，エキスパンドメタルなどの薄板の加工で，スクリーン状の効果を出すこともできる。このような金属の表面材としての使用は，強く硬いというイメージの強かった金属に柔らかいという新しい表現の可能性を示している。

金属材料の中でよく使われるものは，鋼・アルミニウム・銅などである。鋼は，一般にスチールや鉄と呼ばれる鉄と炭素の合金で，炭素量が少ないほど柔らかい。欠点は錆びやすいことで表面処理が必要である。ステンレス鋼は耐食性，耐熱性に優れ丈夫なので家具や金物に使われている。シンクや浴槽に使用されているものは，クロム18%，ニッケル8%含有のもので，磁性がなく優れた特質をもっている。アルミニウムは大気中で酸化皮膜を作る。そのため耐食性に優れ，また加工性が良いのでサッシや仕上げ材に使われる。銅は，大気中では表面に緑青を作り内部を保護する。一般に高級な材料として用いられ，主な銅合金には，しんちゅう・ブロンズ・ホワイトブロンズなどがある。

めっき／金属の表面処理の代表的な方法の一つで，他の金属で表面を被覆する。

しんちゅう／銅と亜鉛の合金で加工しやすく，家具用金物に多用される。表面は，クロムやホワイトブロンズめっき仕上げが多い。

ブロンズ／銅と錫の合金で，微量の亜鉛を含むものが多い。耐食性が優れ，精巧な鋳造に適し，ルームアクセサリーや装飾金物，建築金物に用いられる。

ホワイトブロンズ／銅・亜鉛・ニッケルの合金で，白色で美しく，高級な装飾用金物の材料として使われる。

14.5 ガラス

光を通し反射するというガラスの特性は，古くから人々を魅了してきた。古代ローマの大浴場のガラス窓やゴシック建築のステンドグラス，フランスのヴェルサイユ宮殿の「鏡の間」など，ガラスの歴史は長く華やかである。

鉄とコンクリートとともにガラスは生活空間になくてはならない素材になっている。特に開口部にとってガラスは不可欠の材料である。

組積造の歴史をもつ西洋のインテリア空間では，

窓は壁に穿たれた穴であった。そのため，窓からの光や景色に対する思い入れは強く，窓の扱いかたは室内装飾の重要なポイントでもあった。近代の新しい構造と大型のガラスは，こうしたかつての窓と壁との関係を大きく変えた。一方，日本では，柱の間のすべてが開口部として可能であり，内外はあいまいに連続していた。ところが，窓に板ガラスが導入されるようになって，内外は明確に区切られ，ここでもガラスは空間を変質させた。

今日では，組成や加工方法を変えることにより，用途に応じたいろいろな性能のガラスを作ることが可能である。またガラスを保持する技術も発展し，サッシをなくしたよりシンプルな表現が可能になった。現在ガラスの種類は豊富である。割れやすい欠点を改良した強化ガラスや合せガラス，防火性を高めた網入りガラス，断熱性を高めたペアガラス，エネルギーの透過を少なくした熱線吸収ガラス，エネルギーの反射を多くした熱線反射ガラス，そのほか電磁波をさえぎるものなど高機能ガラスと呼ばれる新しいガラスが開発されている。

新しいガラスは新しい素材感を生み出している。割れにくく平滑な大型ガラスの出現で，今やガラスはその存在感が薄れてきている。さらに，熱線反射ガラスでは，ミラー効果によって周囲の風景を映し出し，その存在まで消し去っている。一方，ひび割れガラスはガラスを割れさせることで忘れかけているガラスの存在感を強調している。最近では，透明なガラスにエッチング加工を施して不透明な模様を付けたり，異種のガラスを組み合わせたりと，視覚的に複雑な効果をねらった表現がみられるようになった。透明性を超えたガラスの新たな表現が試みられている。

強化ガラス／板ガラスを軟化点（約700℃）近くまで加熱した後，常温の空気を均一に吹き付けて急冷して作られる。熱処理をしないガラスに比べて強度が高く，割れたときには破片が粒状になる。

合せガラス／通常2枚の板ガラスでポリビニールブチラール樹脂の中間膜を挟み，加熱圧着したガラスである。破損しても中間膜の存在によって破片が飛散しないし，衝撃物が貫通しにくい。防犯性能も高い。

網入りガラス／板ガラスの中に金属の網または線を封入したガラスで，ガラスが割れても中の網や線が破片を支えるため，火炎や火の粉の侵入を遮断して防火性に優れている。また，破損しても破片が落下しにくいため，飛散防止効果がある。

ペアガラス／通常2枚の板ガラスを，専用のスペーサーを用いて一定間隔に保ち，内部の空気を乾燥状態に保ったガラスである。断熱性が高く，結露しにくい。

熱線吸収ガラス／通常のガラスに微量の金属を添加して着色した透明ガラスである。可視光線および太陽輻射熱を吸収する。

熱線反射ガラス／ガラスの片面または両面に金属酸化膜をコーティングしたガラスで，その薄膜で太陽光線を反射したり吸収したりして，冷房負荷を軽減するのに役立つ。

図13 ひび割れガラスによるガラスの存在感　ISSEY MIYAKE 神戸リランズゲート（設計／倉俣史朗，平井正行撮影）

図14 透過ガラスと半透過の組合せ　ヤマトインターナショナル（設計／原廣司，大橋富夫撮影）

14.6 プラスチック

自然にある木や繊維などの高分子物質に対して，石油などの工業材料によって人工的に作られる合成化合物がプラスチックである。

特徴は，きわめて強靭で安定しており，可塑性があることで，この塑性のある（plastic）性質から，プラスチックという名称がついた。性能や形だけでなく色や表面のテクスチャーも人工的に作り出せるので，多種多様な製品に使われている。

インテリア材料によく使われるのは，熱可塑性樹脂である塩化ビニール樹脂，アクリル樹脂と，熱硬化性樹脂であるメラミン樹脂，ポリエステル樹脂，ウレタン樹脂である。今日，有機的な形態やカラフルな空間が可能になったのには，プラスチックが出現した影響が大きい。

しかし20世紀後半になると，新建材によって引き起こされる化学物質過敏症が深刻化した。その対策として，ホルムアルデヒドの放散量の性能区分を表す新たな表示がJIS改正によって定められた。F☆☆☆☆（フォースター）表示の建材や内装材は使用量の制限はないが，F☆は内装材としての使用は禁止され，その他は使用に制限がある。

塩化ビニール樹脂／耐薬品性・耐水性・耐摩耗性に優れ安価なので，合板や床材などに使用される。

アクリル樹脂／一般にアクリルと呼ばれるもので，透明度が高いのでガラスの代用となるほか，銘板や間仕切り，小物などに使用される。

メラミン樹脂／硬度が高く，耐熱性・耐摩耗性・耐水性・耐薬品性に優れ，メラミン化粧板としてテーブルトップなどに使われる。

ポリエステル樹脂／耐薬品性・耐候性に優れ，ポリエステル化粧板として収納家具の表面材などに使用される。

ウレタン樹脂／発泡剤を加えたウレタンフォームは，家具などのクッション材や断熱材として使われる。

FRP／プラスチックの「脆い」という欠点を補うためにガラス繊維などを加えた強化プラスチックをいう。金属構造材料に匹敵する強度があり，家具やユニットバスに使われる。

14.7 エコマテリアル

建材に使用される揮発性化学物質が原因となって，新築やリフォーム直後に起こる病気「シックハウス症候群」が深刻化し，有害物質を含まない素材に目が向けられるようになった。また近年，持続可能な社会への取り組みが不可欠となり，環境に優しい材料が志向されるようになった。自然材料の見直しや，優れた機能性を持ちながら処分されていた材料の有効活用などが模索されている。

漆喰／消石灰を主成分とする伝統的塗り壁材で，調湿性，防カビ性があり，消臭効果がある。

珪藻土／植物性プランクトンである珪藻の化石で，耐火性，調湿性に優れ，日本では七輪やコンロの原料として使用されてきた。消臭機能を備え，漆喰に似た風合いが出せるので壁材に使用される。

ケナフ／アオイ科フヨウ属の一年草で，成長が早く収穫できる繊維も多いため，木材パルプの代替資源として注目される。主として壁紙の材料として使用される。

月桃／沖縄など亜熱帯や熱帯に自生するショウガ科ハナミョウガ属の多年草で，葉に防虫，抗菌作用があり，和紙の質感と調湿効果があるため，障子紙やふすま紙，壁紙に使用される。

竹炭／空気中のマイナスイオンを増加させる効果があり，消臭と共に室内の空気を清浄する。防カビ性，通気性にも効果があり，壁材等に使用される。

リノリウム／亜麻仁油と木粉，コルク粉，石灰岩，松ヤニなどを混ぜて乾燥させた素材。製造時間が長いため次第に使われなくなったが，抗菌性，耐水性，耐薬品性，耐摩耗性に優れるので，学校や病院，公共施設などの床材として注目されている。

柿渋／古くから木材の防腐や，紙や織物の防水や強度を高めるために使用されてきた塗料。柿タンニンがシックハウス成分の有害物質を無毒化するため，塗装剤として見直されている。

蜜蝋／ミツバチの巣を構成する蝋で，ワックス材として使用される。

コルク／コルクガシ表皮の加工品で，弾力性に富み床材として使用される。炭化コルクは断熱材として使用される。

15 インテリアの構法

15.1 床と階段

a. 床の種類

床は，その上に人や物が載っている点で壁や天井と大きく異なっている。空間の用途に応じて求められる荷重を支え，移動するものに対し摩耗や振動に耐えなければならない。そのため，壁や天井に比べ床の仕上げ材の種類は制約される。

人の活動との関係からは，下足床と上足床に大別できる。下足床では，活発な活動や履き物の種類に対応できるよう，活動のしやすさとともに耐摩耗性などの耐久性が求められる。上足床では，まず感触の良さが求められる。上足床での生活は日本の住生活の特徴であり，そこでは座ったり寝ころんだりすることも多く，床仕上げ材はきわめて生活に親しいものとなっているが，一方では，衛生面や耐久性について，生活の中での配慮が必要である。

水まわり空間の床では，防水性や耐水性が求められる。また，集合住宅では隣戸騒音の防止が重要であり，特に床については配慮が必要である。

近年の建築インテリジェント化の進行のなかで，床配線の役割は増大している。フリーアクセスフロアは，スラブと床仕上げの間の空間を配線等に活用し，OA機器の自由な配置を可能にした床構法として普及しつつある。従来，壁や天井に比べ付加機能が設けられることの少なかった床であるが，今後，床の機能をどうするかは，より重要なテーマとなろう。

b. 床の仕上げと下地

床の仕上げを下地との関係からみれば，塗布仕上げのように仕上げ面の平滑性や剛性など床として必要な多くの性能を下地に頼っているものから，床仕上げ材自体に大きさと強さがあって床組に取り付けるとよいものなど，さまざまであるが，その概略の様子は表1に示すとおりである。

床下地を建築躯体との関係からみると，平滑に施工されたRC造スラブや土間コンクリートに直接仕上げが施されるものと，何らかの床組を設けたうえで仕上げ，もしくは面状の下地が施されるものとに大別される（図1）。RC造スラブに直接仕上げを施

仕上げ	下地の条件	例
塗布	平滑で剛性の大きい一体で連続な面	RCスラブモノリシック仕上げ
長尺シート張り カーペット敷き タイルカーペット敷き プラスチックタイル張り	平滑で剛性の大きい連続面	RCスラブモノリシック仕上げ RCスラブ均しモルタル仕上げ 板張り
陶磁器タイル張り 石張り 煉瓦，木煉瓦敷き	剛性の大きい連続面	RCスラブ
畳敷き	剛性のある連続面	荒床，発泡樹脂敷き
木質床パネル敷き	平滑な連続面	RCスラブモノリシック仕上げ
縁甲板張り フローリング張り 床用合板張り	床組	木造床組 鉄骨造床組
フリーアクセスフロア	平滑で剛性の大きい連続面	RCスラブモノリシック仕上げ

表1　インテリアの床仕上げと下地

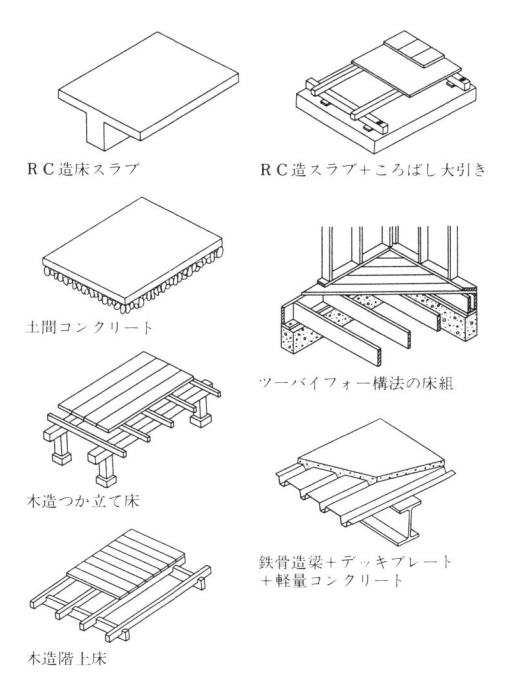

図2　床板のはぎ方（突付け，合じゃくり，実はぎ，雇い実はぎ，敷目板）

図1　各種床下地，床組（RC造床スラブ，RC造スラブ＋ころばし大引き，土間コンクリート，ツーバイフォー構法の床組，木造つか立て床，鉄骨造梁＋デッキプレート＋軽量コンクリート，木造階上床）

した床はじか仕上げ床と呼ばれる。床組には，梁や束を用いないで，RC造スラブなどの上に根太または大引きを直接置いたものがあるが，このような根太や大引きを転ばし根太，転ばし大引きといい，これらを用いた床を転ばし床という。

c. 床仕上げ材の納まり

シート状のものは継ぎ目を見せないように敷かれるが，板やタイルなどでは，材料の特徴を踏まえた目地の使い分けがなされている（図2）。板などの小口での接合部をはぎ合せと呼ぶが，縁甲板や床用合板などでは釘の頭を隠し板の若干の狂いを吸収できる本実はぎが用いられる。異なる材料の取合い部分には，必要に応じて見切り材が用いられる。

d. 床と壁の取合い

床と壁の取合い部分には，幅木のほか，床仕上げの種類に応じて畳寄せ，雑巾ずりが設けられる。畳寄せは，上端が畳敷きの周辺に畳の上端と同じ高さになるように設けられ，雑巾ずりは，板敷きと壁の取合い部に板敷きよりも一段高く設けられるが，いずれも日本の木造の伝統的な納まりである。

幅木は，床や壁の仕上げに対する施工の順序関係から，先付け幅木と後付け幅木に分けられる。先付け幅木は，後から設けられる床や壁の仕上げの施工の定規となり，後付け幅木は，先に設けられた床や壁の仕上げの端部を隠すことができる（図3）。

e. 床のリフォーム

下足床は汚れやすくまた傷みやすい条件にあり，また，上足床は感触の良いものが用いられる一方損耗は早く，床のリフォームは比較的頻繁に行う必要がある。畳は従来から定期的に表替えが行われている。タイルカーペットは傷んだ部分のみ交換でき，これにより本来損耗の早いカーペットの下足床への普及が可能になった。フリーアクセスフロアは各ユニットが自立しているので，情報機器の配置や配線は部分的な更新が容易である。

f. 階段の構成

階段はレベルの異なる床をつないで行き来するために設けられる。段板が基本的な構成要素で，このほか蹴込み板，手すり，踊り場が設けられる。段鼻には昇降の安全のためノンスリップが設けられる。

g. 階段の寸法と形状

階段の寸法の基本は，蹴上げ，踏面，幅であり，建物用途などに応じた階段の種別によって基準が定められている（表2）。プランニングの能率からは踏面が小さく蹴上げが大きいほど具合がよいが，勾配が急になり昇降は不便である。昇降しやすい階段の蹴上げ（R）と踏面（G）の関係としては，「$2R+G=630$ mm」という提案もある。

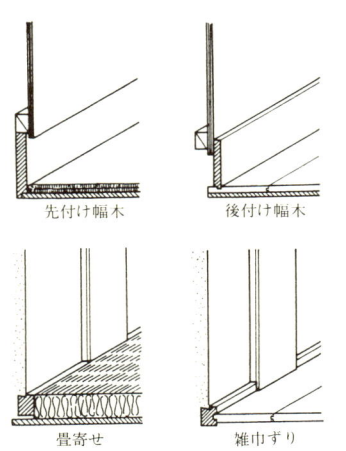

図3 幅木，畳寄せ，雑巾ずり

図4 フリーアクセスフロア

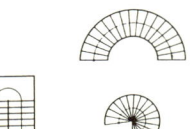

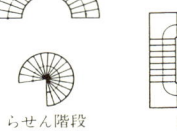

図5 階段の各部の名称

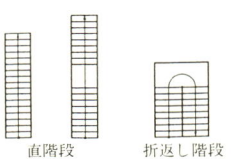

図6 階段の平面形式

表2 階段の勾配

階段の種別	階段・踊り場の幅	蹴上げの寸法	踏面の寸法
小学校の児童用	140以上	16以下	26以上
中・高等学校の生徒用，1,500m²を超える店舗用，劇場・映画館・集会場などの客用	140以上	18以下	26以上
直上階の居室の床面積の合計が200m²を超える地上階，居室の床面積の合計が100m²を超える地階	120以上	20以下	24以上
上記以外のもの	75以上	22以下	21以上
住宅の階段（共同住宅の共同階段を除く）	75以上	23以下	15以上

（単位cm）

手すりは昇降の手掛かりとして，また墜落のおそれのある箇所ではその防止のために設けられるが，昇降の手掛かりに具合の良い高さは850〜900 mmといわれ，墜落防止に必要な高さは1,100 mm以上とされている。

　階段の形状をプランニング上からみれば，直階段，らせん階段などがある。吹抜けなどに設けられる階段は空間デザイン上重要な役割を担うことが多い。日本の伝統的な箱階段は箱を積み重ねた形状で，段の下部には引出しを設けることが多い。

15.2　壁

a. 壁の種類

　壁は空間を垂直方向に仕切る部位であり，仕切っている空間が外部か内部かによって外周壁，間仕切壁などに分けられる。外周壁は一般に防水性や断熱性などの性能条件が厳しくなる。

　構造上は耐力壁と非耐力壁に大別される。耐力壁は建物全体の構造安全性を確保するためのもので，後で取外しはできない。非耐力壁は構造上は自立していればよく，もっぱら仕切っている空間の特性に基づく性能要求を満足することが求められる。

　特定の性能に対応するべく造られる壁には，防火区画を構成できる耐火壁，スタジオなどに用いられる遮音壁・吸音壁などがある。広い空間を折々模様替えするのに適する可動間仕切りは，オフィスビルなどで普及している。

　壁の形状をみると，床から腰高までの腰壁，天井から一定の高さまで垂らして造られる垂れ壁，プランニングの上で柱や直交する壁から突き出て途中で切れている袖壁がある（図7）。

　木造建築では，柱を壁仕上げで隠し平らな壁面とした大壁と，柱の間に壁を設け柱を化粧柱として壁面に現した真壁とに分けている（図8）。

b. 壁の仕上げと下地

　壁の仕上げを下地との関係からみれば，塗装仕上げのように壁としての剛性や平滑性のほか，各種の性能を下地に頼っているものや，板張りのように仕上げ自体に剛性があり下地は間柱，胴縁といった骨組であるものなど，さまざまなものがある（表3）。また可動間仕切りパネルなど，あらかじめ仕上げが

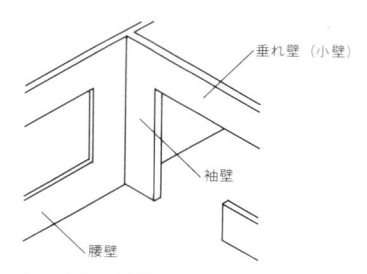

図7　形状からみた壁の種類

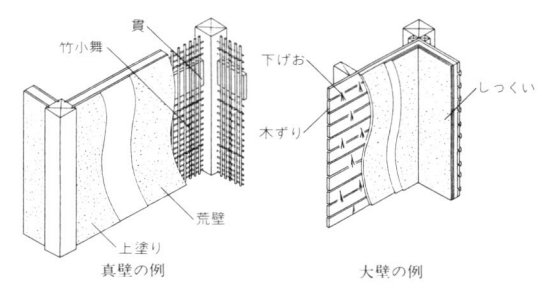

図8　真壁と大壁

仕上げ	下地の条件	例
塗　装	剛性のある連続面 条件によって，平滑性，目地処理が求められる	均しモルタル塗り 石こうボード張り，合板張り，板張り コンクリート面
吹付け	剛性のある連続面	モルタル塗り コンクリート面 ボード張り
左官仕上げ	左官塗りがなじむ粗で剛性のある連続面	荒壁，ラス張り，木ずり，ラスボード張り コンクリートブロック面，ＡＬＣ面
クロス張り	平滑で剛性のある連続面	均しモルタル塗り 石こうボード張り 合板張り
陶磁器タイル張り	粗で剛性のある連続面（モルタル張りの場合） 平滑で剛性のある連続面（接着張りの場合）	モルタル塗り 石こうボード張り
石張り	剛性が大きく，取付け用の金物が設けられる連続面	コンクリート面
板張り ボード張り	下地骨組	間柱，胴縁

表3　インテリアの壁の仕上げと下地

施されているものは下地を別途設ける必要がない。

壁下地を建築躯体との関係からみると，RC造，ツーバイフォーなどのように建築躯体が剛性のある連続面となり，それらを仕上げの種類によって，そのまま下地としているもの，軸組木造や鉄骨造のように壁下地は別途付加して設けるもの，建築躯体の鉛直部材とは独立して設けられているものに分けられる。RC造壁体に胴縁などを介して仕上げる場合には，木煉瓦を介して胴縁などを取り付ける。

クロス張りや塗装による仕上げで，下地として平滑な連続面が必要な場合，左官壁やボード張りが用いられる。ボード張り下地では，目地処理が重要である。石こうボードのうちテーパーボードは，張った状態で目地部分が若干引っ込み，パテでしごくと面全体が平滑に連続するようになるものである。

c. 壁仕上げの納まり

塗装，左官，クロス張りなどの仕上げでは，意図的に見切りなどを設ける場合を除けば，一様な連続面に見せることとなる。

ボード張りや板張りでは床ほど性能条件が厳しくないので，ボードや板のはぎ方とも関連して目地の見せ方が多様になる。目地間隔を極力小さくするねむり目地，目地を一定間隔あける目透かし，目地を形成する小端の面取り処理などが用いられる。

タイル張りや石張りでは，目地のパターンと形状に種類がある。矩形のタイルや石などを張る場合の目地のパターンは，目地が縦横両方向とも直線である芋目地と，一方向の目地がずれている破れ目地とがある。破れ目地を用いた張り方のなかには，諸外国の煉瓦の積み方であるフランス積みやイギリス積みのパターンを形成するものもある。目地の形状には，タイルなどの面に対する目地モルタルの出入りの程度と目地モルタルの形に対応した種類がある。

d. 造り付け家具，和風造作

機能やデザイン面からの壁面の活用として，棚やたんすなどの収納用家具を，壁の一部もしくは壁面全体に組み込むことも多い。間仕切壁として製品化された各種の機能をもつ収納システムもみられる。

床の間は，日本の伝統的な座敷のしつらえとして欠かせないものである。合理的な住まいに関心が集まっていた時期には評価を下げていたが，住居水準の向上や，伝統的なものの見直しの機運が高まる中で，和風のインテリアにおける役割が再評価されている。床の間の造り方には木のあばれを抑える納まりや，釘を隠した納まりなど，伝統的な技法がみら

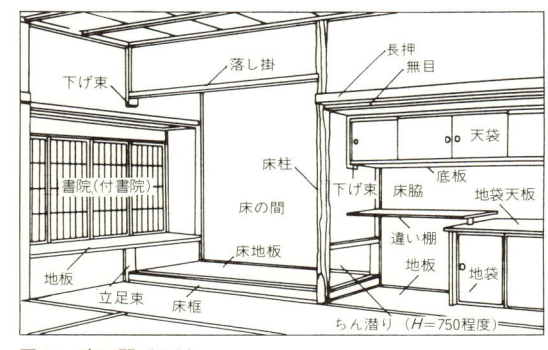

図10 床の間（本床）

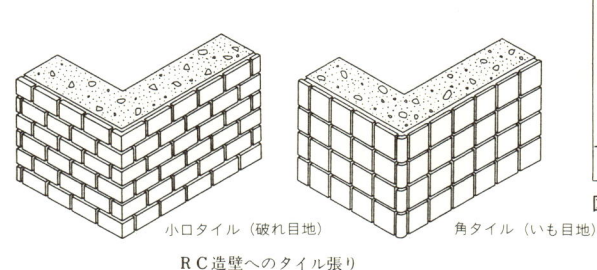

図9 壁下地と仕上げ

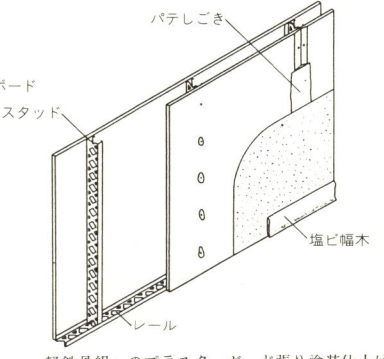

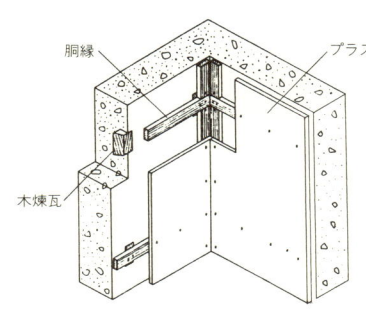

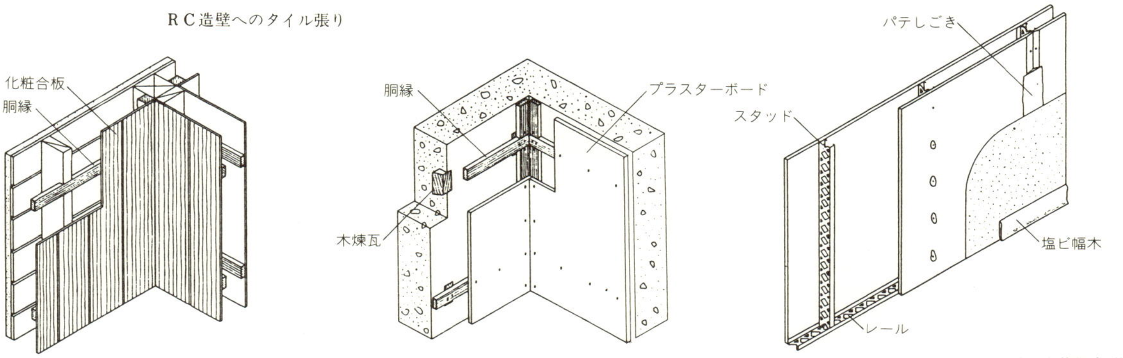

れる（図10）。床の間のほか，開口部まわりの鴨居や敷居，欄間，長押などが適切なプロポーションで設けられることが，和風らしさにつながるのである。

15.3 天井

a. 天井の種類

天井が，屋根や床の裏面ではなく，別途設けられるようになったのは，日本では平安時代以降であるとされている。床や壁が構造安全その他の諸条件による制約が大きいのに対し，天井の基本的な機能は空間にスケールを与えることと意匠面での役割であり，各種の材料が用いられる。現在では，火気を使用する空間では内装制限を満足する必要がある。スプリンクラーや煙やガスのセンサーなどの端末機器が設けられたり，音響上の役割を担うものも多くみられる。

屋根や床の裏面との関係からみると，それらに直接仕上げを施すじか仕上げ天井と吊り木などの下地骨組を設ける吊り天井とがある（図11）。じか仕上げ天井は，床や屋根の裏面にそのまま塗装，吹付け，クロス張りなどを施す比較的安価なものもあるが，木造では床組，床板，垂木，野地板などに化粧材として上等なものを用いたり，RC造ではワッフルスラブなどコストの掛かる造り方のものなどがある。吊り天井は，建築躯体からある程度自由に空間のスケールを形成できるほか多様な仕上げ方ができる，躯体の振動を逃げる，また天井裏を活用できる，といった利点を持っている。

天井全体の形状からみると全体が平らな平天井のほか，舟底天井，折上げ天井などがある（図12）。化粧に現した縁材が平行なさお縁天井と，縁材を格子状に設けた格天井がある。

高層のオフィスビルなどでは，空調や防火関係の各種設備が天井裏に設けられるが，それらを標準化して必要に応じて選択して装着できるようシステム化されたものが，システム天井である。

b. 天井の仕上げと下地

天井仕上げは，取付けのための下地との関係からみると，板やボードのように，自体に剛性があって縁材に取り付けられるもの，クロス張りや塗装のように，剛性のある面状の下地を要するものなどがあ

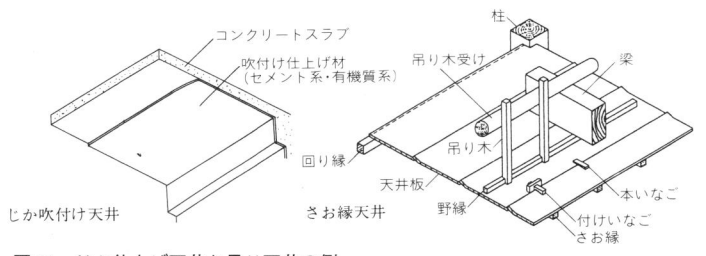

図11 じか仕上げ天井と吊り天井の例

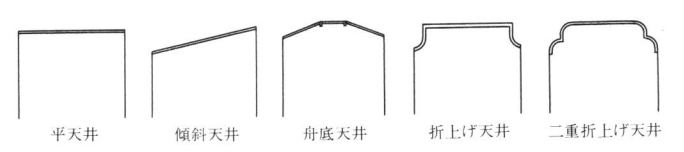

図12 天井の形状

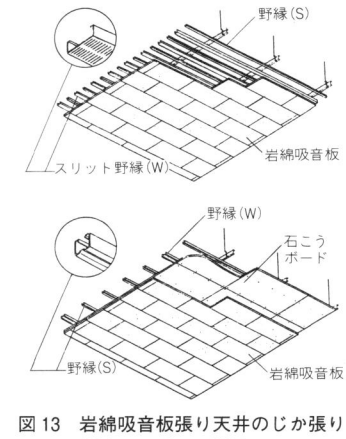

図13 岩綿吸音板張り天井のじか張り構法と二重張り構法

仕上げ	下地の条件	例
さお縁天井 格天井	吊り下地	吊り木
目透し張り 板張り	吊り下地	野縁＋野縁受け＋吊り木
ボード張り	捨て張り＋吊り下地	板張り＋野縁＋野縁受け＋吊り木
左官仕上げ	左官塗りがなじむ粗で剛性のある連続面	木ずり＋さげお，コンクリート木目面，ラスボード張り
吹付け	剛性のある連続面	コンクリート面，石こうボード張り
クロス張り	剛性のある平らな連続面	コンクリート面（プレーナー掛け），均しモルタル，石こうボード張り
網代天井 よしず張り	剛性のある平らな連続面	板張り

表4 天井の仕上げと下地

る（表4）。縁材を用いるものは，その受け材や吊り材を必要に応じて用い，それらは全体として天井下地骨組を形成している。天井面は水平面に対し中央部を若干高く設けると視覚的に好ましいといわれているが，そのための精度の確保とレベル調整は，下地骨組の重要な役割の一つである。吸音板張りはオフィスビルなどで近年多用されている天井仕上げであるが，野縁に直接取り付ける経済的な構法と，遮音性能などに優れた二重張り構法とがある。

c. 天井仕上げ材の納まり

さお縁天井や格天井では縁材が意匠上重要な役割を担っている。さお縁は細く見せるために猿頬などの加工が施され，格式の高い部屋に用いられる格縁ではより手を掛けた面処理が施される（図14）。さお縁の方向については，床の間に向かって設けると，床差しといって嫌われる。さお縁天井の板は，端部を薄くして重ね合わせ，いなごで固定されるが，このことも含めさお縁天井は現在では施工に手間が掛かることから用例が減っている。これに替わって用いられるのが目透し張りであるが，板の間の目地を透かし目地の奥には敷目板を施す，もしくはやとい実を設けるといった納まりが用いられる。

目透し張りに限らず板張りやボード張りでは，目地の扱いが重要である。板やボードを密着させ目地を見せないねむり目地とするもの，板やボードの周辺を面取りし，目地を表現に生かすもの，目透かしとし目地の陰影を見せるものなどが用いられる。

d. 天井と壁の納まり

天井と壁の取合い部分には回り縁が設けられる。回り縁は天井材，壁材，それぞれの仕上げの端部を美しく見せるための工夫である。

さお縁天井や格天井の回り縁は，各々さお縁や格縁と一式のものとして設けられる。天井や壁の仕上げとの施工の手順からは先付けと後付けに区分される。回り縁の表側に壁仕上げを設ける納まりがあるが，このような回り縁を隠し回り縁という（図16）。

e. 天井の付属物とシステム天井

天井には照明器具がよく設けられる。また高層や大規模な建物では，防災上，スプリンクラーや煙感知器などが設けられる。空調の吹出し口や吸気口が設けられることも多い。吊り天井では，天井裏がダクトなどの配管配線に利用されるが，天井裏への出入りのために天井には点検口が設けられる。

防災関係の付属物は法規に基づいて設けられ，照明器具などの工業製品は標準化が進んでいる。こうしたものを個々の空間条件に応じて選択し天井を形成できるようシステム化されたものが，システム天井である（図17）。メーカーによって作成されたカタログを用いて設計し，可動間仕切りシステムと一式のものになっているものも多い。

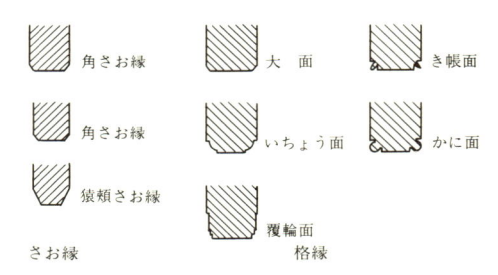

図14　各種さお縁，格縁

図15　天井板のはぎ方

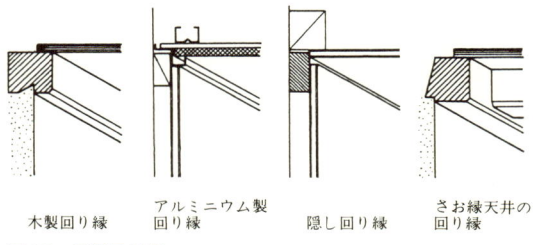

図16　各種回り縁

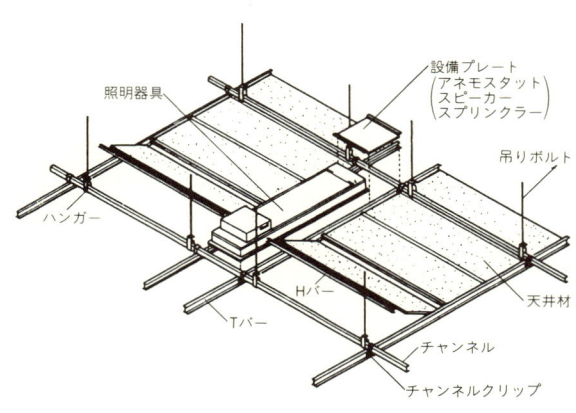

図17　システム天井

15.4 開口部

a. 開口部の種類

床，壁，天井は，外部と内部もしくは内部相互の空間の仕切りであるが，開口部はそれらの一部を開放し，人やものの出入りあるいは眺望を可能にしたものである。出入口と窓がその主なもので，このほか点検口や換気口などがある。出入口や窓は，設けられる位置や大きさにより，さまざまに呼び分けられている（図18）。

開口部は壁などの一部でもあり，開口部としての機能を発揮する一方で，壁などに準じた性能も求められるが，一般には性能面で壁の弱点部分となりがちである。出入りや眺望を考えつつ性能面への配慮も怠らない，というのが開口部特有の課題である。

多くの開口部には開閉のための戸が設けられる。戸は，設けられる開口部の種類により，扉や障子とも呼ばれる。開口部には開閉機能を持たないものがあり，はめ殺し窓などと呼ばれる。超高層建物では性能条件が厳しく，はめ殺し窓が多用される。

戸の開閉方式の基本となるのは開き戸，引戸，上げ下げ戸などであるが，各々バリエーションがあり，このほか特殊な方式のもの，操作が機械化されているものなどがある（図19）。

性能条件が厳しい開口部や法規で要請されている開口部には，それを満足できる戸および枠が設けられる。断熱サッシ，防音サッシ，防音戸，防火戸はその代表的なものである。開口部には個々の条件によりさまざまな機能が求められ，戸，枠，金物などの設計や選定には細かな配慮が欠かせない。

b. 枠と戸

開口部に設けられる戸，および場合によっては枠を加えたものが建具と呼ばれる。わが国では，木製建具の枠は多くの場合木工事に属するためあらかじめ設けられており，この場合建具とは戸のみを指すが，金属建具では戸と枠を一式のものとして建具と呼んでいる。

建築躯体から建具の枠をみると，木造建物では，木製建具であれば柱が枠を兼ねる場合も多く，このほか，枠は木工事の一環として設けられることが多い。木造建物に金属製建具を設ける場合は，枠の取付けも建具工事として行われる。鉄筋コンクリート造や鉄骨造の建物では，多くの場合枠は躯体と別に設けることとなる。

開口部の中には，建具工事を経ないでガラスを設けるものもある。建物躯体に押縁，構造ガスケットなどで直接取り付けるものや，サスペンションガラスがその例である。

c. 戸

戸は一般的に四周および必要に応じて中央部に設けられ，戸の主要な骨組を形成する框，框の間に設

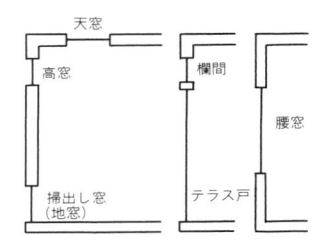

図18 位置や大きさによる開口部の名称

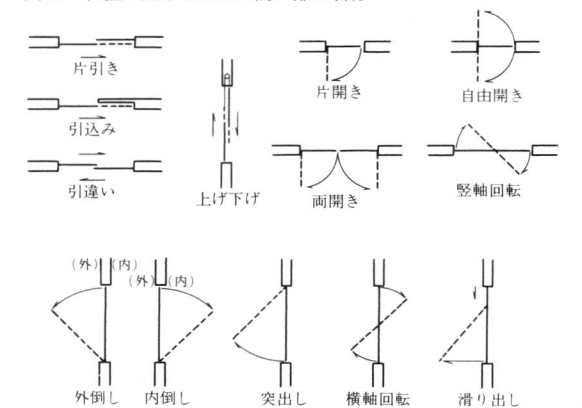

図19 戸の開閉方式の例

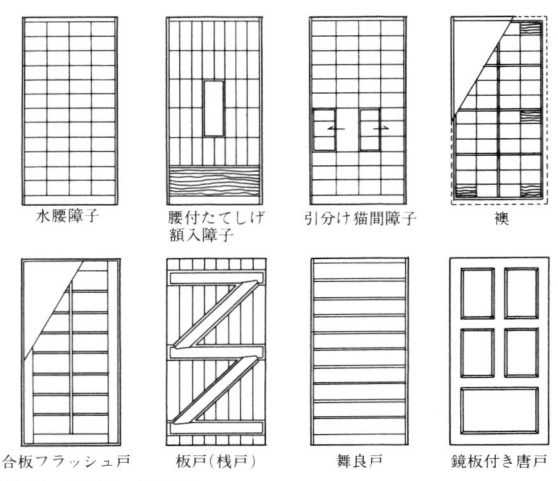

図20 各種の木製建具

けられ戸の面材を支持する骨組となる桟，および面材から構成される。面部分を組子と呼ばれる細かな骨組で構成するものもある。

襖と障子は，わが国の伝統的な木製建具である（図20）。障子には桟の組み方，腰の設け方，猫間障子などの有無により多くの種類がある。

板戸には，框と桟の現し方，設け方により唐戸，桟戸，格子戸，フラッシュ戸などがある。

ガラス戸は，一般に框と桟の間に各種の板ガラスを設けている。強化ガラス，サッシ，開閉機構の発達により，寸法の大きい眺望性に優れたものも実現されるようになった。また，ガラス自体の強度で戸が成り立っているフレームレス戸も普及している。

開口部の戸には，主要な戸のほかに雨戸，網戸などの補助的な戸が設けられる。開口部には戸以外にもルーバー，面格子，カーテンなどが設けられ，日射，熱などのコントロールについて役立っている。

d. ガラスとグレージング

ガラスは透明で耐久性のある面をつくることができる材料として，鉄とコンクリートと並んで近代建築の主要材料のひとつに位置づけられ多用されている。透明板ガラスのほか，網入り板ガラス，熱線反射板ガラスなどの各種の板ガラス，および板ガラスの加工品としては強化ガラス，合せガラス，複層ガラスなどが建築に用いられている。

ガラスを戸などに取り付けることをグレージングというが，従来のパテ止めに代わって，溝ばめもしくは押縁止めが多用される。大型ガラスや金属サッシにはめる場合は，弾性シーラントやグレージングガスケットを緩衝材として用い，セッティングブロックやスペーサーによって溝などに対するクリアランスを確保する必要がある。構造ガスケットの一種であるY形ジッパーガスケットを用いたグレージング，構造シーラントを用いて枠を表面から隠したSSG（ストラクチュラル・シーラント・グレージング），大判ガラスを吊して透明な壁面をつくるサスペンションガラスは，特殊なグレージングのなかでは多用されているものである（図21）。

e. 建具金物

戸の開閉機構の形成，開閉の際の手掛かり，防犯などのために各種の建具金物が設けられる（図22）。戸の開閉機構を形成するものの代表が丁番であり，各種のものがある。戸車やカウンターウェイトもこれに含まれる。開閉の手掛かりになるものは把手とも呼ばれるが，握り玉，レバーハンドルなどがある。錠との関係や操作性などから多様なものがつくられている。閉ざした状態で外からは開けられないようにするのが錠である。出入口などでは合い鍵を用いて開けられるようにしたものが用いられる。鍵の操作のしやすさと錠としての堅牢性をバランス良く実現したい。近年ではメカニカルなしくみのものに加え，電子式のものも普及しつつある。

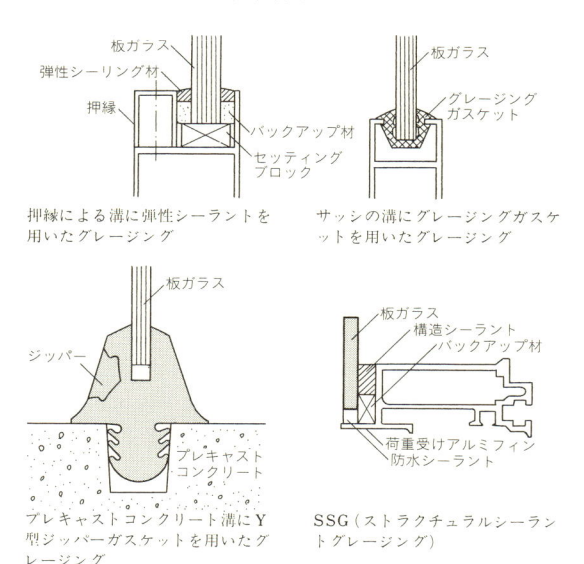

図21　各種のグレージング

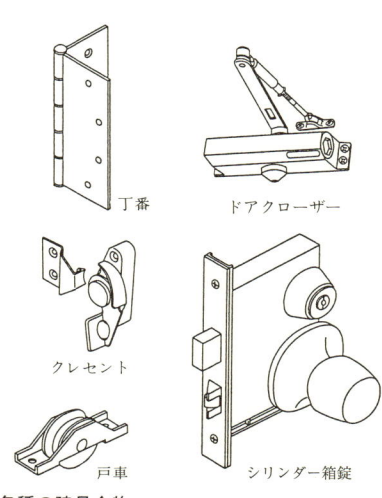

図22　各種の建具金物

16 室内環境計画とその制御

16.1 熱環境

人類が消費するエネルギーはこの100年間で約10倍に達し，CO_2 など多量の温暖化ガスが放出された結果，地球の温暖化による環境破壊や生態系へのダメージが顕在化してきた。地球環境の維持や生態系の保護・保全という課題に直面しており，建築・インテリア分野においてもサスティナブルな社会の構築が急務となっている。すなわち温暖化ガスの抑制や自然保護，環境共生，水資源の利用・循環，reduce, reuse, recycle による資源やエネルギーの有効利用などで，日常生活においても熱環境負荷低減への実践的取組みが求められている。

室内への熱の流入・流出

日本の民家は，太陽高度の低い冬には日当たりがよく太陽熱が多く入るように南面に大きな開口部を設け，太陽高度の高い夏には太陽の日射が直接室内に入らないように庇や落葉樹を植えて工夫されていた（図1）。しかし，こうした木造の民家は気密性や断熱性に乏しく，暖冷房時にはエネルギーの効率的利用という点で問題があった。

建物への熱の出入りを**熱損失**あるいは**熱取得**という。比較的熱の出入りの少ない外壁や屋根に比べて，窓や開口部は夏冬期ともに熱取得や熱損失の割合が最も高い部位である（図2）。**熱損失係数 Q**（$W/m^2 \cdot K$）は，室内と外気の温度差を1℃（1K：ケルビン絶対温度）としたときに室内から外気に逃げる時間当たりの熱量を床面積で除した値で，$1m^2$ あたり何ワット（W）の熱が流れるかを表している（図4）。建物の省エネルギー性を評価する指標でもあり，断熱性・気密性を高めて熱損失係数を小さくすれば少ないエネルギーで快適に暖冷房できる。

断熱性と熱容量の大きさ

断熱とは熱の流出入を断つことであり，建物を構成する部位の建築部材としての熱の通しやすさを示すのが**熱貫流率** U（$W/m^2 \cdot K$）である。材料そのも

図1 樹木および軒の出による日よけの効果*

図2 冷暖房時の熱の出入

図3 断熱と熱容量の効果*

図4 熱損失係数（Q値）*

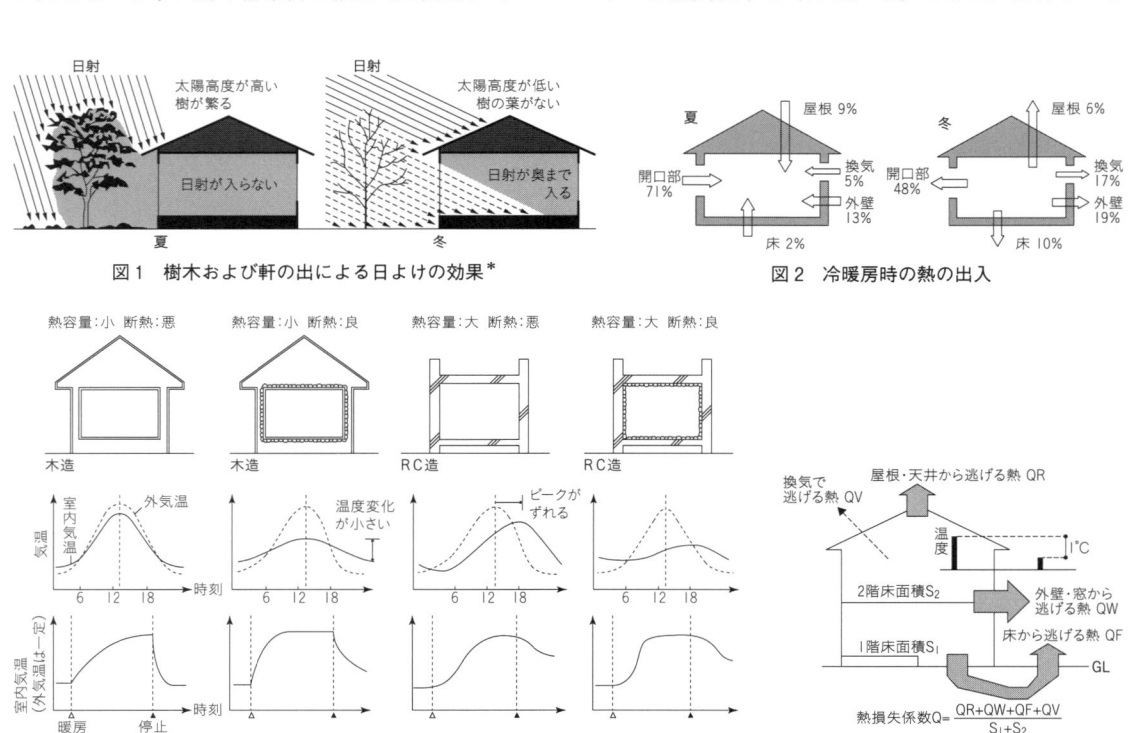

のの熱の伝えやすさは**熱伝導率**で表す。

　熱貫流率の小さい（断熱性の高い）壁体すなわち充填断熱した木造壁やRC造断熱壁では，熱の出入りが少ないため外気温の影響を受けにくく，日中の室内気温の変動は小さく暖房効果は上がる。RC造などの熱容量が大きい（温まりにくく冷めにくい）壁体では，壁や床に蓄えられた熱は時間が経つと室内に放出され外気温のピークが時間的にずれて室内に伝えられるため，暖房を切った後も暖房効果は持続する（図3）。図5は代表的な建築部材の一般的な壁の構成や厚さを想定して求めた熱貫流率の値である。RC造の外壁は材料厚を増すだけではなく，断熱材と組み合わせることで高い断熱性能が得られる。室内の気密化は，熱負荷を低減する上で断熱とともに重要な要因である。

ガラスの断熱性能と遮熱性能

　単板ガラスはU値が大きく熱的に弱いため複層にしたり，中間膜を挟んだ合わせガラス（防犯ガラス）や高性能な低放射ガラス（Low-E）と組み合わせて使われている。インテリアの構成要素である窓や開口部のガラスの性能が，室内の熱負荷低減を大きく支配している。断熱ガラスとしては，①微量の鉄・ニッケル・コバルト・セレンを加えた熱線吸収ガラス ②表面に薄い金属酸化膜をつくった熱線反射ガラス ③3mm単板の間に6mmの乾燥空気層を封じた透明複層ガラス ④室内側に金属酸化膜をコーティングしたLow-E複層ガラス（断熱型）⑤室外側に金属酸化膜を用いたLow-E複層ガラス（遮熱型）の5種がある。

　断熱型ガラスは室内の温度を逃さないために冬に（図6），遮熱型は外の暑さをブロックするために夏に使われる（図7）。たとえば，夏期は西日が室内に入る時間が長いため，西面開口部には遮熱型Low-E複層ガラスが適している。遮熱型にすると，太陽の日差しの侵入による室内温度の上昇が抑えられるため，エアコンの設定温度が高めでも快適に過ごせる。南面開口部では夏は太陽高度が高く日射熱があまり侵入しないため，断熱型のLow-E複層ガラスの方が適している。断熱は暖房だけでなく冷房にも有効である。部屋の状況や環境に応じたガラスの使い分けが重要となる。

外部遮蔽

　日射熱を防ぐ方法として，窓まわりに建築化した庇やルーバーが使われている。水平庇は一般の日射遮蔽，垂直ルーバーは東西面の太陽高度が低い時の日射遮蔽に有効である。庇の先端や庇自体にルーバーを組み合わせると明るさが確保できる（図8）。

　打ち水や植物の蒸散による気化熱の作用を利用したり，京都の町屋では間口の狭い敷地の中と奥に庭を配置し，日当たりの違いによる温度差で2つの庭の間に気流を起こす工夫も見られる。

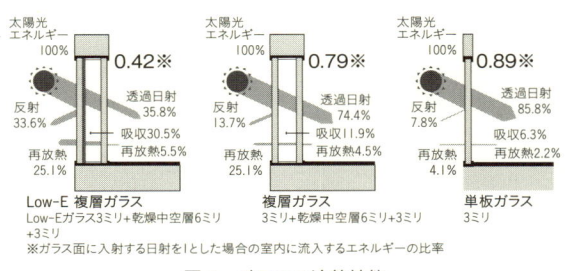

図7　ガラスの遮熱性能

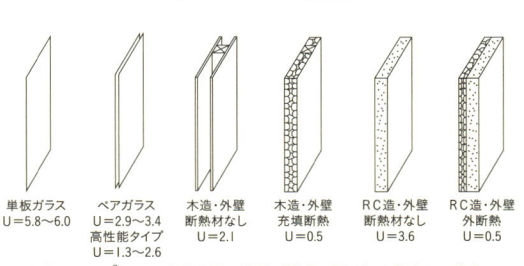

図5　代表的な建築部材の熱貫流率*

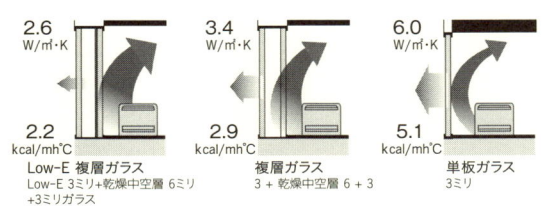

図6　ガラスの熱貫流率

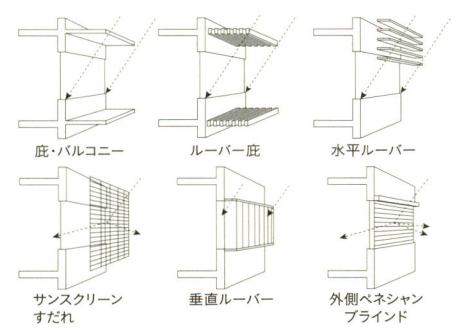

図8　日よけの種類*

16.2 空気環境と湿気

湿気と結露

室内の湿度は気候や天候の影響を受けるが，日常生活や人体，動植物などから発生する水蒸気も多い。気密性の高い現代住宅では結露しないように室内の湿度に注意を払っておく必要がある。

結露とは，ある状態の湿り空気の温度が下がることによって，空気中の水蒸気が過飽和となり物体表面に水滴を結ぶ現象である。**相対湿度**とはその温度の空気に含み得る水蒸気量と，現に含まれている量の比率を言う。図9のB点は25℃で相対湿度70%である。これを冷やしていくと相対湿度100%の曲線と19℃（C点）で交わる。このC点を**露点温度**という。露点温度における飽和水蒸気の温度をさらに下げていくと，それ以上含むことができない余分な水蒸気が凝縮して水となり窓や壁などの固体表面に付着する。これが結露である。結露には表面結露と内部結露がある。表面結露は天井，壁，床などの表面に発生し，内部結露は建物を構成する材料の中で発生する。いずれも汚れやかび，腐食などの原因となる。結露は冬期に起こりやすく，対策としては壁面の表面温度を下げないことや断熱すること，風を当てて換気し，室内空気の湿度を高めないことである。内部結露を防ぐには，内装材に防湿性のものを用いるなどの工夫が必要である。夏期でも高温多湿の空気が地下室の壁や土間床などの低温部と接する場所では，結露が生じることがある。

室内空気汚染と換気

室内空気中には水蒸気以外にもさまざまな汚染物質が排出されており（図10），それらを屋外に出すためには換気が欠かせない。人からはCO_2や水蒸気・臭気・ほこり，燃焼器具からはCO_2・CO・SO_X・NO_X・排熱・水蒸気，建築内装材や家具からはホルムアルデヒドなどの揮発性有機化合物（VOC）や粉塵・臭気，外部から侵入・発生するものとしては細菌やカビ・粉塵などがある（表1）。

室内空気の良否は一般にCO_2濃度によって判断される。一般居室ではCO_2の許容濃度は0.1%（1,000 ppm）である。ppmとは化学物質の量を体積で示した単位で，空気1,000,000ミリリットルに対して何ミリリットル含まれているかを表している。**換気**とは空気が流れる圧力差を利用して室内外の空気を入れ換えることで，開口部を通して大量の外気を通す**通風**の概念とは基本的に異なる。換気は燃焼器具などの局部換気と全体換気に分けられる。燃焼

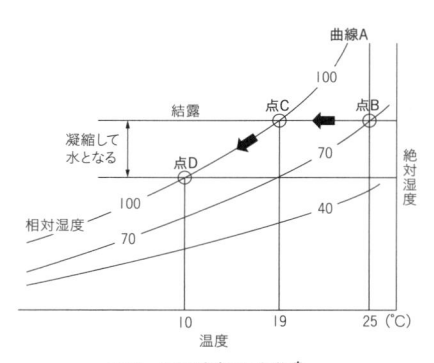

図9　湿り空気の変化*

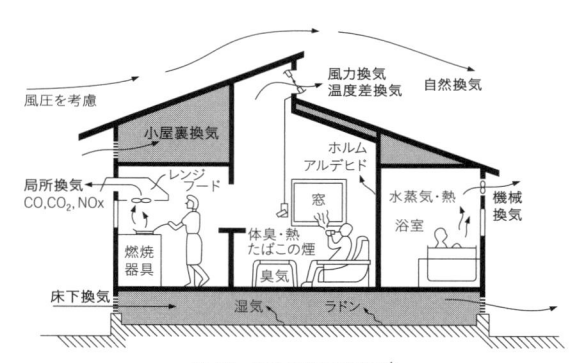

図10　室内空気の循環*

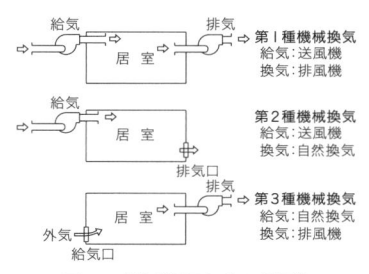

図11　機械換気方式の分類*

発生源	汚染物質の例
人体	体臭, CO_2, アンモニア, 水蒸気, ふけ, 細菌
タバコ型	粉じん（タール, ニコチン, その他）, CO, CO_2, アンモニア, NO, NO_2, 炭化水素類, 各種の発がん物質
人の活動	砂じん, 繊維, かび, 細菌
燃焼器具	CO_2, CO, NO, NO_2, SO_2, 炭化水素, 煙粒子, 燃焼核
事務機器	アンモニア, オゾン, 溶剤類
殺虫剤類	噴射剤（フッ化炭化水素）, 殺虫剤, 殺菌剤, 殺鼠剤, 防ばい材
建物	ホルムアルデヒド, アスベスト繊維, ガラス繊維, ラドンおよび変壊物質, 接着剤, 溶剤, かび, 浮遊細菌, ダニ
メンテナンス	溶剤, 洗剤, 砂じん, 臭菌

表1　室内で発生する主要な汚染物質*

器具のない一般の部屋の必要換気量は約 30 m^3/h・人とされている。室内空気が1時間あたり何回入れ替わるかを表したものが**換気回数**で，毎時の換気量を室容積で除した値である。台所を含めた一般の居室では 0.5 回/h が基準である。換気方法としては室内外の温度差や自然の風圧を利用した**自然換気**と，機械力を利用する**機械換気（強制換気）**がある。台所・浴室・便所など湿気や臭気の多い所では第3種機械換気が用いられている（図11）。

シックハウス

建築の高気密化や新建材の普及によって，建材に多用されている接着剤や可塑剤，有機溶剤，防菌防虫剤などの化学物質が室内空気を汚染し居住者に体調不良を生じさせ，シックハウス症候群や化学物質過敏症を誘因するようになってきた（表2）。**化学物質過敏症**とは，多量または長期にわたって化学物質にさらされた結果，体内の化学物質が許容量を超えると発症する（コップの水がこぼれる状態）もので，不定愁訴やアレルギー疾患，自律神経系的症状を表す疾患である。原因物質の量が極めて微量（1/10万〜1/1億 g）で発症し，原因物質が異なっても症状は同じであるのが特徴である。建材に起因する原因物質は，ホルムアルデヒドや有機リン系薬剤，トルエン・キシレンなどの250種に及ぶ TVOC（総揮発性有機化合物）といわれているが，個別の化学物質との因果関係や発症のメカニズムについては未解明な部分が多い。

こうした問題を解決するために2003年に建築基準法が改正され，居室で使用できる建材のホルムアルデヒド発散速度が表3のように規格化され，等級区分による使用制限が定められた。ホルムアルデヒド対策としては，①F☆☆☆☆建材の使用で内装仕上げの制限なし，②24時間換気設備設置の義務づけ（機械換気 0.5 回/h 以上），③天井裏などの内装材または換気設備の制限が設けられた。また，④白蟻駆除剤として用いられていたクロルピリホス（有機リン酸系農薬）の使用が禁止された（図12）。

設計者の責務は危険の予見とその回避義務であり，材料の選択や換気，注意表示である（図13）。施工から引渡しの過程では，通風・換気の励行が求められる。高温でベークアウトして化学物質を短期間で強制的に放出させることもある。

ホルムアルデヒドの発散速度	告示で定める建築材料 名称	対応する規格	大臣認定を受けた建築材料	内装仕上げの制限
5μg/m²h 以下		F☆☆☆☆	規制対象外とみなす	制限なし
5μg/m²h 超 20μg/m²h 以下	第3種ホルムアルデヒド発散建築材料	F☆☆☆	第3種建材とみなす	使用面積を制限
20μg/m²h 超 120μg/m²h 以下	第2種ホルムアルデヒド発散建築材料	F☆☆	第2種建材とみなす	
120μg/m²h 超	第1種ホルムアルデヒド発散建築材料	無等級		使用禁止

表3 ホルムアルデヒドの発散速度と等級区分*

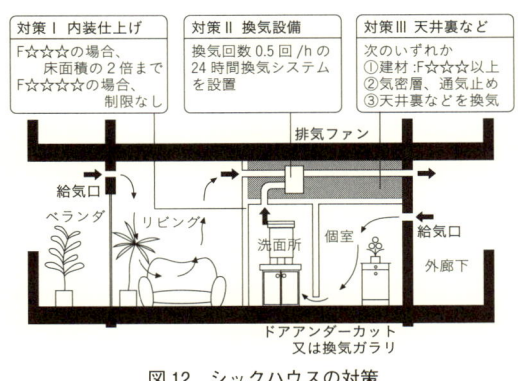

図12 シックハウスの対策

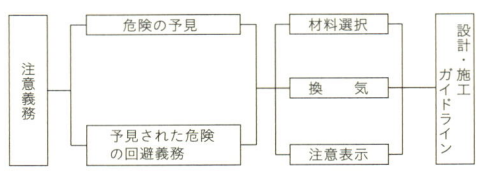

図13 設計者のシックハウスへの責務

化学物質	使用されている建材	人体への影響（毒性・症状など）	使用される薬剤名
ホルムアルデヒド	合板，壁紙，建築用接着剤，壁紙の接着剤	発がん性，発がん性促進作用，アトピー，ぜんそく，アレルギー	ホルマリン
有機リン系化学物質	壁紙の難燃材，シロアリ駆除剤，畳の防ダニ加工，合板の防虫剤	発がん性，変異原性，急性毒性，慢性毒性，遅発性神経毒性，接触毒性，頭痛，全身倦怠感，胸部圧迫感，発汗流涎，下痢，筋萎縮，意識混濁，視力低下，縮瞳，神経毒性	フェニトロチオン，フェンチオン，ホキシム，リン酸トリクシル，リン酸トリエステル類
有機溶剤	塗料，接着剤，シロアリ駆除剤の溶剤，ビニールクロス	発がん性，変異原性，麻酔作用，頭痛，めまい，中毒，目・鼻・喉への刺激，吐き気，皮膚炎，高濃度で興奮，麻酔作用，中枢神経系障害	酢酸ブチル，トルエン，キシレン，デカン，アセトンほか
フタル酸化合物	壁紙の可塑剤，塗料	発がん性，ホルモン異常，生殖異常，催奇形性，中枢神経障害，胃腸障害，細胞毒性，麻痺，下痢，嘔吐	DOP(DOHP)，DBP，BBP
有機塩素化合物（ダイオキシンを発生させる）	ビニール壁紙の素材	脳腫瘍，肝臓がん，肺がん，乳がん，めまい，リンパ腫，肝臓血管肉腫，手足の灼熱感	モノ塩化ビニル
	合板の防虫剤，防腐処理木材	腫瘍，白血病，胎児の奇形，皮膚障害，肝臓障害，食欲不振，多量発汗，不眠，倦怠感，関節痛	ペンタクロロフェノールほか

表2 建材の有機化学物質による人体への影響

16.3 光環境と音環境

採光と照明

採光とは空からの拡散光（天空光）と直射光を採り入れることをいう。天空光のみによる屋外水平面照度を全天空照度といい，**全天空照度に対する室内照度の割合である昼光率**は，室内の採光状態の指標として用いられている。昼光率は天候に左右されないが，窓の大きさや位置，ガラスの種類，窓の外の障害物の状況，室内仕上げ材の反射率によって変化する。建築基準法では居室の採光上必要な窓面積は，床面積の1/7以上と規定している。

トップライトは天頂から採光しており隣接建物の影響が少ないため，窓面積の3倍として算定する。

照明計画と機器の高効率化

JISによる室内の明るさの基準を表4に示す。単位面積に入る光の量を**照度**(lx)，光を発している面をある方向から見る場合に届く光の量を**輝度**(cd/m^2)という。照明による光は，方向性や色味など用途や目的に応じた光の演出が可能である。光源が発する光は太陽光と異なる成分特性をもつので，色の見え方が異なる。光源の**色温度**が高いほど青白く冷たい，低いほど赤っぽく暖かい感じになる（図14）。この色の見え方の違いを**演色性**といい，光源を選ぶ際の重要な判断指標となる。室内の光の様相は照明器具の種類によって異なる（図15）。器具の**配光特性**（光束を発している方向とその光量）を分類したのが図16である。光源からの光を直接用いる**直接照明**は効率が良いのに対し，**間接照明**は効率は良くないが柔らかい良質の光になる。インテリア設計では，ランプ選択の決め手は**調光**の可否である。白熱灯は安価でクリプトン球やハロゲン電球など演色性も良くコンパクトで調光しやすいためインテリアに多用されてきたが，20 lm/W以下と効率が悪く寿命も短い（2,000時間以下）ため，蛍光灯やHIDランプ，LED照明に代用されるようになってきた。海外では省エネ促進で白熱灯の使用を原則禁止している所もある。LED (Light Emitting Diode) の採用で留意すべき点は，演色性とコストである。現状のLED照明は青色LEDに蛍光体を塗布して白色を実現しているため，演色性に差がある。照明器具を使わず，水平部材に太陽光を反射させて部屋の奥まで光を拡散する

照度段階	標準照度範囲(lx)(推奨値)	住宅
aaa	1,500～700 (1,000)	裁縫
aa	700～300 (500)	勉強・細字読書
a	300～150 (200)	読書・洗濯・調理・化粧・着付け・食事・娯楽
b	150～70 (100)	居間・書斎・応接室・子供室・食堂・台所・家事室・浴室
c	70～30 (50)	玄関・ホール・納戸・廊下・階段・便所
d	30～15 (20)	寝室・車庫

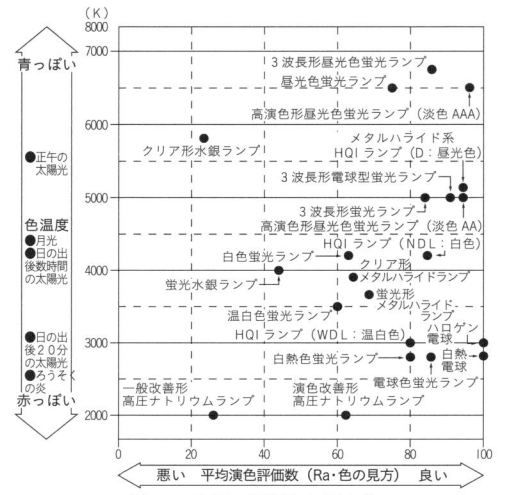

表4　住宅の照度基準*

図14　光源の種類と色温度*

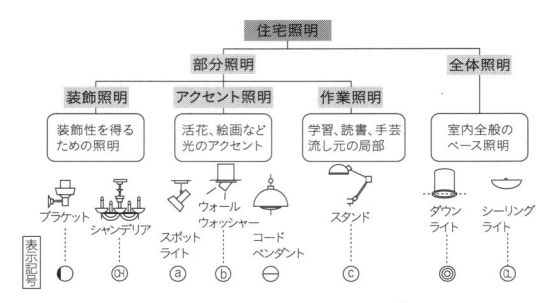

図15　照明器具の種類と役割*

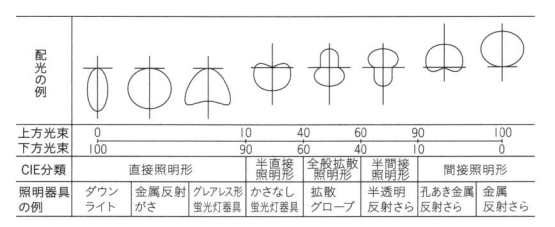

図16　照明器具の配光分類（CIEによる）*

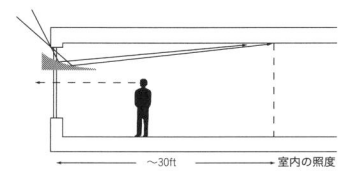

図17　ライトシェルフの原理*

ライトシェルフ方式は省エネに寄与している(図17)。

音の伝わり方と騒音

音はさまざまな経路で伝わる（図18）。建物では空気中を伝わる音のほかに，躯体を伝わる音が問題になる場合がある。音波のエネルギーは音の強さ（デシベル dB），音波の周波数は音の高低（ヘルツHz），音波の波形の違いは音色として感じられる。**騒音**の大きさは音の強さと関係するが，人が感じる音の大きさは 3,500～4,000 Hz 付近が最も感度が良い。騒音計では人の聴覚の特性（A特性）を加味して測定できるようになっている。騒音レベルが低くても聴きたくない音は騒音として感じられる。室内騒音の許容値を表5に示す。40 dB（A）では気にならないが 50 dB（A）を超えると騒音を感じる。音の感じ方は個人差が大きく，騒音は心理的不快感のほかに集中力や作業能率，休息や睡眠を妨げる。数種類の音が混在していると聴こうとしている音が聞こえにくいのは，音のマスキング作用による。

吸音と遮音

音波が壁に入射すると，一部は反射し，他は壁に吸収されるものと透過するものがある（図19）。**吸音**とは反射する音を少なくすることで，**吸音率 α** は1から入射エネルギー E_i に対する反射エネルギー E_r の比を引いた値で，値が大きいほど性能は高い。

遮音とは透過する音を少なくすることである。吸音力を高めることと遮音力を高めることは別である。遮音性能は音の**透過損失 R（dB）**で表される。単位面積あたりの質量が大きいほど遮音力は大きい。同じ周波数であればRC造では重く厚い壁ほど透過損失は大で，遮音性能は大きい。飛び降りや歩行による直下室の発生騒音の大きさを図20に示す。床では衝撃による音が問題になり，フローリング騒音対策が試みられている（図21, 図22）。

音を入れないためには，遮音性能の大きい材料で音を遮り，響きの調整や騒音低減のために**吸音機構**（図23）や吸音材料を適切に用いることが重要である。吸音力は多孔質系や背後に空気層のある面で大きくなるため，吸音率は吸音機構と吸音材料，施工方法などにより異なる。

室内にカーペットを敷いたり，厚手のカーテンをかけることも吸音効果を上げるための工夫である。遮音性能を上げるためには二重壁や二重窓が使われ，構造的にも音響的にも壁同士が独立していることや，気密性を上げることが重要である。

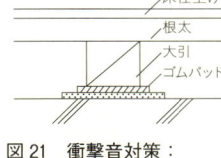

図18 音の伝わり方*

図19 音の反射・吸収・透過*

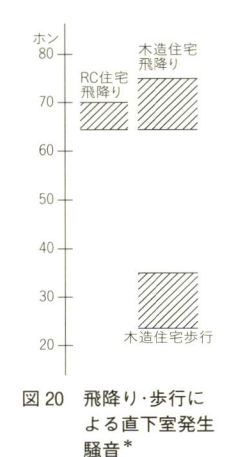

図20 飛降り・歩行による直下室発生騒音*

図21 衝撃音対策：木造根太組みの例*

図22 衝撃音対策：RC造床下地の例*

図23 吸音機構*

dB(A)	20	25	30	35	40	45	50	55	60
NC	10～15	15～20	20～25	25～30	30～35	35～40	40～45	45～50	50～55
うるささ	無音感		非常に静か		特に気にならない		騒音を感じる		騒音を無視できない
会話・電話への影響			5m離れてささやき声が聞こえる	10m離れて会議可能		普通会話（3m以内）電話は支障なし		大声で会話（3m）電話やや困難	
集会・ホール			音楽堂	劇場（中）	舞台劇場	映画館・プラネタリウム		ホールロビー	
病院			聴力試験室	特別病院	手術室/病院	診察室	検査室	待合室	
ホテル・住宅				書斎	寝室・客室	宴会場	ロビー		
事務所				重役室・大会議室	応接室	小会議室	一般事務室	タイプ・計算室	

表5 室内騒音許容値*

16.4 エコロジーな室内環境をめざして

室内環境の計画は地球環境での CO_2 削減の問題と不可分であり，サスティナブル（sustinable）社会の構築に向けてさらに生態学（ecology）や生物多様性，LOHAS（life-styles of health and sustainability）などの総合的な視点や手法が重要になってくる。

緑や自然エネルギーの活用

自然エネルギーは地域の風土や気候に左右されやすいが，その利用技術を建築的手法と設備的手法に分けて考えると，前者には①採熱（躯体蓄熱・サンルーム・パッシブソーラー），②地熱（地中化・クール＆ヒートチューブ・地下水利用），③採光（アトリウム・光庭・ライトシェルフ・トップライト・ハイサイドライト・膜屋根・光ダクト），④通風換気（窓・自然換気口・ソーラーチムニー・ナイトパージ・換気ダンパ），⑤蒸散による冷却（打ち水・緑化）がある。後者としては，①生物（メタン発酵・ペレットボイラ），②太陽光・熱利用（発電・太陽熱コレクター），③地熱（発電・地熱利用ヒートポンプ），④風力・外気（発電・フリークーリング・外気冷房），⑤海水・河川水・温泉水（潮力波力発電・温度差利用ヒートポンプ）などがある。緑との共生は植物の蒸散作用を利用しており，町屋の中庭の上昇気流，朝顔などの緑のカーテン，トップライトや屋上緑化などの手法がある（図24）。

水資源の有効利用

雨水を貯留タンクに蓄え，中水道として便所の洗浄水や散水に使う（図25）。水資源の積極的利用のほか，機器で使う水の削減が重要である。一般家庭の水使用実態は便所28％，風呂24％，炊事23％，洗濯17％，洗顔・他8％で，便器や風呂シャワー水栓・食器洗いでの節水が求められる（表6）。蛇口タイプの水栓では，節水コマの内蔵で吐水量を12 l/分から6 l/分に絞ることができる（図26）。最新の節水型便器では汚物落下位置を分析し，少ない水量で効果の良い封水形状を開発している。従来13～6 l 要した大洗浄を4.8 l に，エコ小洗浄3.8 l を達成した（図27）。

機器や材料の高効率化

次世代低炭素型技術実証オフィス（図28）では，照明は個々のオフィスワーカーのデスクごとにきめ細かく制御し，LED照明を活用して机上のパソコンと照度計で個別に照度を設定している。壁や天井

木造住宅の屋上緑化	デンマークの風力発電	ドイツのソーラーパネル街灯	

図24 自然エネルギーの活用

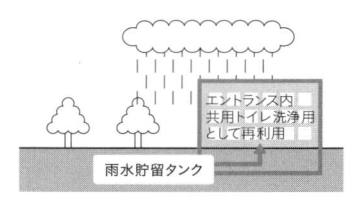

図25 雨水利用システム*

使用方法		状態	水量（概数）
蛇口	洗面・手洗い	1分間流し放し	12 l
	歯磨き	30秒間流し放し	6 l
		コップに汲む（3杯）	0.6 l
	炊事	食器洗いなどで5分間流し放し	60 l
	洗車	20分間流し放し	240 l
		バケツに汲む（3杯）	30 l
		節水コマを取り付けハンドルを90°回転（1分間）	8 l
風呂		浴槽の残り湯半分を洗濯や清掃などに利用	90 l
シャワー		3分間流し放し	38 l

表6 水使用量の目安*

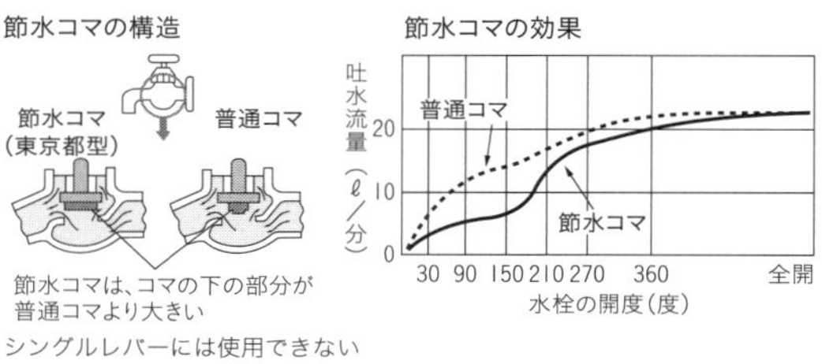

図26 節水コマの構造と効果*

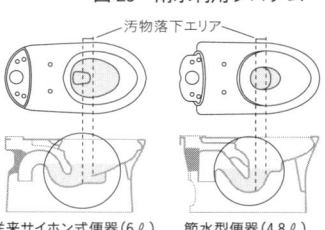

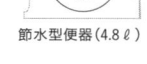

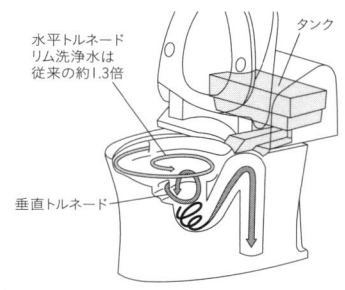

図27 節水型トイレ

に埋め込んだ輻射パネルに冷水・温水を通して冷暖房を行う輻射空調システムや，個別調整が可能な床吹出し空調などを採用。また，省エネ効果の高い電球型蛍光灯やLED電球にも対応できる，マルチランプダウンライトが開発されている。

便所や通路など間欠的利用がされる部位には，人感センサーの導入が有効である。天井に明るさセンサーを取り付けて，作業面が一定照度となるように自動調光制御を行う事例も増えている。

窓の断熱はガラスの性能の外，窓枠の材質や構造に左右される。図29に住宅用の代表的なサッシの断面を示す。ガラスの条件が同じなら，樹脂サッシより被覆した木製サッシのほうが断熱性能は高い。いずれも断熱グレードはH5（2.33 W/m²K以下），アルミ樹脂複合サッシはH3（3.49 W/m²K以下），アルミサッシはH1（4.65 W/m²K以下）である。断熱性能の選択は地域の気候を考えて決定する。

環境負荷削減の総合的工夫

生グリーン電力／太陽光や風力などの自然エネルギーで発電し，既存の送配電網を通じて送電する電力のこと。最新のオフィスビルでは生グリーン電力の導入や照明と空調の制御に知恵を絞っている。

スマートグリッド（賢い送電網）／電気だけでなく熱の有効活用を考慮に入れた次世代送電網。電気とガスを組み合わせる方法はスマートエネルギーネットワーク（図30）と言う。コージェネレーション（熱電併給）発電所や清掃工場などで発生した熱は，遠くに運ばず地域の冷暖房に生かし地産地消する。電気は広域送電網と接続し過不足を融通しあう。熱を無駄なく使い尽くすことで低炭素化を進める。太陽光などの導入で必要となる蓄電池の大量導入をコージェネや燃料電池の活用で調整し，地域間の電力需給管理で吸収する。現在でも新宿副都心や幕張新都心では，多数のビルを蒸気や冷水が行き交うパイプラインで結び，地域冷暖房を実現している。パリやコペンハーゲンでは，ゴミ焼却場の廃熱を生かして生み出した蒸気を地下のパイプラインで中心街に送り，オフィスや住宅に給湯と暖房を提供している。これらとの違いは，太陽光の発電量の変動をガス発電機の運転調整で補っている点である。低炭素化には個別技術ではなく，エネルギーネットワークの社会基盤づくりが重要である。

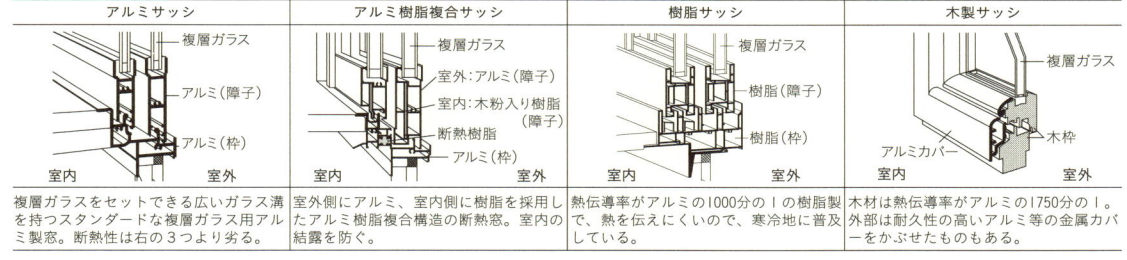

図29　代表的なサッシの断面と特徴

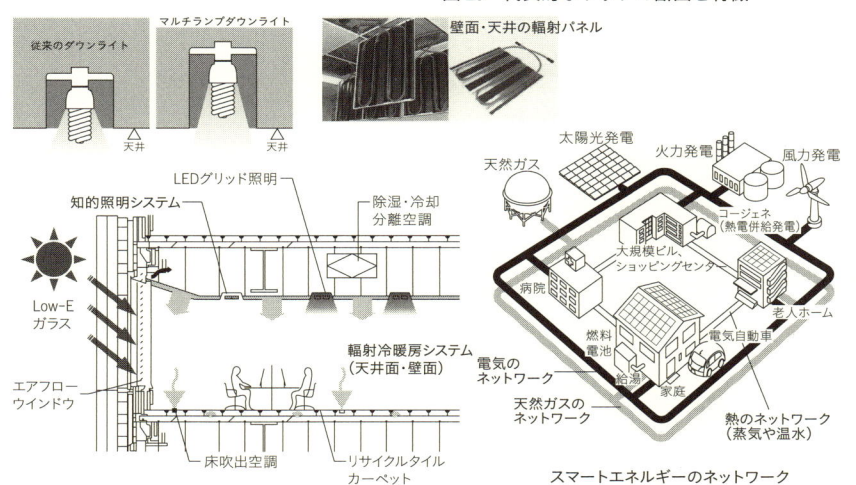

図28　次世代低炭素型技術実証オフィスの概念図*

図30　スマートエネルギー*

Ⅱ　プライベートインテリアの計画

1 住空間計画

1.1 住まいの機能

a. 人間の住まいの機能

人間の住居の起源は,自然や外敵に対する隠れ家（シェルター）として説明されている。住まいの原点に戻って考えると寝ることが住まいの機能の中心であり,動物の巣とさして変わらないものであった。しかし,現在の我々の住まいには,シェルター以外のさまざまな機能が求められている。

住むということはどのような行為であるのか。文化人類学者の石毛直道によれば（表1）,住居内での行為のうち「睡眠」「休息」「育児・教育」「炊事」「食事」「家財管理」「接客」「隔離」は人間のどの社会にも共通した機能であるという。これらのうち動物の巣で見られない機能は「炊事」「家財管理」「接客」「隔離」である。また,未開社会の住居には見られず,現在の我々の住まいに求められている機能としては排泄・入浴・身支度などの「生理的行為」や読書・娯楽・芸術などの「知的活動」をあげることができる。

住まいに求められる機能は時代とともに変化し文化や社会によっても違ってくる。日本の住宅の近代化は「食寝分離」「就寝分離」「公私室分離」の3原則によって,融通性のあった従来の日本的空間を機能づけの強い固定化したものに変化させてきた。

現代の日本の家族の人間関係は,女性の経済的自立や大人社会の成立によって,親子中心型から夫婦中心型へと徐々に変わりはじめている。地域の人間関係も高齢化,余暇化が進み,従来のつきあい方だけでは対応しきれなくなっている。また家庭のもっていた機能が家庭外で満たされるようになり,家族や家庭の意味が変質しつつある。そして衣食住にかかわる家事労働の外部化のみならず,冠婚葬祭や法事などの儀式やつきあいまで家庭外のホテルや都市施設で行われ,住まいの機能は失われつつある。

そのため住まいの機能は多様化するとともにあいまいになりつつある。これからの住まいにはさまざまなライフスタイルに対応できる,柔軟な機能をもつ空間が求められている。

図1 スワヒリの家屋*
物によって寝室,空間,台所の機能空間がつくられている。

社会 行動	ハツァピ族	ダトーガ族	イラク族	スワヒリ	メガルハ族	モニ族	西部ダニ族	トンガ	日本某家
睡眠・休息	●	●	●	●	●	●	●	●	●
排　　泄				●				●	●
入浴・行水				●					●
化粧・着衣									●
性　　交	●	●	●	●	●	●	●	●	●
育児・教育	●	●	●	●	●	●	●	●	●
洗　　濯									●
炊　　事	●	●	●	●	●	●	●	●	●
食　　事	●	●	●	●	●	●	●	●	●
家財管理	●	●	●	●	●	●	●	●	●
生　　業		○	○						
接　　客	●	●	●	●	●	●	●	●	●
信　　仰			○	○					●
隔　　離	●	●	●	●	●	●	●	●	●
知的活動									●
娯　　楽									●
美的活動									●
隠　　退									●

● 主として住居内空間でなされる行動
○ 住居内空間で行動の一部がなされる

表1 住居の一般的機能*

行動	住居内空間	公的施設
睡眠・休息	寝室	旅館
排泄	便所	公衆便所
入浴・行水	浴室	銭湯
化粧・着衣	化粧室	美容院
性交	寝室	
育児・教育	子供部屋	保育所
洗濯	洗濯場	クリーニング店
炊事	台所	仕出し屋
食事	食堂	レストラン
家財管理	物置	倉庫
生業	ミセ	工場
接客	客間	喫茶店
信仰	仏間	寺院
隔離	私室	ホテル個室
知的活動	書斎	図書館
娯楽	居間・客間	碁会所
美的活動	茶室	美術館
隠退	隠居部屋	養老院

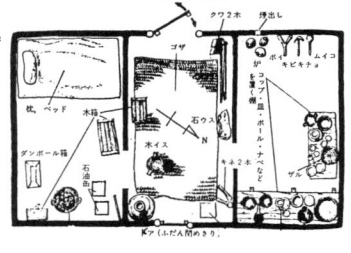

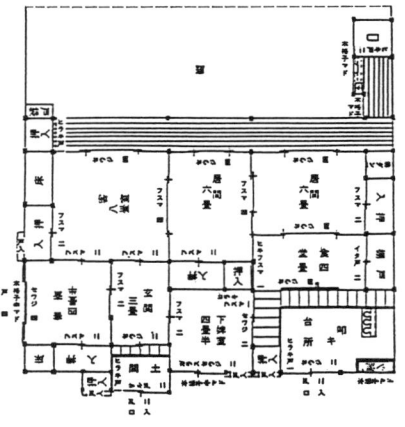

図2 明治期の住宅

b. 個性的な住まいと開かれた住まい

　個性的な住まいとは，居住者の個性と生活に合った快適な空間のことである。個性は知性と感性から成り立つものであり，それが発揮されて空間での自己実現が可能になる。また，ライフスタイルは生活経験と生活情報から形づくられるものであり，それが空間に反映されて独自の住まい方が確立する。このように，個性とかライフスタイルが空間に投影されると，インテリアのハード面としての装置と，ソフト面としての生活が一体化する。例えば，暖炉のある住まいがあるとしたら，単にものとしての暖炉があるのではなく，暖炉を囲んだ「生活」が見えてくる住まいのことである。住宅のインテリアは生活が形として表現されるところに本質がある。ここに同じ間取りのマンションであっても居住者によって住まい方やしつらえが異なるケースを示す（図3）。また，コーポラティブ住宅のように居住者の個性やライフスタイルがストレートに発揮された，テーマをもった住まいを紹介する（図4）。

　マイホーム主義に陥った現代の住宅を活性化するには，住宅の中を開放して外と内をあいまいにし，親族や地域の人たちとの交流を活発にして，住宅に社会性をもたせることである。家族は開かれた住まいによって社会とつながっていく。住宅の開放化の段階構成を考えてみよう。敷地境界をあいまいにしたオープンな前庭は，近隣との自然な触れ合いを促す。また，街路に面したガラス張りの a ルームは，アトリエや教室あるいは店舗などに使用され，居住者の生活の一部をショーウィンドウ化してみせ，地域の人たちの視線を集める。次に玄関からすぐに土足で入れる土間サロンは，昔の民家でみられたような土間や縁側での気軽な交わりを再現する。さらに玄関の扉を開けるとすぐにリビングルームが見渡せるオープンプランは，客を家族同様にもてなす。冠婚葬祭のような構えた交流だけでなく，ふだんの何気ない交流を生み出す空間の仕掛けが必要である。人との交流を通して人生の楽しみを覚え，人間は成長していく。

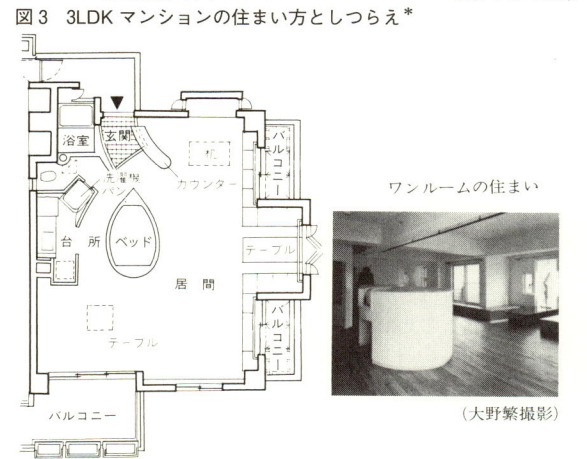

和風タイプ　　　　　　洋風タイプ　　　　　　モダンタイプ

座る生活／障子　　　接客中心の生活／洋家具　　シンプルな生活／白い壁

図3　3LDKマンションの住まい方としつらえ*

ワンルームの住まい

いろりのある住まい

（大野繁撮影）

（大橋富夫撮影）

図4　個性的な住まい（コーポラティブ住宅「ユーコート」）*

1.2 集合住宅の計画

集合住宅が都市住宅のなかで占める割合が近年ますます高くなっており，そのあり方が問題になっている。住戸プランは画一的でコンクリートの箱に閉じこめられて近隣のつきあいも少なく，永住するところではないと評価されることが多い。そんななかで最近は集合住宅の新しい方向が模索されている。

集合住宅は，住戸空間と共用空間で構成されている。住戸空間については，居住者のライフスタイルに合わせて個性が発揮できるよう多様な供給システムが開発されている。共用空間については集住の価値を高めるための多彩な仕掛けが試みられている。特に，地上から住戸に至るアクセスの共用空間は，居住者にとって近隣コミュニティの核になる。

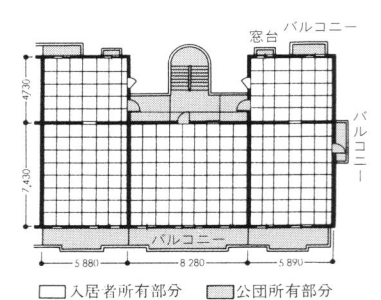

a. ハウジング

居住者の多様な住要求に対応するために，次のような供給システムが計画されている（表2）。①コーポラティブ方式/注文方式の集合住宅で，敷地から設計，施工，管理まで自由，②メニュー方式/内装をメニューの中から自由に選択，③フリープラン方式/内装を自由に設計（図5），④スケルトン供給方式/スケルトンは賃貸で管理を一元化し，インフィルは分譲で居住者の自由（図6），⑤耐用住宅（センチュリーハウジングシステム）の導入/構造体の耐久性と空間設備や内装の可変性に対応（図7），などがある。

住宅を躯体と設備と内装の三つの部門に分け，設計・所有・管理上においてさまざまな形態を示す。集合住宅でも設備や内装において自由度が高く，居

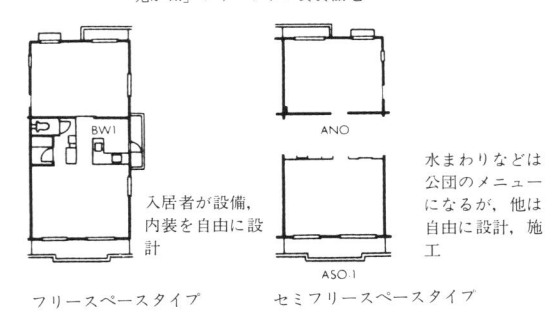

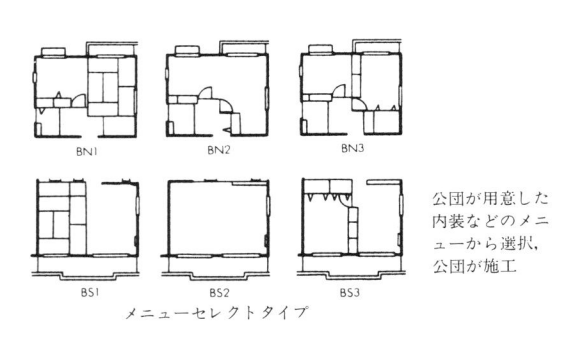

図5 フリープラン方式

	躯体	設備	内装	供給システム
設計	自由	自由	自由	コーポラティブ方式
設計	固定	自由	自由	フリープラン方式
設計	固定	選択	選択	メニュー方式
所有	賃貸	分譲	分譲	スケルトン供給方式
管理	耐久性	互換性	可変性	センチュリーハウジングシステム（CHS）

表2 供給システムのパターン

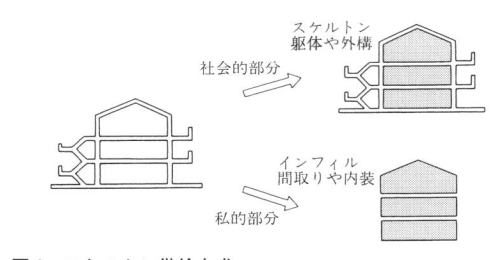

図6 スケルトン供給方式

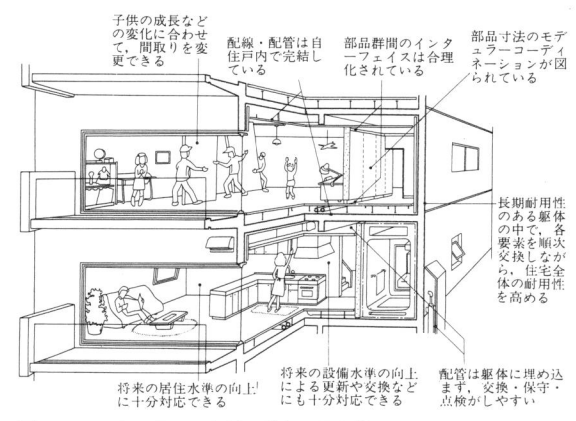

図7 センチュリーハウジングシステム*

住者の創意が発揮できるシステムになっている。

このように，住宅を社会的に供給，管理するシステムをハウジングという。

b. 集合形態

集合住宅とは2戸以上が1棟になっているものを総称する。そのうち廊下，階段その他何らかの共用部分をもつものを共同住宅という。その形式の区別を整理すると図8のようになる。テラスハウス，タウンハウスは共に接地型連続住宅であるが，前者が独立住宅の良さをもたせながら集合の効果を得ようとするのに対し，後者は専用庭を最小限にして共用庭（コモンスペース）を確保し，良好な環境の低層高密の住宅地を形成しようとするものである。

c. アクセス

住戸のプライバシーや日照・通風条件，敷地の利用効率は住棟へのアクセスのとり方と大きく関係している。アクセス方式としては階段室型，集中型，片廊下型，中廊下型，ツインコリダー型がある。

階段室型は中層集合住宅に適する。片廊下型では住戸を南面させることができるが，敷地の利用効率をあげると居住性が悪くなる。中廊下型にすると経済効率は良いが，日照・通風条件が悪くなりがちである。ツインコリダー型はこの中廊下型の欠点を少なくするために，片廊下型を中庭をはさんで結合させたもので，住戸は東西に面し南北軸配置になる。日照については不利だが，通風は確保でき，大型の市街地高層住宅に適する。

アクセスは，住棟からみれば内部，住戸からみれば外部になり，インテリアの中のエクステリアという両義性をもつ空間である。図9で示すような分節点があり，さまざまな仕掛けが存在する。

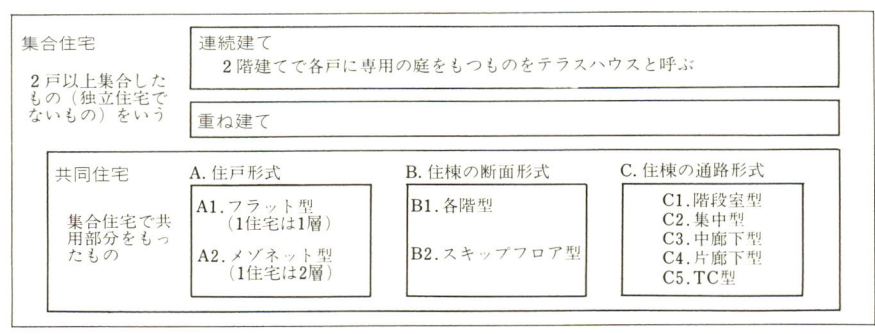

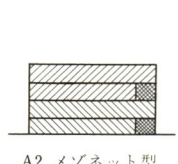

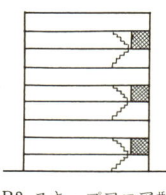

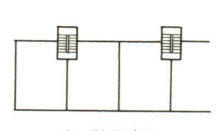

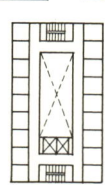

図8 集合住宅の形式

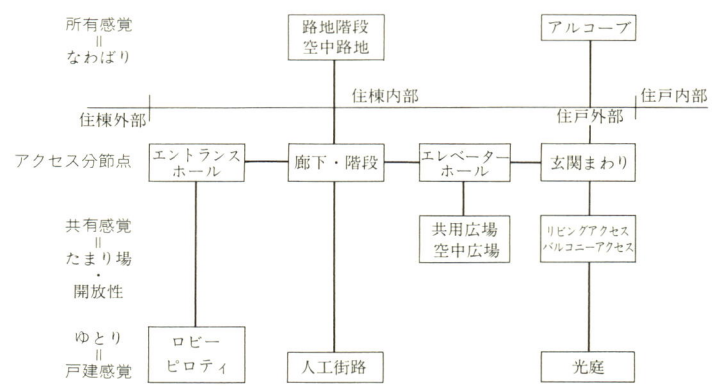

図9 アクセスの段階構成

図10 玄関前アルコーブ

2 コミュニケーション空間

2.1 LDK空間の成立

a. DK空間の誕生

今日，住宅の間取りを呼ぶときに用いる「LDK」という略称，その空間がどのように成立したかをたどってみると，西山夘三によって提唱された「食寝分離論」にたどりつく。「食寝分離論」とは，庶民住宅の狭小な間取りに「食事室」を確保することで，「就寝」と「食事」の行為を分離する主張であった[1]。

この空間は，戦後の公営住宅の標準設計に受け継がれ，吉武泰水・鈴木成文による「51C型」（昭和26年）によって具体化され，さらに，昭和30年に発足した公団住宅のプランに採用されて，「ダイニングキッチン」の名が与えられる。図1は「牟礼団地」の2DKプラン（昭和30年，42 m²）と「ダイニングキッチン」であるが，当初この部屋には，椅子座式のテーブルが備え付けられていた。インテリア写真は当時の公団の広報誌に掲載されたもので，まだ珍しかった椅子式の食事空間の使い方を啓蒙する意味があったものと思われる。やがてこの部屋には，人造石研出しの流しに代わってステンレス流しが導入されて，ダイニングキッチンは明るく合理的な団地生活を象徴する部屋となった[2]。

b. L空間の成立

昭和30年代に入るころから，食堂セット，ソファセット等の洋風家具の普及が進み始め[3]，昭和30年代後半にソファ，テーブル，テレビ等の家具による団らんの場が形成されつつあることが注目されて，これがL空間の要請に結びつく[4]。こうして，食事の場にはダイニングテーブル，団らんの場にはソファという2種の椅子座式の家具を位置づけた間取りが成立し，広く普及することとなった[5]。図2は，公団住宅の標準設計に「DK＋L」の平面プランが採用された当初のもの（昭和42年，71 m²）。

c. L・D・Kのつながり方

LDKの空間分節には基本的に以下があるが，各空間は，家具で軽く仕切ったり，建具で開閉の調節をするなどの融通性をもたせた設計例も多い。

- LDK型／調理も家族団らんの一部とし，食事・居間を包む一体的な空間を求める場合。
- K＋LD型／調理空間は分離し，食事と団らんの空気を一体化させて落ち着いた雰囲気を求める場合。

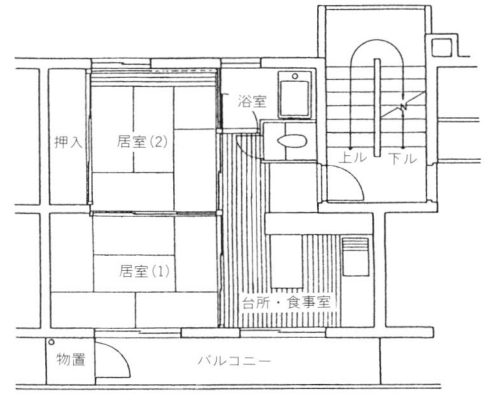

図1 公団住宅の2DK平面図（55-4N）とダイニングキッチン
（写真提供／住宅・都市整備公団：現 都市再生機構）

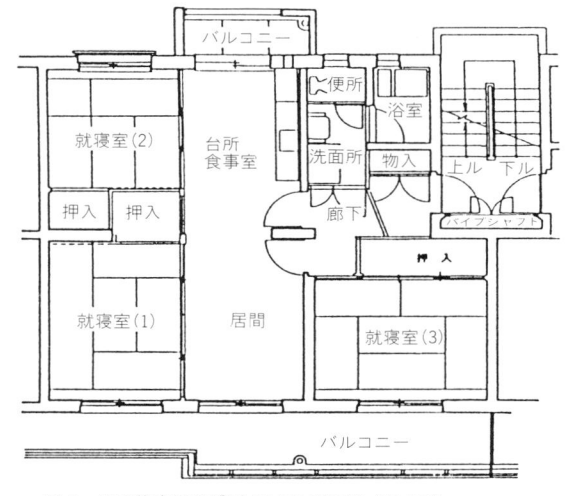

図2 公団住宅標準設計3LDK平面図（67-5N）

DK+L型／居間を食事や調理から分離し，接客にも対応した落ち着いた空間としたい場合．
　K+D+L型／調理・食事・居間の各空間の機能や雰囲気に変化を求め，規模が十分ある場合

2.2　DK空間のインテリア

a．オープンキッチン

　LDK空間のインテリアデザインにとってまず重要なテーマは，調理の場と食事の場の関係をどのように扱うかという点である．

　公団住宅のダイニングキッチンのセールスポイントは，それまでの暗くじめじめした台所を生活の表舞台に引き上げるとともに食事の場と一体化する提案であった．ちょうど同時期，建築家の設計した独立住宅においても，台所のみならず浴室・便所などの設備部分を集約化して平面の中央部分に配置する「コア型」住宅が設計され，「オープンキッチン」が提唱されている．

　オープンキッチンの展開において，次に要求されてきたのは，家族一同が料理や後片付けを気軽に楽しむ台所，台所作業をしながらも家族とのコミュニケーションが保てるような台所といった考え方である．そこで，それまで台所の壁に向かって作業する形になっていたキッチンセットの向きを，食事や団らんの場の方に向かせた設計例が登場する．図3はその先鞭ともいえる設計例（昭和48年，164 m²）で，居間・食堂・台所・寝室は間仕切りを設けないオープンな空間になっており，家族とコミュニケーションを保ちながら調理作業ができる．後の「対面キッチン」の流れを生んだデザインといえよう．同様に，図4は部屋の中央に全長4 mに及ぶアイランド型のテーブルを位置づけた点が特徴であり，調理の場と食事の場を最も接近させた提案（昭和46年，173 m²）として，後の住宅デザインに多大の影響を与えた．

b．これからのD空間

　一方，調理の場と食事の場の一体化の方向に向かいつつあった流れを修正し，キッチンをクローズド化することで，調理作業のにおいや音や煩雑さから解放され，食事スペースに落ち着いた雰囲気をもたせようとの計画も現れる．この考え方からは「クローズドキッチン」と「リビングダイニング」，すなわち「K+LD」の空間分節をもつプランが導きだされる．この空間では，食事と食後のくつろぎがスムーズに展開できるようなインテリアが求められる．

　リビングダイニングのデザインでは，ダイニングテーブルとソファセットの家具配置を想定し，「D」

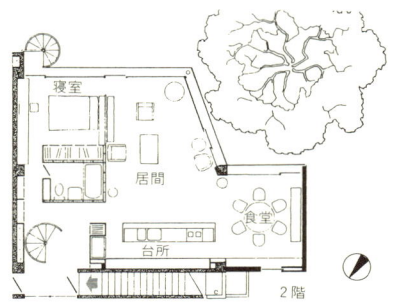

図3　アイランド型のキッチン（設計／吉村順三，新建築写真部撮影）

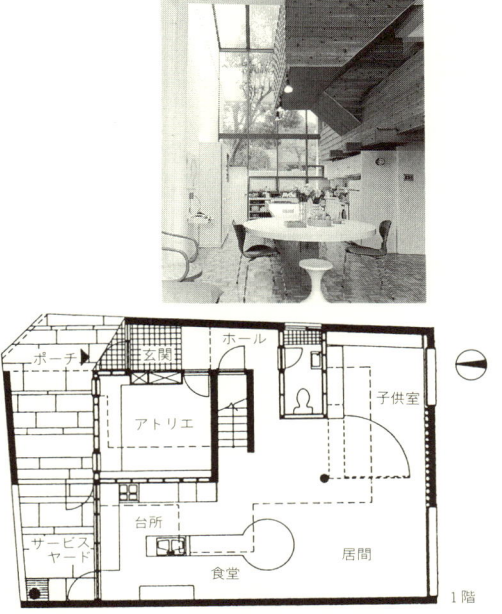

図4　オープンキッチン（設計／東孝光，新建築写真部撮影）

部分より「L」部分の方が大きなスペースを設定するのが一般的である。しかし，この考え方とは逆に「L」部分よりは「D」部分を拡充させたインテリアもみられる。こうしたインテリアでは，D空間にいちだんと大きなダイニングテーブルがゆったりとしつらえられ，ここが食事の場のみならず，食後のくつろぎや接客の場としても積極的に活用されている。D空間の多目的化は近年の新しい方向の一つである。

さらに，2か所の食事の場をもつ住宅もみられるようになっている。図5は東京郊外の高級建売住宅の例（昭和61年，123 m²）であるが，家族5人が住まうこの住宅では，「カウンターテーブル」は朝食や子供の食事の場，「ダイニングテーブル」は夕食や大人・接客用の食事というように使いわけられる。

海外の比較的規模の大きな住宅においては，ダイニングテーブルは客を招いたり，日曜日の食事に用いたりするハレの場として意識される傾向が強い。そうしたダイニングルームにはフォーマルなダイニングテーブルが置かれており，一方，家族の日常の食事の場として，キッチンの一角にダイネットカウンターが設けられたり，ブレックファストのコーナーが造られたりする。図6はそうした二つの食事の場をもつアメリカ・バークレイの住宅（昭和61年改修，約430 m²）の例である。インテリアの特徴をみると，フォーマルダイニングは装飾的で秩序正しいインテリア，ファミリー用のダイニングは気楽な家

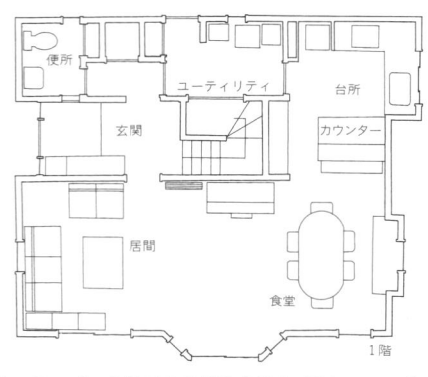

図5　カウンターテーブルを設けた高級建売住宅（東急ホームズ）

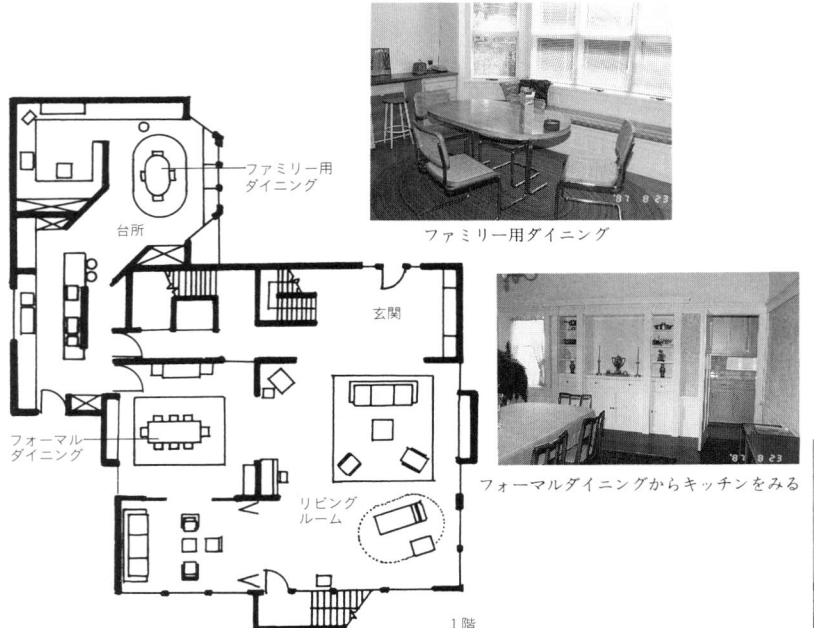

ファミリー用ダイニング

キッチンからファミリー用ダイニングをみる

フォーマルダイニングからキッチンをみる

フォーマルダイニングからリビングをみる

図6　ダイニングスペースの複数化（アメリカ・バークレイ）

具を使ったくつろいだ雰囲気のインテリアとなっており，明らかに性格が異なっている。こうしたダイニングの複数化も近年の動向の一つである。

こうしたさまざまなD空間の姿には，次第に規模の拡大する住宅において，どんな食事場面の充実が望まれるかの方向性が示されているといえよう。

2.3 起居様式と和室・洋室

a. 床座（ゆか）から椅子座へ

広辞苑によれば，「茶の間」とは「台所に続いて，家族が食事する部屋」，「座敷」とは「畳を敷き詰めた部屋，特に客間」を指すものである。戦後の新しい住宅は，この和室の床座の部屋に代わるものとして洋室の椅子座の部屋（LD空間）を計画したものであった。しかし，床座から椅子座への起居様式の変化は，当初の計画的意図に従ったような推移には至らず，今日ではむしろ床座・椅子座の混在状況が顕著となっている[6]。特に，くつろぎの場における床座の温存の現象と接客用の和室の要求は，現代住宅を特徴づける重要な要素ともなっている。図7は，新しい集合住宅のL空間にしつらえられた「こたつ」であるが，今日では部屋は洋室であってもしつらいは床座といったスタイルが多くみられる。

b.「和室」「洋室」のデザイン

今日の住宅として最も一般的な平面といえば，「LD＋和室」の空間構成をもつ間取りがあげられる。ここで特に重視すべきデザインのポイントは，洋室と和室の接し方である。図8は，洋室と和室が接続する場合のデザインとして，和室部分の床面を一段高くし，床座と椅子座の人間同士のアイレベルを統一する考え方を示した具体例（昭和52年，76 m²）である。

また建築家の住宅設計の中には，図9のように，ダイニングテーブルもソファも廃し，大型掘りごたつを部屋の中央にしつらえた現代和風のインテリア（平成元年，197 m²）や，床の間つきの座敷の良さや和風の趣を今日の都市型住宅の中に再生していこうとするインテリアなどもある。

和室・洋室空間のつながり方，和風・洋風のデザイン的融合などのテーマは，住宅のインテリアデザインにおける古くまた新しい課題といえよう。

図7 集合住宅のリビングにしつらえられた「こたつ」

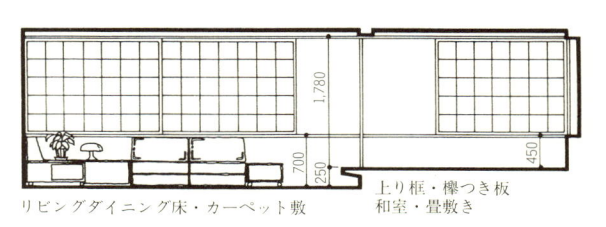

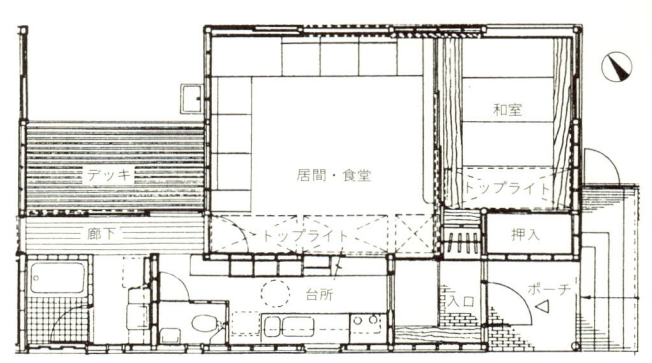

図8 LD＋和室のデザイン（設計／林雅子）

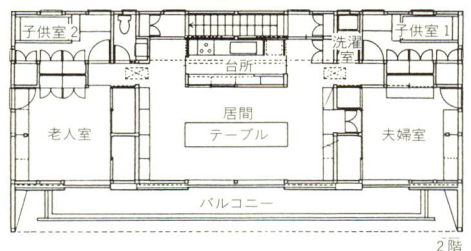

図9 板の間に「掘りごたつ」のしつらえをした現代和風のインテリア（設計／高須賀晋，荒井政夫撮影）

2.4 L空間のインテリア

a. リビングルームへの要求

リビングルームとはどのような部屋なのか。近年そうしたテーマが再びクローズアップされる傾向にある。そのきっかけの一つはソファをしつらえたリビングへの反省の機運が生じてきたことにあろう。もともと，洋室のリビングルームにソファセットを配置するというインテリアには，接客向けにそこを美しく整えておきたいという意識と，家族が集まりくつろいだ一時を過ごしたいという意識が重なり合っていたと考えられる。

b. ファミリールーム

リビングルームを，日本人の生活空間にふさわしい部屋として再編する試みについては，すでにいくつかの可能性が示されている。図10は鈴木成文・初見学によって示された「デュアルリビング」（昭和57年）の提案であり，住戸内の各室を「フォーマル－インフォーマル」「公－私」の2軸の中に位置づけている[7]。図11は建築家が自邸に試みた「フォーマルリビングとファミリールーム」の提案（昭和54年・173 m^2）である。いずれも，接客向けのスペースと家族向けのスペースを分化させることで，リビングルームの空間を整理再編しようとするものであり，その家族向けの部屋を「ファミリールーム」と呼んでいる。

c. これからのリビングルーム

リビングルームが「フォーマルリビング」と「ファミリールーム」に分化することによって新たに意識されるのは，「フォーマルリビング」とはどんな部屋かということである。住居の内部に外の人を受け入れる空間を用意しておくことは，人間の居住空間

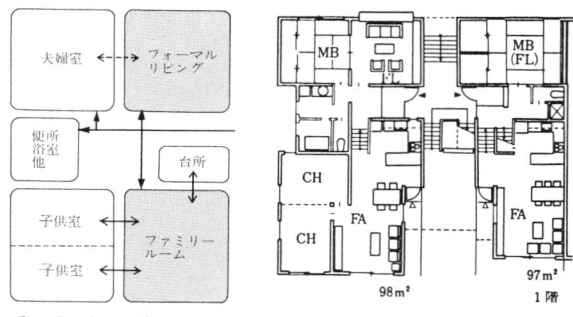

図10 デュアルリビングの提案*

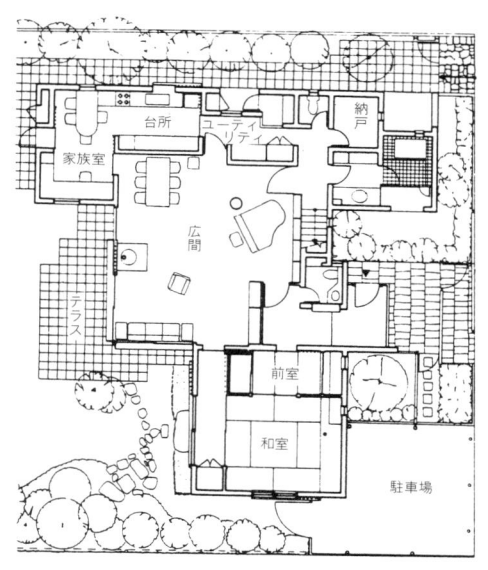

図12 ホール型リビング（設計／吉村篤一）

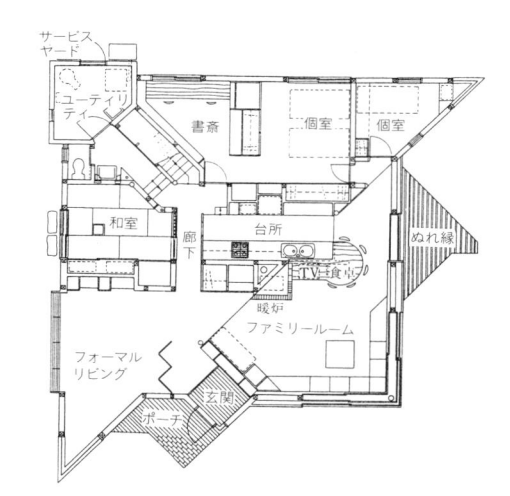

図11 フォーマルリビングとファミリールーム（設計／山田昭，山田初江）

としての大きな特徴であるといわれており[8]，改めて外の人に開かれたスペースとしてのリビングルームの姿をイメージしてみることが重要になる。

図12の住宅のリビングルームは，多くの人々，多くの事柄を内包するホール型のリビング（平成2年，266 m^2）の性格をもっている。吹抜けの大空間の中央には暖炉があり，グランドピアノがしつらえられ，パーティのみならず，ミニコンサートなども行われる。図13のリビングルーム（平成元年，303 m^2）の場合には，居住者の職業や趣味が，インテリアを特徴づける要素となっている。言語・民族学者の夫と陶芸家の妻の手になる収集品が飾られたインテリアは，居住者の知的個性を外部に向けて伝達する表象空間としてのリビングルームの姿を示している。

図14はアメリカ・ロサンゼルス近郊の独立住宅の事例（昭和62年調査，320 m^2）であるが，この場合には表側の居室としてリビングルームとダイニングルームの2室，裏側の居室としてファミリールームがある。すなわち，リビングルームとは客を迎え入れ会話や社交をする部屋，ダイニングルームとは客を交えた食事の部屋，ファミリールームとは家族向けの食事と団らんの部屋となっている。特に日本の場合と異なるのはリビングルームの規模や家具配置である。広々とした部屋の中央スペースはパーティなどの際に人々が集まる場所となり，椅子の配置には欧米流の会話帯を成立させるような工夫がなされている。リビングルーム，ダイニングルーム，ファミリールームなどの各室のインテリアデザインには，客と家族のコミュニケーションのもち方が大きくかかわっている。

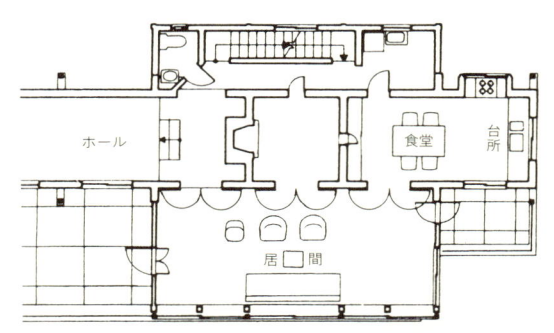

図13　表象空間としてのリビング（設計／阿部勤）

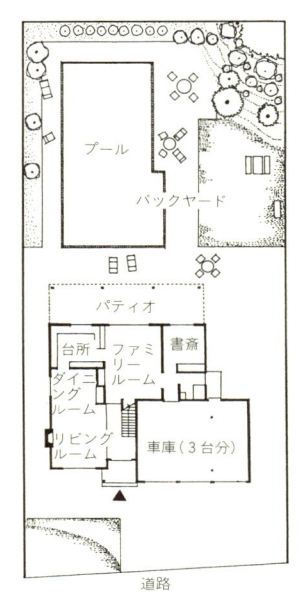

パティオとバックヤード

台所とファミリールーム

玄関とリビングルーム

リビングルーム

道路側外観

図14　アメリカの住宅にみるコミュニケーション空間の構成

2.5　家事空間

a. 家事作業の変化

図15は，家事空間の機能構成を示した図である。家事空間がどこにどのように確保されるべきかは，住宅の規模，日常の家事行為の主体者，家事に対する主体者の意識，長期の視点でみた家の維持管理システム等によって異なってくる。今日，働く女性の増加，家族構成員の在宅時間の減少などの社会的現象が顕著である。それに対応して，調理・洗濯・その他の家事作業の外部化を可能にする商業・サービス業も多岐にわたるようになっており，住宅内に残された家事に対する意識も大きく変わりつつある。

b. 生活機器のシステム化とHA化

家事空間のインテリアを振り返ってみると，オープンキッチンによって，調理の場が生活の表舞台に位置づけされるのと呼応してまず要求されたのが，キッチン構成材の質の向上であった。昭和50年代ごろから花形商品としてまず輸入もののシステムキッチンが脚光をあびるようになる。システムキッチンとは，収納機能を有する各種ユニットと，一体型のワークトップを組み合わせ，それに各種の設備機器をビルトインして構成するものであり，美しい外観デザイン，収納機能の充実，設備機器の進歩などが主婦のあこがれの的となるが，欧米との調理方法の相違，構成材寸法の不適合，高価格などの問題点も指摘され，国産のシステムキッチンの開発が急速に進められた。図16は「キッチンが美しいひと部屋になった」との宣伝文句がつけられた国産品のシステムキッチンの開発当初のものである。

一方，排水処理との関係で浴室まわりに配置される傾向にあった洗濯機がキッチンに近い場所に位置づけられる傾向も現れる。図17は，洗濯機・乾燥機の洗濯用の機器をDK空間の壁面にビルトインした設計例。さらに近年は，電話・インターホン・HAのコントロールなど，各種の情報，家政管理の役割を担うコーナーがDK空間の一部に設けられる傾向も出ている。家事作業の空間は，施設設備の面からばかりでなく，それにかかわる主婦あるいは家族などの人間側の視点から再考されつつある。

c. これからの家事空間

今日の家事空間には，家族の誰もが家事行為をスムーズに行うことができるような配慮，誰かが家事行為を分担しながらも家族のコミュニケーションから阻害されない配慮，または家事行為の共同作業を通じて親子や夫婦が積極的にコミュニケーションの機会を得ることができる配慮などが望まれる。図18は洗濯室・食品庫を独立させて，アイランド型キ

図16　システムキッチンの広告（ヤマハ製品）

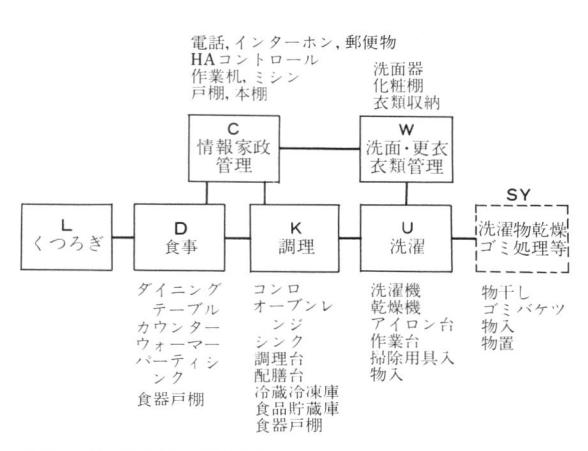

図15　家事空間の機能構成図

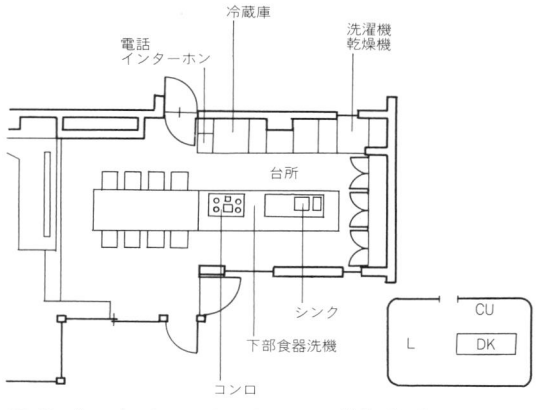

図17　キッチンとユーティリティの一体化（設計／関沢弘子＋エンドウプランニング）

ッチンを設置し，調理と食事にかかわる空間を家族の居場所とした例，図19は更衣・洗面室を設けて，着替え・洗濯・洗面・衣類の管理を集約するとともに，家族の触れあいの機会とした設計例である。

一方，家事のなかでも調理は，創作的な楽しみや趣味の意識によってとらえる特徴もみられる。こうしたキッチンは機能を充実させた工房型のキッチンや，創作工房が転じて料理教室へと移行した例などもみられる。図20は洗濯・アイロン・下流しなどの場を視覚的に区切ったコーナーとした上で，キッチンでは大勢の人が集まって料理講習を楽しめるように広めのアイランド型とした設計例である。

居間や食事室が秩序ある空間とされるためには，生活を裏側から支える空間が重要なことも忘れてはならない。図21にみるように，海外の比較的規模の大きな住宅をみると，洗濯・乾燥・アイロンかけなどの作業を行うランドリー室，備蓄食品・飲料等の貯蔵室，家の手入れのための工具室，古い家財等の物置場などが適正な位置と規模をもって確保されている。

いずれの場合にも，住宅全体の中で家事行為の場を空間的に明確に位置づけることが大切である。

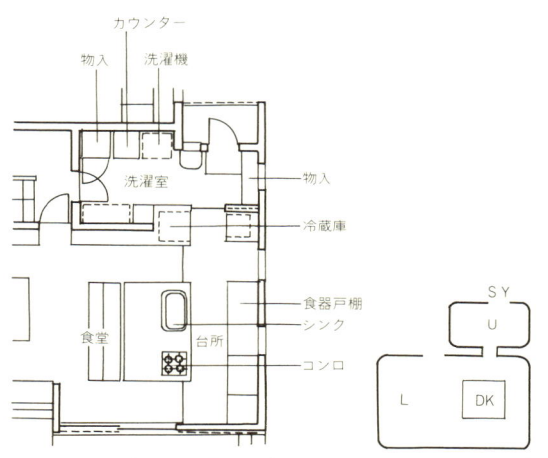

図18 洗濯室，食品庫を設けたプラン（設計／インテリア設計室ピトリ・ピコリ）

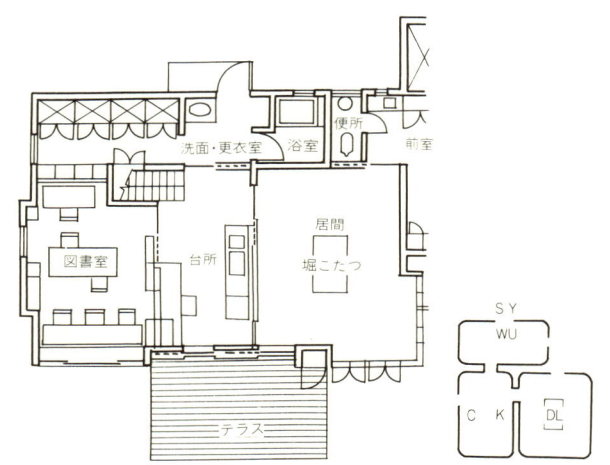

図19 更衣・衣類の管理をコミュニケーション空間の一部に位置づけたプラン（設計／山本厚生）

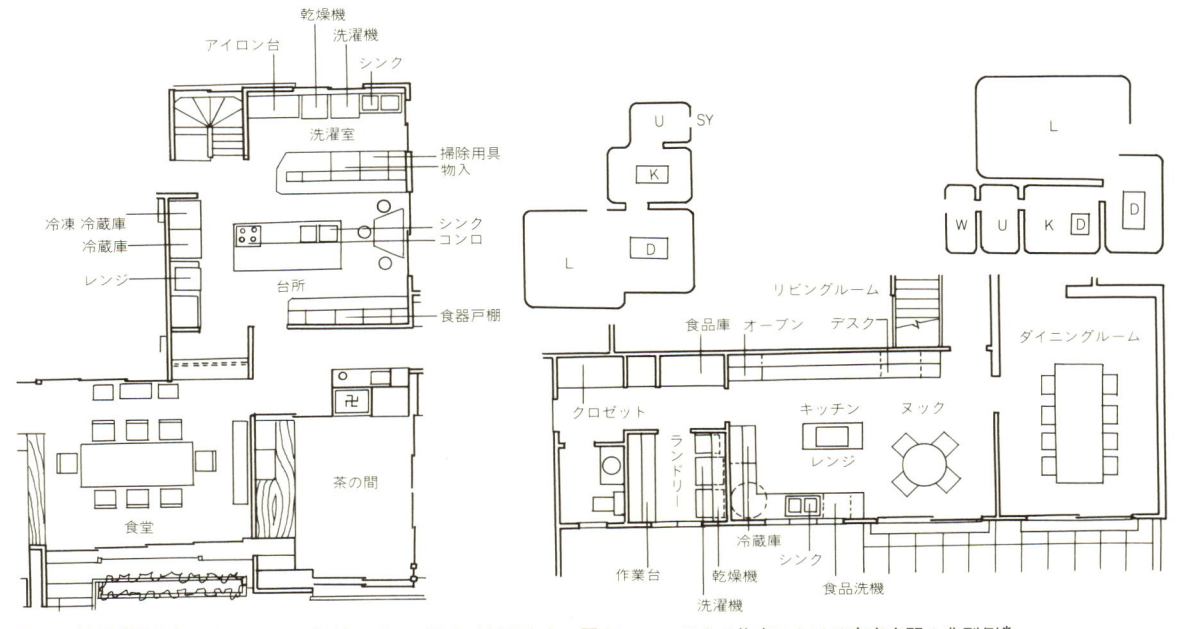

図20 料理講習を楽しめるクローズドキッチン（設計／吉村順三）

図21 アメリカの住宅における家事空間の典型例*

3 子供の空間 プライベート空間(1)

3.1 子供の成長を設計する

住宅設計で最も難しいのは家族の成長に合わせて住空間を変えていくことであり，その，家族の成長する部分が子供である。また，人が環境の影響を受けやすいのは子供と老人の時期である。老人になると自分の生き方に固執し環境の働きかけを拒否しがちになるし，子供は環境に働きかける力がないので空間の物理的影響を受けやすいといえる。

乳幼児期の子供の空間のあり方は今日まであまり問題にされてこなかった。しかし，子供の自主性の芽がはぐくまれるこの時期における空間の意味は重要である。子供の空間には親の保護と子供の自立という相反した二つの条件が求められており，この矛盾した要求は子供が乳児から幼児，小学生，中学生，高校生へと成長するに従い，相互の割合が量的，質的に変化する。そのため，子供の発達に応じて変化に対応できるフレキシブルな空間計画が必要となる。

3.2 子供の空間概念の発達

子供の空間概念の発達過程を最も幅広くとらえているのはスイスの心理学者ピアジェである。彼は子供が何らかの形で空間についてのイメージを描けるようになるには，感覚運動空間の発達と探索的な知覚活動の結びつきによる行為の内面化の過程が必要だとしている。身体と環境の複雑な相互作用を通じて空間のイメージが形成され，それらが協調し調和を保つようになって空間概念が成立する（図1）。

子供は物の大きさや形などに着目せず，閉じているか開いているか，囲まれているか中にあるか等の

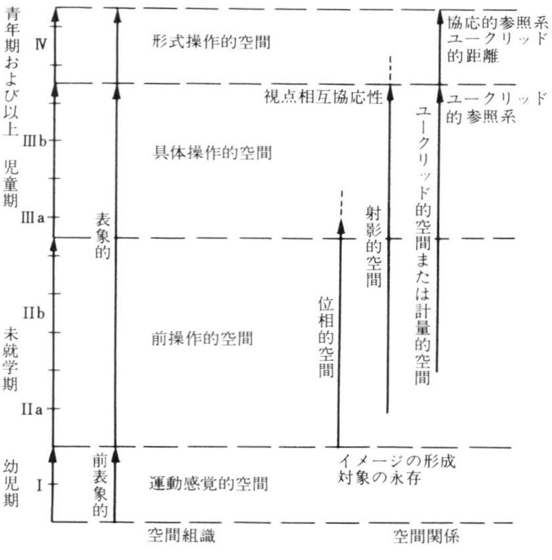

図1 子供の空間概念の発達

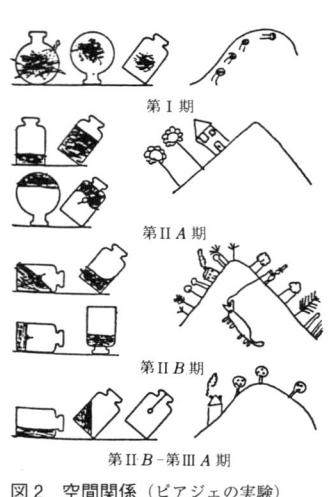

図2 空間関係（ピアジェの実験）

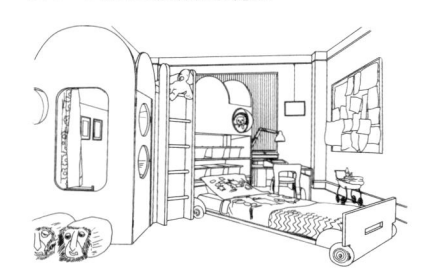

図3 ユニットで変化できる幼児の部屋

図4 低学年の子供部屋

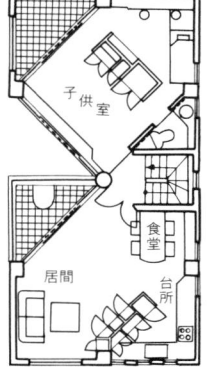

図5 子供部屋と居間を視覚的につなぐ
（設計／成川建築研究所）

〈位相的〉観点から物の性質を抽象化しはじめる。次いで〈射影的〉関係が理解される。このレベルではいくつかの物をある視点に結びつけることができるようになる。最後に〈ユークリッド的〉概念が形成される。すなわち，水平・垂直という強固な枠組みによってその位置が定められ，距離・大きさ・角度といった概念が保存されて，それらが相互に作用しながら発達する（図2）。

こうした発達を子供の具体的な空間反応からみていくと「這う」機能の完成する8か月ごろには精神的機能の発達も加わり自由に動きたいという要求が顕著に現れる。12か月ごろには「歩く」機能の完成により，さらに広い行動範囲を要求するようになる。ベビーベッドやベビーサークルをいやがる現象が見られる。机の下に入りたがる時期は二度あり8か月〜1歳と2歳ごろである。前者はそこを空間とみなしてその中で遊んでおり，後者では大型遊具として空間自体を遊びに使っている。子供自身が空間に関して具体的に表現し始めるのは3歳ごろである。

3.3 子供のプライバシー意識の発達

自立の核をなすといえるプライバシー意識をとらえるために子供の生活行為を分けてみると（表1），一つめに自己認識の要因「考えるための場所」があげられる。低年齢では〈静かさ〉などがそこで重視されているのに対し，高年齢では〈ひとりである〉など，他人の存在が意味をもっている。

二つめは自立への願望「空間への接近のコントロール」である。自分の領域への他人の侵入を支配することを意味している。成長に伴い，大切な物や存在のコントロールから，自分や他人の行為のコントロールへとその質が変化している。

三つめは自立の成分「行動を選択できる場所」の要求である。家具や設備を必要とする行為や，腹が立ったときに独りきりになりたい要求などはどの年齢でも一定であるが，高年齢になるほどその要求は物から場所に，自室へと収斂していく。

四つめは「狭義のプライバシー」である。就寝や

図6　プレイルームの一隅の子供コーナー（設計／吉田清昭）

図7　ダイニングと子供部屋を自由につなぐ（設計／村田靖夫）

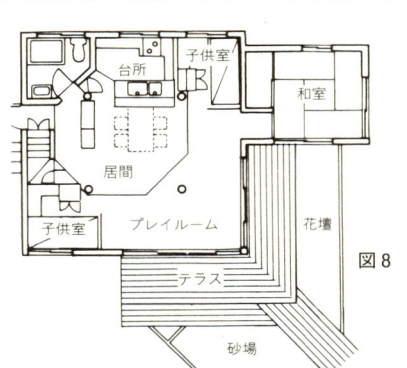

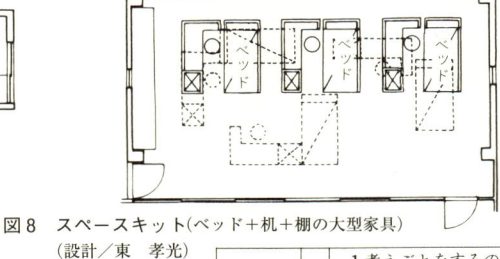

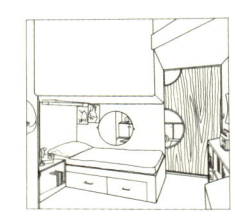

図8　スペースキット(ベッド＋机＋棚の大型家具)（設計／東　孝光）

図9　覗き窓のついた戸のある子供部屋

考えごとをする	A	1 考えごとをするのはどこですか 2 空想したり，ボーとするのは 3 本を読むのは（漫画・雑誌以外）
空間への接近のコントロール	B	1 誰も入ってこられないのは 3 入って来る人を選べるのは 5 特別な人だけが入ってきてもいいのは 2 あなたの許可なしに誰も入って来られないのは
		4 誰も入って来て欲しくないのは 6 あなたがいる時に入って来て欲しくないのは
		7 あなたがいない時に入って来て欲しくないのは 8 大切なものをしまうのは 9 ポスターを貼るのは
行動の選択	C	1 したいことが自由に出来るのは 2 そこでしか出来ないことをするのは 3 ラジオ・音楽を聞くのは
		3 ファミコンをするのは 4 ビデオ・テレビを見るのは
		6 腹がたった時にいくのは 7 ひとりになれるのは
狭義のプライバシー	D	2 手紙や日記を書くのは 3 電話をするのは 7 見られたくないことをするのは
		6 聞かれたくない話をするのは
		1 着替えをするのは 4 寝るのは 5 勉強するのは

表1　プライバシーの概念を構成する要因

107

着替え，聞かれたくない話など空間の保障の要，不要の別がある。電話や手紙・日記など情報をコントロールする行為は成長するほど空間の要求が増す。

子供のプライバシー意識を満たすものは，物から場所，そして自室へと年齢とともに収斂しており，子供にとって個室としての子供部屋の重みがうかがえる。

3.4 子供と家族

戦後の民主主義教育の普及によって1970年代までは個の自立が叫ばれ，それをはぐくむための空間として個室の子供部屋が重視されてきた。しかし，その後1980年にこども白書が「子供部屋は子供を非行にかりたて夜型にする」と非難したのをきっかけに，個室の子供部屋が問題視されるようになった。

家族集団主義的文化をもつ日本では家族が場を共有して生活することに精神的な安定を感じるため，親の目が届くように居間や家族室の片隅に子供の居場所をつくることが求められる。しかし，一方では学歴重視の社会があり，子供部屋＝勉強部屋という認識が教育熱心な親に個室の子供部屋を整えさせることになる。そのため，現代の子供部屋の所有率は，どの調査をみても中学生で8割以上と高率を占めている。しかし，多くの親は独立心を養うためと称して子供部屋を与えるにもかかわらず，子供への過度の干渉になり，その目的を達していないという。

a. 世話型管理とコミュニケーションの混同

すなわち親が子供部屋を管理し子供にはその義務や責任が問われず甘やかされている。管理といっても掃除や衣類の収納など身辺の世話が中心の「世話型管理」である。そのため，親子の場の共有が必要とされ，プライバシーが邪魔に感じられている。その結果，子供の世話や親子の場の非分離がコミュニケーションと混同されている。子供が成長し世話が不要になると，親とのコミュニケーションが少なく

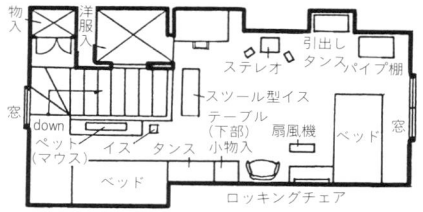

図10　屋根裏の子供部屋（男子11歳，13歳）

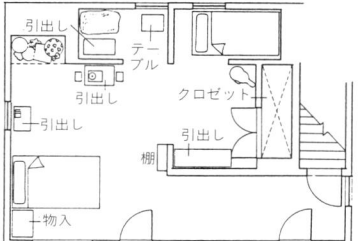

図11　屋根裏の子供部屋（女子10歳，14歳）

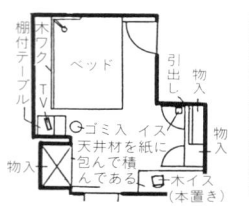

図12　ベースメントの子供部屋（男子17歳）

図13　屋根裏の子供部屋（男子13歳）

図14　姉妹の子供部屋（女子8歳，10歳）

図15　兄弟の子供部屋（男子・11歳，13歳）

なるのはこういった状況を反映している。

b. 親は養育態度の再認識を

アメリカでは，子供部屋の管理と責任は子供にある。子供部屋への母親の入室頻度が低いのに対し日本の母親の入室頻度は高い。「話をする，おやすみの挨拶をする」等のアメリカの入室理由に対し，日本では「掃除，洗濯物の整理，様子を見る，他の部屋に行くための通り道」と前述の世話型管理をここでも裏付けている。子供優先で子供の世話や一緒にいることを何よりの楽しみにしている，母子密着型の母親が過半数にのぼる。他方，父親のいない夕食に象徴されるように，父親不在の家庭生活が母子関係をさらに緊密にし過度の干渉を招いている。

3.5 子供部屋の装備

日本の子供部屋が学習机に代表される勉強の場であるのに対し，アメリカの子供部屋はベッドと造り付けのクロゼットをもつ寝室である。屋根裏を利用したものが多く，天井高も平均2.2m前後とあまり高くない。寝室であるため低年齢でも異性との共有はほとんどない。専有・共有の別なく9～11 m² 程度（図12～15）と屋根裏全体を利用した20 m² 以上もある大きいタイプ（図10～11）に二分される。アメリカの子供部屋は個人主義文化を支える基盤と考えられている。子供の人権を保障する場として社会的に認知されており，その空間には子供の興味や個性が色濃く反映されている。

日本の子供部屋では母親の過剰な世話が子供にとって管理になり，独立心を養うためという本来の意図が忘れられている。国際化が進む現在，個人としての生き方が親にも子供にも問われている。一方，家族としての家庭生活の意味，親子であることの意味も再び問い直されている。子供部屋は子供の生活の基盤であると同時に親の養育態度実現の場として重要な意味を持つ。子供部屋を設計するということは家族のコミュニケーションの場，「居間」をどう考えるかということでもある。

図16 書斎とつながった子供部屋（設計／阿部 勤）

図17 家族のプレイルームとつながった子供部屋（設計／出江 寛）

図18 セミオープンの子供部屋と孤立した書斎（設計／光藤俊夫）

図19 プレイルームをもつ子供部屋（設計／鈴木エドワード）

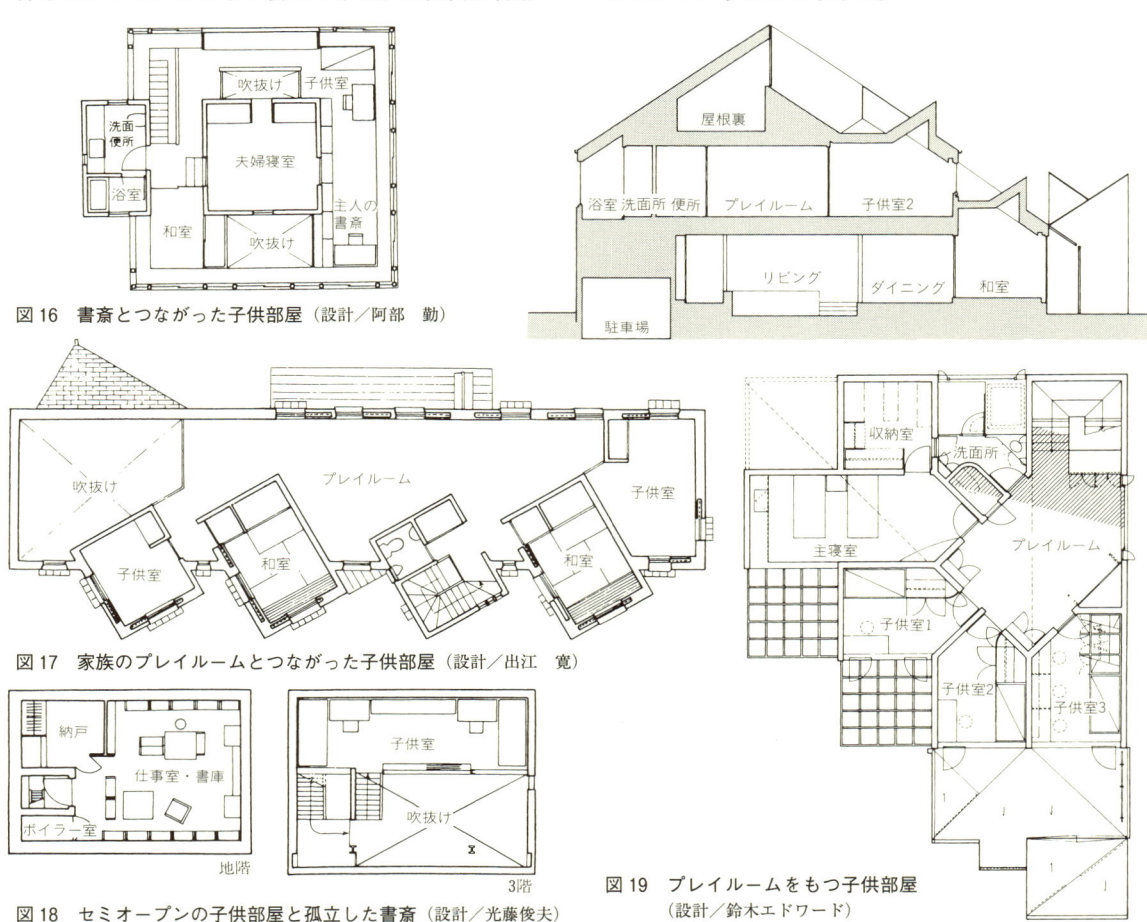

4　高齢者の空間　プライベート空間(2)

4.1　身体機能の衰えと行動圏の縮小

a. 身体機能の衰え

　人生80年時代を迎え，高齢期の新しい生活設計が求められている。それはまた，心身機能の低下をどうとらえるかという問題である。老化は年とともに誰にでも現れるが，個人の特性，生活習慣，精神的ストレスによって非常に個人差があり，何歳から高齢者と呼ぶのか年齢だけで定義することは難しい。生活意欲の有無が大きく関係し老化の現れ方は各々違う形をとるが，共通して言えることは，ストラッツの生活曲線（図1）に見られるように身体機能は20歳をピークに次第に衰え，40歳を過ぎると視力や脚力は全盛期の半分に，65歳を過ぎると心臓や聴力などは3分の1になると言われている。

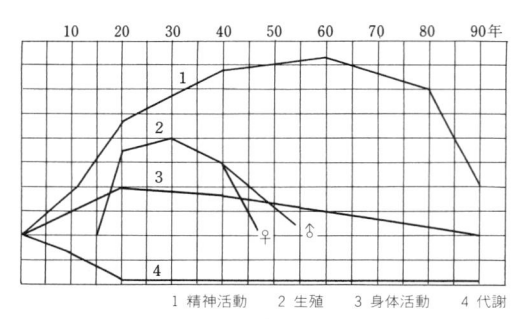

　こうした身体機能の衰えは日常生活においてつまずきやすく，転びやすく，変化に対応しにくいもろもろの現象となって現れ，身体の動きも緩慢になってくるために，それに即した物的環境の整備が必要となる。

b. 行動圏の確保

　住宅のハード面での障害が高齢者の行動圏を制約し，その固定化が寝たきりや意欲の喪失を招いている場合が多い。高齢者に必要な基本的な行動としては「外出」と，住宅内では「入浴」「排泄」の自立が容易にできることがあげられる。「外出」頻度が落ちると身体の筋肉が弱まり外出しなくなるという悪循環が重なる。「入浴」は血行を良くし心身機能の維持面から意義は大きいが，入浴時の身体の負担と滑りや転倒の危険を伴う。「排泄」の自立は人間の

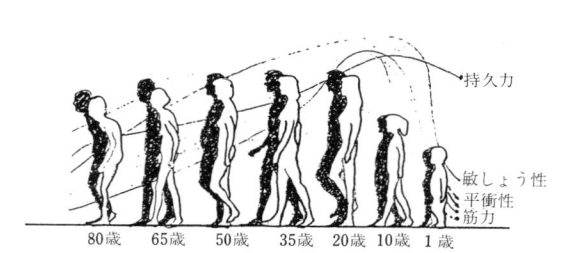

図1　ストラッツの生活曲線*
1　精神活動　2　生殖　3　身体活動　4　代謝

図2　年齢とからだの変化

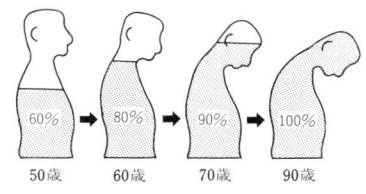

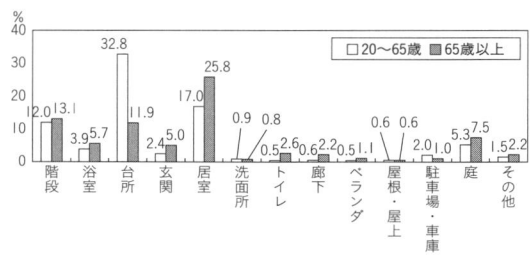

図3　年代別白内障頻度
白内障は50歳代の人でも60%，90歳ではすべての人に白内障が起こる。ただし，初期には自覚症状がない人が多い

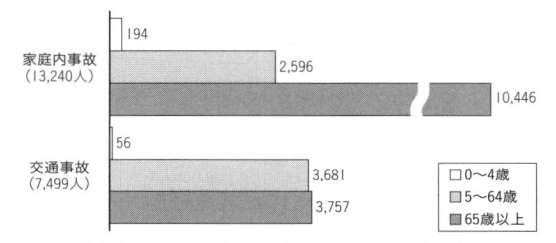

図4　家庭内事故の発生場所別年齢割合*

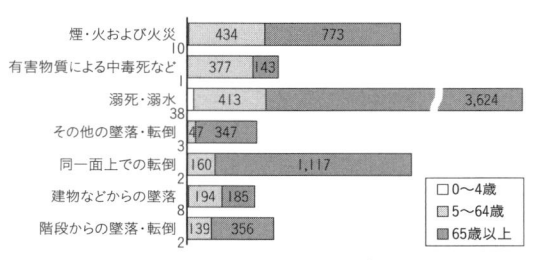

図5　家庭内事故および交通事故の年齢別死亡者数*

図6　内容別・年齢別家庭内事故死亡者数*

尊厳にかかわる行為であるため，おしめを使うようになると精神的衝撃が大きく，痴呆状態に移行しやすい。これらを住宅のハード面および福祉機器の活用でどれだけ支えることができるかが問題である。

C. 性能面での加齢への対応

こうした人間の加齢状況に対応して住宅計画を見直してみようというのが可変住宅の考え方である。まず安全な家を建てることである。次いで，頻度高く使用する水まわりの設備機器を使いやすく調整する。そして，最後に身体的に不自由になった段階では，さまざまな機器やHA設備を使って生活の行動圏を確保することが考えられる。

第1段階 mobility 性能──段差・幅・床滑り

住宅内での高齢者による事故は濡れた浴室の床や出入口などの同一面上での転倒，畳やカーペットの縁でのつまずきによる骨折，階段からの転落が目立つ。これらを解決するために，①床は滑りにくい仕上げと段差をなくす。②扉幅や廊下内法幅は最低85 cm以上とする。③階段を明るく滑りにくくする。

第2段階 adjustable 性能──水まわり設備の調整

身体的に不自由なときには設備の高さが調整できることが必須条件となる。洗面器やシンクなど高さ調節のできる機器が市販されている。第1段階で下地を補強しておけば，必要なときに手すりがつけられる。

第3段階 intensive care 性能──情報・移動機器

足腰が立たなくなり行動圏が縮小したときには，入浴や用便のために水平移動機が利用できる。また逆に，HA設備の活用によってベッドまわりで冷暖房設備はもとより窓の開閉から玄関での訪問客の応対まで，すべて情報をコントロールすることができる。

設備の開発や普及は家事労働や環境のコントロール方法を容易にし，高齢者や障害者にとって有効なものといえる。しかし，誤作動や事故の危険性がなく，安全・快適に使用するには早い段階からの設備の導入や操作の慣れが必要となる。

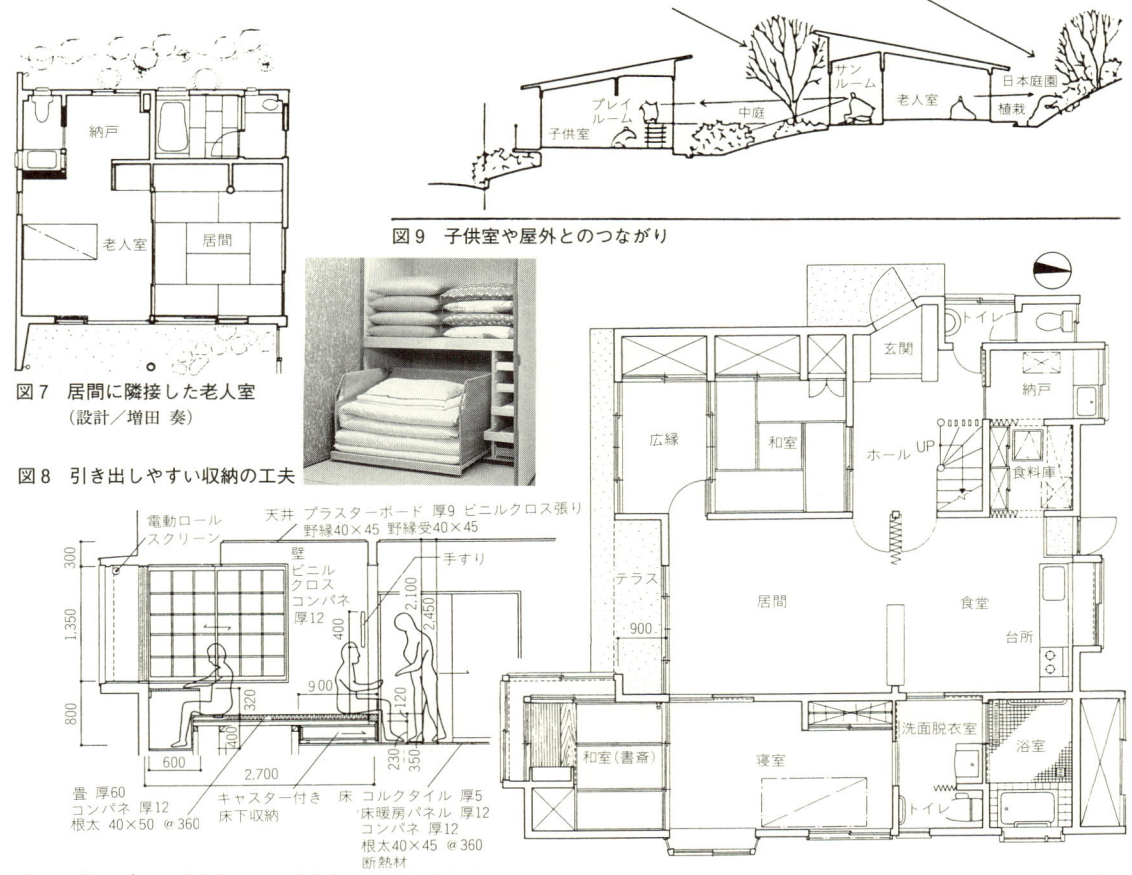

図7 居間に隣接した老人室（設計／増田 奏）

図8 引き出しやすい収納の工夫

図9 子供室や屋外とのつながり

図10 掘りごたつ式書斎のある老人室（設計／栩木保匡）

4.2 フレキシブルな将来対応を考慮した住宅計画と各室の基本配慮事項

基本的な配慮に加え，高齢者の自立（精神・生活・経済）の程度や家族構成の変化などに対し，将来的な増改築を含め，フレキシブルに対応できる計画が重要である。

a. 基本的な配慮事項

1) **シンプルな動線計画**／廊下の形状を含め，住宅内の動線は直線形状を基本とし，シンプルな計画とする。また，家事動線についても配慮を行い各室の配置を計画する。車の利用を考慮し，駐車場からの人および荷物の運びやすさなどについても配慮が必要である。

2) **居室の配慮事項と水まわりなどの配置**／配置計画では，隣室および直上階の室用途とあわせて，振動や生活時間の違いによる音などの点に配慮が必要である。また，主寝室に併設してトイレを設けることが望ましいが，クローゼットなどによる緩衝帯を設け，夜間に家族が利用した際の防音に配慮する。

3) **アプローチ**／玄関までは段差を設けず，スロープにより高低処理を行う。仕上げ材は躓きにくく，かつ滑りにくい材料とし，特に，雨天時の滑り・水はけなどには配慮が必要である。足元を照らす照明計画などにより夜間の安全性に配慮する。

4) **玄関まわり**／玄関は，住まいの内と外を結ぶ，出かけやすく，訪れやすい空間とする。土間とホールの段差部分には踏み外しによる転倒を防止するため，視認性を高める配慮を行う。靴の履き替えなどを行いやすいように，ベンチや手摺を設ける。荷物を置く台や屋外で使用する電動スクーター・屋外用車いす・老人車などを収納するスペースを設けることが望ましい。

5) **居間**／居間の中での過ごし方や家族の居場所などを考慮すると共に，高齢者の居室や玄関，他の部屋との連続性を考慮した計画が必要である。

6) **台所・DK**／台所の計画は身体機能が低下しても，椅子などの何らかの補助具を用いて調理できるように広さを考慮し，安全で使いやすく工夫する。視覚的開放感が得られ，車いすにも対応できることが望ましい。

7) **階段・廊下**／階段や廊下は高齢者の転落や転倒事故が多い。階段の計画は，プラン上の配置と形式の工夫や，躓きや踏み外しのない安全性への配慮を行う。廊下の計画は直線的な形状とし，車いすでも通行可能な有効幅を確保すると共に，段差は設けない。夜間においてはフットライトなどにより足元照明を確保する。また，寝室・トイレとの温度差を少なくするなど，温熱環境についても配慮を行う。

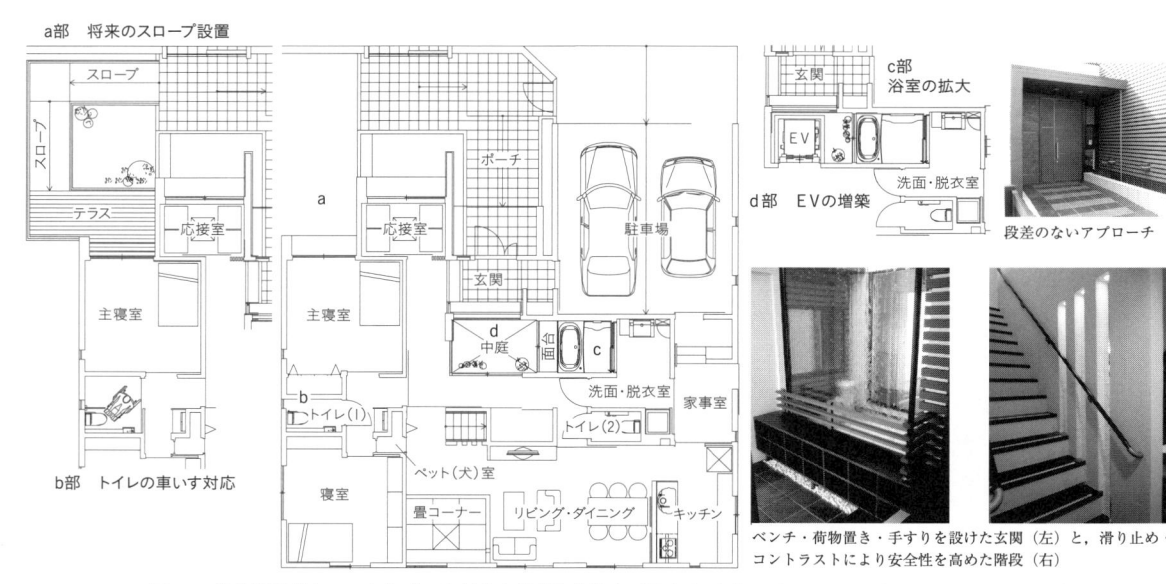

図 11 基本的配慮とフレキシブルな対応を考慮した住宅（設計／田中直人・㈱NATS環境デザインネットワーク）

8) **洗面所**／少なくとも介助でき，椅子に腰掛けることができる広さが必要である。また現在，さまざまな機能をもった洗面化粧台などが見られるようになり，これらの導入もあわせて検討を行うことも方法の1つである。

b. 将来のフレキシブルな対応を考慮した計画

1) **スロープなどの将来設置への配慮**／多くの戸建て住宅の場合，玄関部分には上り框などにより段差が生じる。これらの段差を解消するため，住宅用昇降機などのさまざまな設備が開発されているが，使用方法のわずらわしさ，安全性など高齢者が使用する上での問題点も多い。これらへの対応として，計画当初から車いす使用に対応したスロープ・テラスなどの設置スペース・動線を確保した計画がある。寝室などから気軽に屋外へ出ることのできる動線を確保することは，高齢者の外出意欲を高める上でも非常に重要である。また，これらの動線の確保は，緊急時の避難やストレッチャーなどによる救急搬送経路にもなる。

2) **車いすへの対応を可能とするトイレ計画**／トイレに隣接して納戸・クローゼットなどを設けておき，必要に応じてトイレのスペースを拡大できる計画とする。その際，壁撤去やトイレの扉を引き戸へ変更可能とするため，柱や耐力壁の位置などを十分検討しておく。また，スペース拡大後の使いやすさを考慮し，設備機器の位置を決定する。

3) **ホームエレベータ設置への配慮**／住宅内の吹抜けや上下階の納戸などを，ホームエレベータの設置スペースとして活用できるように計画する。その際，設置に必要な面積に加え，必要なエレベータのピット深さ・オーバーヘッド高さなどを考慮し，計画を行うことが大切である。また，梁などの構造体や空調・給排水などの設備配管が干渉しないよう，設備計画面においても配慮を行っておく。

4) **将来の拡大を考慮した浴室計画**／浴室では，床面の滑り・段差解消・浴槽の縁の高さなどの安全性や設備機器の操作性について配慮する必要がある。身体機能が低下した際の車いすやシャワーチェア，その他の設備機器の利用を可能とするため，当初より，機器の配置・床や壁の強度確保や下地補強について検討を行う。加えて，これらの設備機器の利用および介助スペースを確保するため，必要に応じて建物の外形を変更せずに浴室を拡大できる計画とする事は非常に有効である。

5) **間取り変更に対応した構造計画**／身体機能の低下による生活スタイルの変化や，介助の要否・程度などにより，住宅の中での過ごし方や求められる空間の機能や大きさが変化する。これらに対応するための間取りや設備が容易に変更可能な計画とする。木造住宅の場合，間取り変更の際に柱や耐力壁の位置などが問題となるため，当初から将来の対応を想定した計画が求められる。

6) **手すりなどの設置を考慮した下地**／廊下や洗面所などの手すりは転倒防止のためには有効である。しかし，当初からあらゆる場所に手すりを設置するのではなく，下地のみを計画しておき，必要に応じて手すりを設置する手法を用いることにより，空間を広く・有効に使用することができる。

7) **介護サービスの利用を想定した計画**／身体機能がさらに低下し，寝たきりなどの常時介助が必要となった場合，入浴サービスなどの介護サービスを受けることが考えられる。その際の設備機器の搬入経路・スペースなどを想定した計画とすることが重要である。

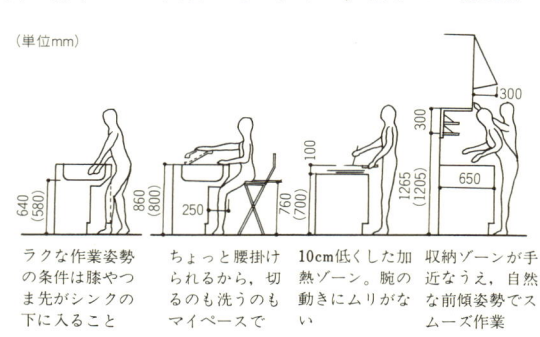

図12 自然な動きができる寸法設計

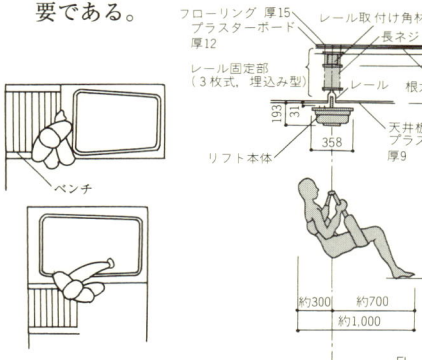

図13 入りやすい浴槽

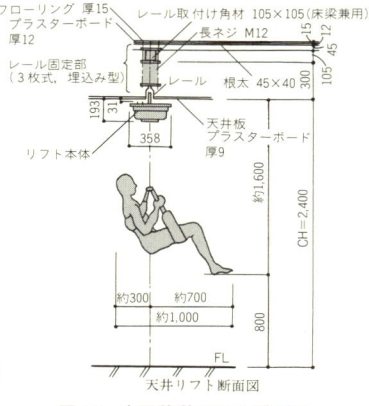

図14 水平移動リフト断面図

5 夫と妻の空間 プライベート空間(3)

5.1 夫婦寝室と書斎

夫婦寝室は単に眠るだけの部屋ではなく，夫婦のそれぞれのプライベートな空間であるとともに，夫婦共通の居間としての役割を果たす必要がある。理想的には就寝スペースのほかにバスルーム，クロゼット，くつろぎスペース，書きものスペース，湯沸しスペースなどが備わって，洗面，入浴，着替え，書きものや読書，くつろぎや会話などが行える，いわばホテルのスイートルームのような部屋が望ましい。しかし現実の住宅事情では，これらの条件をすべて満たすことは難しいので，ライフスタイルに合わせて考えてみたい。トイレと洗面台があるだけでもずいぶん便利になる。現代の夫婦寝室は，就寝のみならず趣味，書きもの，読書，家事などの夫婦の多目的スペースとしてフルに活用できる空間にしておくことが大切である。

間取りのなかでの夫婦寝室の位置は，一般には子供室などと一緒にプライベート領域としてとることが多い。しかし子供室とはホールや納戸などを介して離したり，隣接する場合は壁面収納などを設けて寝室のプライバシーを保つようにする。図1は，建築家林雅子氏の自邸であるが，台所，食堂，寝室，そして浴室，トイレと一直線に並ぶ間取りは，多忙

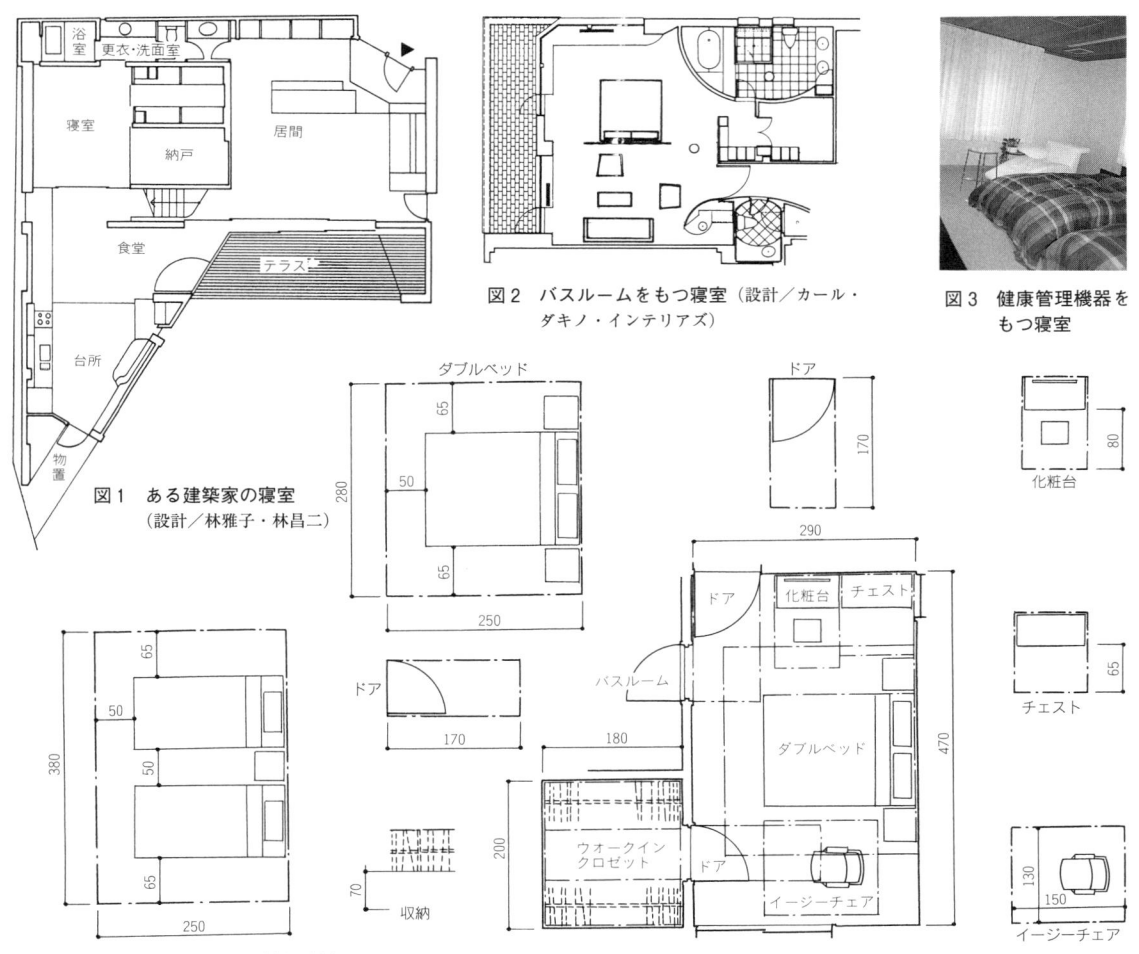

図1 ある建築家の寝室（設計／林雅子・林昌二）

図2 バスルームをもつ寝室（設計／カール・ダキノ・インテリアズ）

図3 健康管理機器をもつ寝室

図4 洋室の夫婦寝室の空間機能寸法

なウィークデーには大変機能的である。

寝室の広さは，洋室にするか和室にするかで最低必要面積が違ってくる。布団を利用すると空間の転用性が確保されるため6畳程度でも良いが，ベッドを用いる場合には，その1.5倍くらいの広さが目安となり，最低8畳程度は必要になる。

寝室の計画で重要なのが静かさである。外部の環境条件が悪い場合には壁や窓の遮音性能を上げることが大切である。また，内装や色彩計画は，くつろげる落ち着いた雰囲気にするのが原則であるが，プライベートな空間だけに，機能に反しない範囲で個人の好みを大切にしたい。

照明計画は，部屋全体を照らす全体照明と，部分を照らす部分照明とを併用し，光源には白熱灯のような色温度の低い温かみのあるものを利用したい。部分照明には，スタンド，ブラケット，枕元灯，フットライトなどを利用する。いずれも調光（光の量を調節すること）できることが大切である。スイッチ類は出入口と枕元の両方で操作可能にしたい。

寝室を昼間は家事室や趣味室として使う場合は，ファブリックを工夫するなど，寝室的要素を取り除くことが大切である。そのために収納空間は十分にとりたい。図7と図12は夫婦別寝室の例である。共働き家庭の増加に伴い夫婦寝室にもお互いのプライベートな空間の重要性が増してきている。夫婦の生活時間が異なっているとか，暖冷房や光についての感覚が違うなど，夫婦であってもお互いの生活や好みが反映されている空間であることが大切なポイントとなる。図7は，半別室ともいえるが，二つの部屋の中央に間仕切りがあり，ケースバイケースで開け閉めが可能である。

書斎は，書物を読む，書きものをするなどの知的

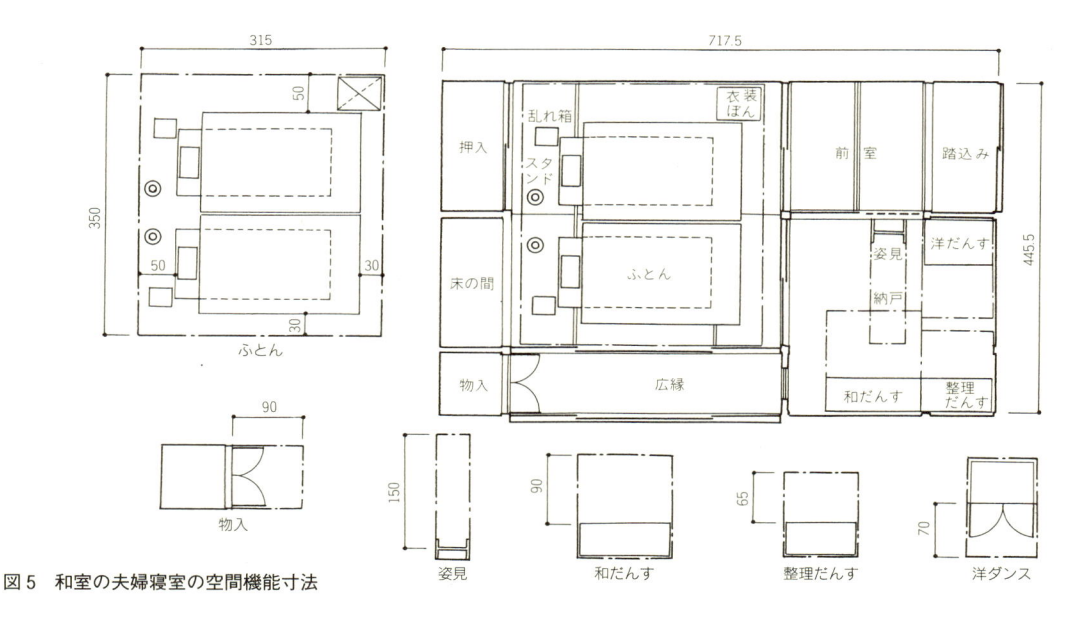

図5　和室の夫婦寝室の空間機能寸法

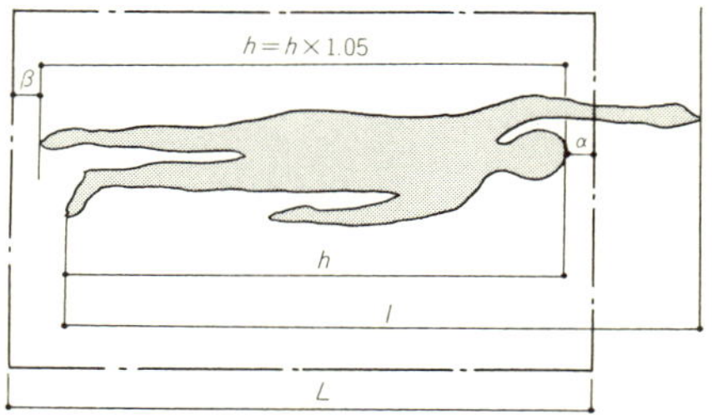

図6　寝具の大きさ

長さ $L = h \times 1.05 + \alpha + \beta$
ただし h＝身長（身長の平均　男子＝165, 女子＝155），$\alpha = 10$, $\beta = 5$
幅 $W = 2.5 \times w$
ただし w＝肩幅（肩幅の平均　男子＝43, 女子＝41）

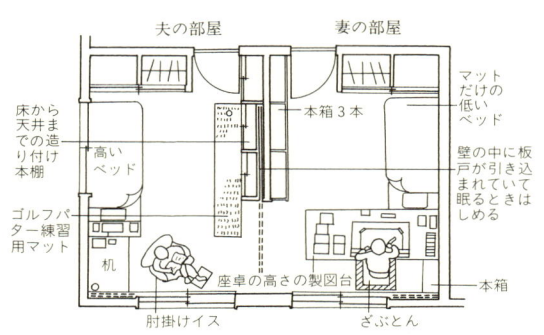

図7　夫の部屋と妻の部屋

空間であると考えられてきたが，単に独りになってくつろげるスペースとしても重要な意味をもつ。しかし独立したスペースの確保はなかなか難しく，建築家の渡辺武信氏は，「一坪書斎」を提案している。住まいのどこかに書斎スペースを確保すれば，知的空間であると同時に，独りでいられる場所，気持ちをリフレッシュさせる場所にもなる。一坪（2畳分）書斎は，家の中に居場所がないといわれている父親の空間を確保するうえでも有効な手段となろう。その場所としては寝室や居間など居室の一角のほか，廊下，縁側，押入，階段の下，階段ホール，玄関ホールなどいろいろな所が考えられる。図14は，玄関ホールの一角に一坪書斎を独立して設けた例である。机の正面に窓を設ければ開放感が出せる。また壁面を天井までの書棚にすれば収納量はアップし，書棚の棚板を利用して厚い板を渡せば下部も書棚机になる。また居間などのちょっとしたアルコーブに机を置けば開放的な書斎コーナーになる。ライティングビューローを用いれば場所を取らずにすむし，キャスター付きの机であれば好みの位置に移動させることもできる。図10は，居間の一角に書斎コーナーを設けた例である。独立性には欠けるが，家の者が「そこを使うときには，そっとしておいてあげよう」といった気づかいさえあれば十分機能する。

5.2 趣味の部屋

余暇の時代といわれているように，これからは仕事以外の時間をどのように過ごすのか，あるいは長くなった高齢期をいかに過ごすのかが，豊かな人生

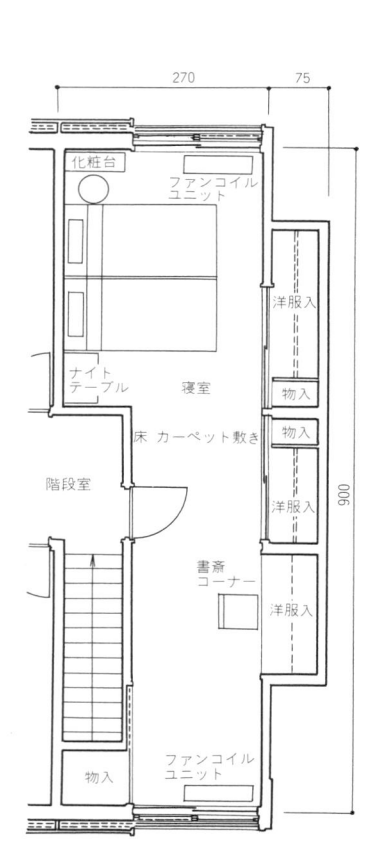

図8 書斎をもつ寝室（設計／増沢建築設計事務所）

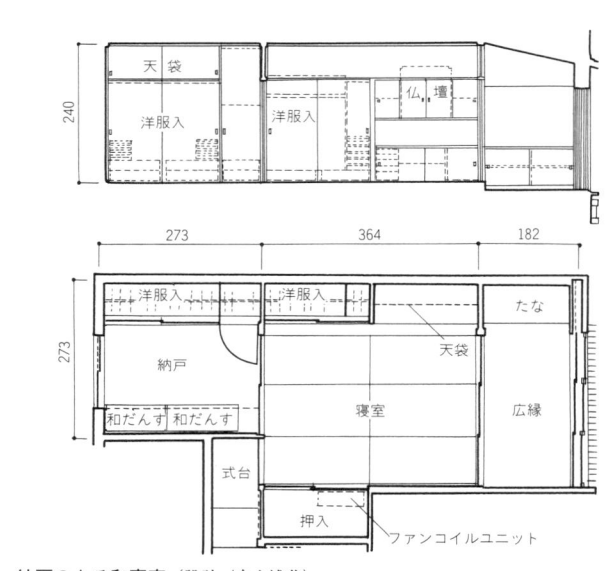

図9 納戸のある和寝室（設計／畠山博茂）

図10 居間の一角を利用した書斎（設計／渡辺武信，日本放送出版協会提供）

図11 畳ベッドと畳敷書斎のある寝室（積水ハウス）

を送る大切なテーマとなってきた。住まいづくりにあたっても、「趣味の部屋などよほど面積に余裕がないと」と考えられていた時代から、「小さなスペースでも工夫して、なんとか確保したい」という時代になった。小屋裏や地下などのプラスα空間、縁側やホールなどのちょっとしたゆとり空間の利用が考えられる。一口に趣味といっても音楽、美術、文芸、スポーツと、趣味の違いによって部屋の位置やあり方も変わってくる。

まず和室の転用性を再認識したい（図11）。最近の戸建て住宅の間取りでは、玄関脇に客用の和室を設ける例がよく見受けられるが、ここは、来客時以外は空き部屋となっている場合が多い。趣味に必要な道具類の収納スペースを確保しておけば、茶道、華道、書道、和洋裁、手芸、読書などに威力を発揮してくれる。階段脇のホールをクラフトスペースや手芸、読書、仲間との集まりのスペースに利用するということも考えられる。そのためには、設計時点から、採光や積極的にアルコーブをつくっておくなどの配慮が必要である。

また、もっと積極的に趣味室として設定されるケースも多い。小屋裏に設けたフリースペースにアトリエをつくったり、地下室にトレーニングルームを設けたりといった例がみられる。アトリエは、光線が一定に保たれるように北側に窓を設ける。トレーニングルームは、地下であれば階下への振動や騒音の心配はないが、運動によって身体の新陳代謝がさかんになるため、室内の換気を十分考慮し、できれば自然換気と機械換気の両方を併用したい。図15は、騒音の影響が少ない地下をAVルーム兼ホームバーにした例である。音響効果のある内装材の選定と、結露防止についても配慮しておく必要がある。

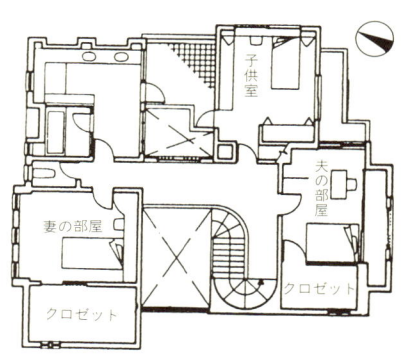

図12　夫婦別寝室（設計／日拓建設・ルシエール設計室）

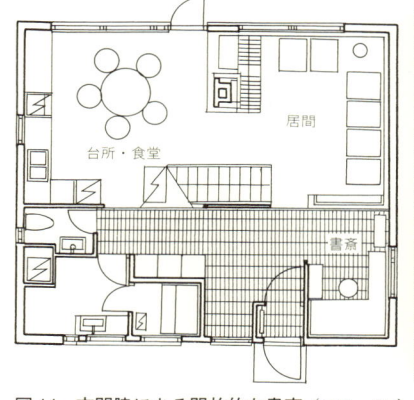

図14　玄関脇にある開放的な書斎（エヌ・アイ・シー刊『WORLD RESIDENTIAL DESIGN』より）

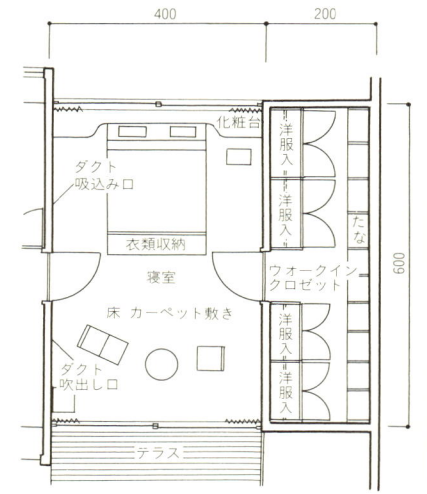

図13　ウォークインクロゼットのある寝室（設計／清家　清）

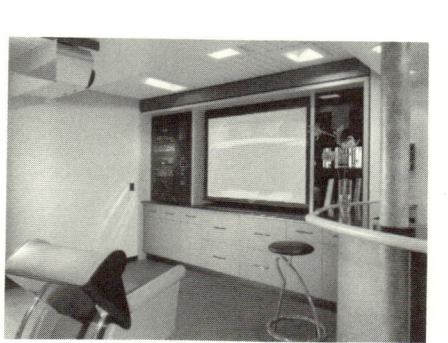

図15　地下室に設けたホームバーとAVスペース（エヌ・アイ・シー刊『WORLD RESIDENTIAL DESIGN』より）

6 サニタリー空間

6.1 個人・健康空間としての便所

庶民住宅で便所を住まいの中に設けるようになったのは新しく，明治期にはまだ別棟になっているものや共同便所が多かった。便所という言葉も明治に入ってからで，従来はかわやと呼ばれていた。川の上に架したので「川屋」とする説と，別棟になっていたので「側屋」であるとの説がある。『枕草子』に出てくる「御手水間」は便所ではない。このころの貴族の女性たちは厠箱を十二単の裾の下に入れて用を足したといわれている。未開の国々では今でも川屋や側屋になっている所が多いし，それさえない所もある。

戦後，便所は急速に進歩し，汲取り式から水洗式へ，和式から洋式へ，そしてウォッシュレットの登場で拭く習慣から洗う習慣へと変化してきた。それに伴い便所に対する考え方も変わってきた。隠された暗い空間から，明るく快適な空間への意識の変化である。すなわち，従来の便器・排泄をキーワードにしたものから個人・健康をキーワードにした新しい第3の空間への移行がみられる。

便所は個室空間として，新聞を読んだりテレビを見たりといった一人用の居間の機能も備えるようになった。また，尿の中には健康管理のための多数の情報源があるため，バイオ・電子機器などの発達に伴い排泄行為から得られる健康管理，情報収集の場としても注目されている。

人間工学的にみれば洋式便器は姿勢に無理がないため病人や高齢者に適しているが，排便時の姿勢を問題にすれば和式便器のしゃがむ姿勢の方が身体の生理的メカニズムに合っている。膝を折り太股を腹にあてると腹筋を支えるので気張る動作がしやすいためである。

物理的にも，文化的にもマイナーだった便所が，住まいの中で貴重な空間として位置づけられるようになった。それに伴い床材料も水洗いするものから居室用の材料が多用されるようになっている。

6.2 浴室を中心とした水まわり空間

a. 浴室の歴史

浴室はもともと身体を清めるための生理的空間であるが，日本では温泉や湯治にみられるように湯につかることが楽しみや骨やすめであった。入浴法には，大きく分けて蒸気浴（むしぶろ）と温湯浴（すいふろ）の2種がある。古代と近世では温湯浴が多く，中世では蒸気浴が盛んであった。温湯浴で現在残っている最古の建物は東大寺大湯屋で，ここには

図1 唐破風のある銭湯

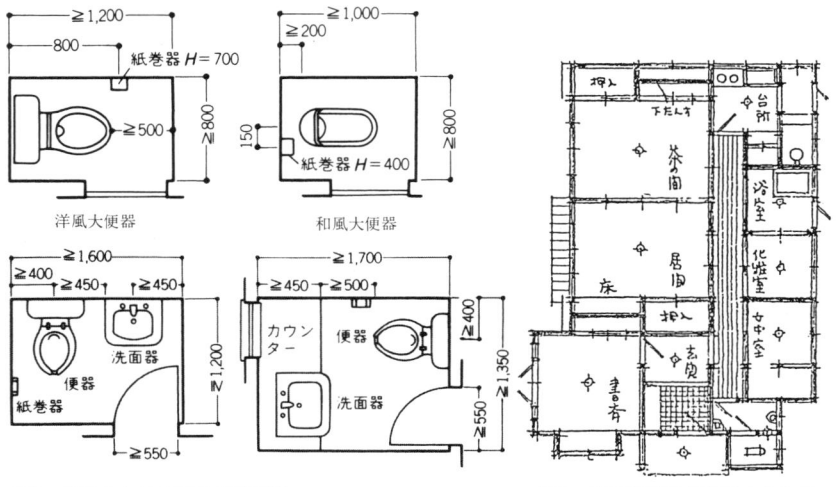

図2 便器まわりの最低必要空間

図3 昭和初期の住宅の水まわり

直径約7尺の鉄湯槽がある。蒸気浴では京都の飛雲閣黄鶴台の浴室がある。秀吉が用いたこの蒸風呂は堂々たる唐破風をもつ豪華なものである。この影響からか、後の銭湯でもざくろ口が立派な破風で飾られたりした。身を清めるための潔斎浴や医療のための施浴の蒸気浴が、温泉などで行われていた温水浴と混じって鎌倉時代以後に町湯となり、江戸時代の銭湯や家庭の風呂の普及につながっている（図1）。現代の入浴方法の原型は江戸時代にさかのぼる。

庶民住宅で浴室が造られるようになったのは昭和40～45年と比較的最近のことである。住宅設備機器のユニット化や工業化が浴室の普及に大きな役割を果たし、水まわり空間は飛躍的に進歩した。その結果、木造住宅の2階にも便所や浴室が簡単に造れるようになった。その後、週休2日制の浸透やライフスタイルの変化によって、余暇時間が長くなり住宅の質向上のニーズがさらに高まった。そのうえストレスの多い現代社会では健康が重要なキーワードとなり、現在では心身をリフレッシュするための居室としての浴室が求められている。

b. 水まわり空間の分化

日本では浴室、洗面、便所などの部屋は最近まで主婦の家事作業の場として認識され、台所とともに給排水の必要な設備空間として計画されてきた。特に、集合住宅では配管設備や施工が経済性を大きく左右するため、その制約は強く、サニタリー空間の自由な発展を阻む大きな要因であった。

この集約化傾向からまず台所が分離した。システムキッチンの普及が台所に対する関心を高め、調理が団らんを促す家族の生活行為と考えられ始めたためである。この傾向は昭和53年ごろから現れ、台所は他の水まわり空間と離れて団らん空間として扱われるようになった。しかし、集合住宅では依然として無窓の作業室に徹した独立台所が水まわりに設置されることもあり二極分化した。

台所以外の水まわりについては戦前の伝統的な住宅では便所は大便器と小便器が連続した別々の空間に設けられ（図3）、浴室や洗面所と分離していた。洋式便器や水洗式の普及で便所イメージが刷新され不潔感がなくなったことが、水まわり設備の集約化に大きな影響を与えた。その結果、洗面・洗濯・脱衣室を中央にして左右に浴室と便所を隣接させた3室連続型のサニタリー空間の定型が出来上がった。

その後の生活水準の向上によって、再びこの3室連続型空間から、便所だけが浴室や洗面所と分離して独立し2室連続型へと変わってきた（図5）。独立住宅ではこの傾向はさらに著しく、リフレッシュのための休息空間と作業空間の分化がみられる。すなわち、洗濯機は洗面所から姿を消し収納や他の家事作業とまとめて、独立したユーティリティにとられることが多い。洗面所は健康・休養のための新しいゆとりの空間としてトレーニングルームやフィットネスルームに、またゆったりした化粧室になっている。

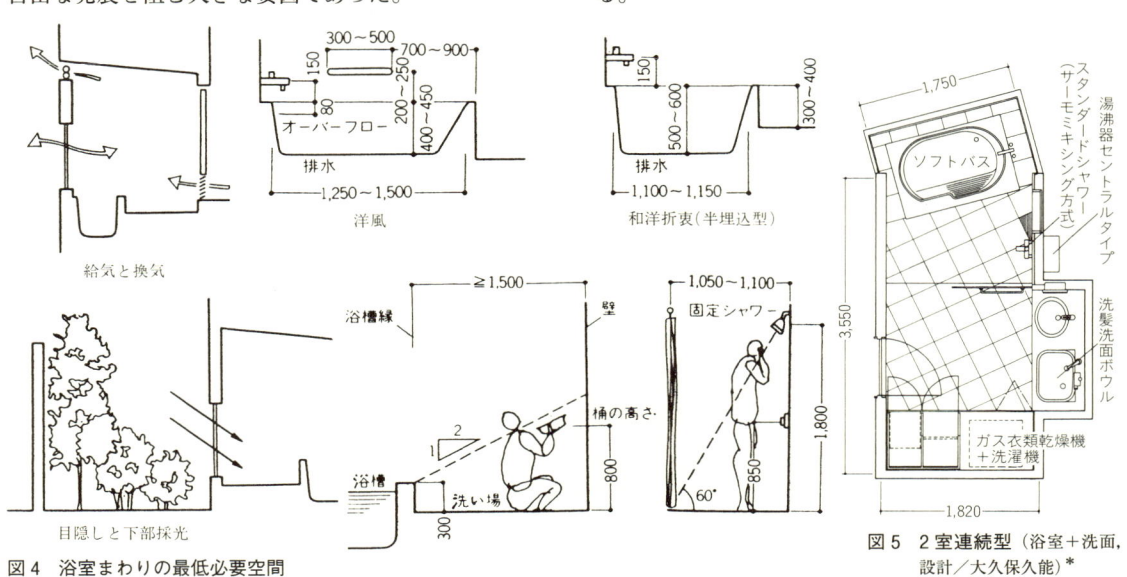

図4 浴室まわりの最低必要空間

図5 2室連続型（浴室＋洗面、設計／大久保久能）*

最近の集合住宅では，CHS（センチュリーハウジングシステム）を採用しているものが多い。そこでは躯体と設備の配管・配線部分が二重構造で分離され，給排水を伴う部屋が設定された水まわりゾーン内では自由にレイアウトできる（図6）。こうした技術の発達も水まわり空間の分化に寄与している。水まわり空間は点と線の設計から，面の設計に移行したことで，大きく解放された。

また，日本でサニタリー空間が寝室の付属設備として普及しなかった根底には入浴に対する基本的な考え方の違い，欧米の「身体を洗う」文化と日本の「湯につかる」文化の差がある。そしてこの湯につかる文化が生活のレベルアップに伴い，水まわりとして混然一体としていた作業空間と休息空間を分離させる力となった。

c. 浴室に求められているキーワード

衛生空間からゆとり空間に変身した浴室に求められているキーワードは「健康」「余暇」「団らん」の三つである。

第一は健康のための空間としての存在である。家庭でサウナを設けるケースも多くなり，シャワーや気泡浴槽などさまざまな設備が取り入れられるとともに，従来の洗面所はアスレチックスペースや鏡とバーを取り付けたフリースペース，より充実した洗面・化粧スペースなどに変わっている（図8，9，10，11）。

第二は余暇のための空間である。入浴しながらテレビや音楽が楽しめるヴィジュアルホンや浴室用ラジオや耐湿性のあるオーディオ装置を置いたり，電話や観葉植物を持ち込んだり，浴室とテラスを一体化する等々，入浴中や湯上がりの気持ちの良さを持続させ楽しむ工夫がされている（図12，13）。

最後に親子や家族の触れ合いを重視した団らんのための空間である。浴室を居間と同じように考えて広くとり，すのこのベンチや二つの浴槽，床の段差に水や湯をためるとプールになるといった配慮がされている。洗面・脱衣スペースは家族でストレッチをしてくつろぐ，コミュニケーションの場として設定されている（図14，15）。

d. ユーティリティ空間の方向

浴室のこういった動向は2室連続型の浴室・洗面空間から洗濯や掃除などのような家事作業のための空間や物を追い出す傾向をさらに促した。その結果，洗濯機や乾燥機，アイロンをかけるスペース，掃除道具などの収納設備，暖冷房・給湯用設備機器がユーティリティとしてまとめられた。ユーティリティを空間的に分離する余裕のない場合には，洗濯機置き場やアイロンかけのスペースに扉を設けて視覚的にさえぎり時間的に分けて使う工夫がされている。

浴室・洗面所・便所という従来のサニタリー空間のつながり方に代わって現在，リフレッシュ空間として浴室・洗面の関係が大きな意味を持っている。

一方，機械化・HA化によりわずかに残された家事機能は設備機器とともに機械室，台所やユーティリティに集約され，ユーティリティ空間は住宅設備の心臓部をつかさどる操作基地の役割を担っている。

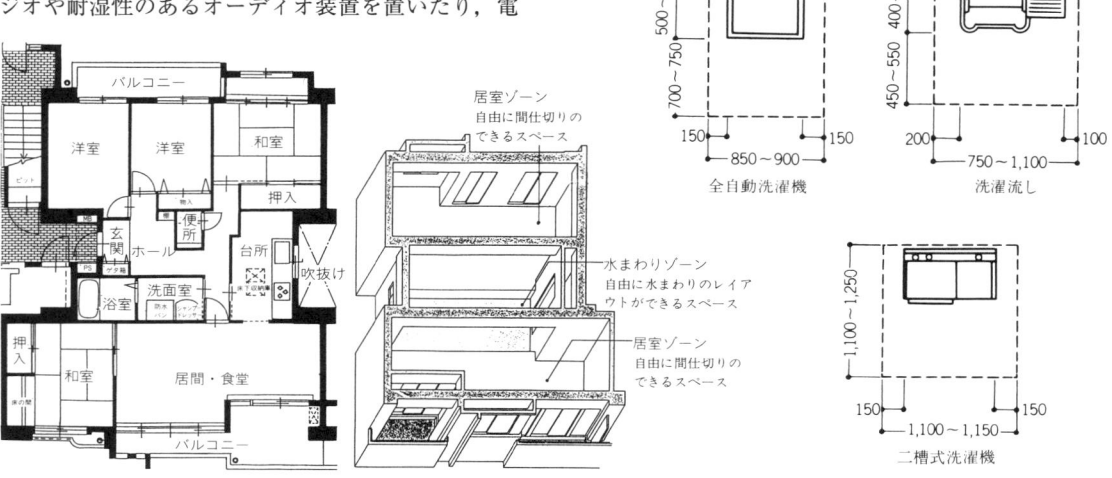

図6 CHSの平面図と水まわりゾーン

図7 洗濯機まわりの最低必要空間

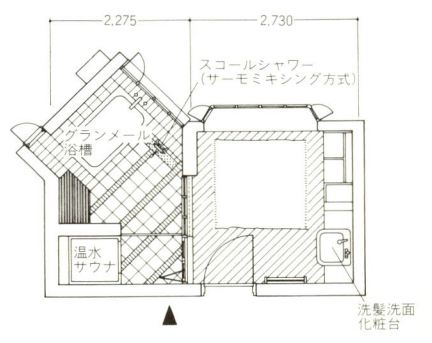

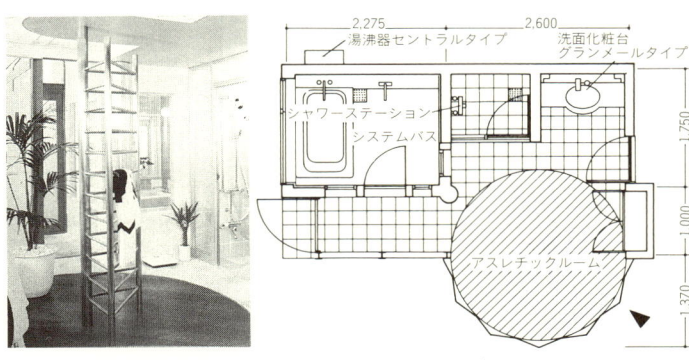

図8　風呂あがりを健康的に（設計／酒井孝悦）*

図10　アスレチックルームのある浴室（設計／貴志雅樹）*

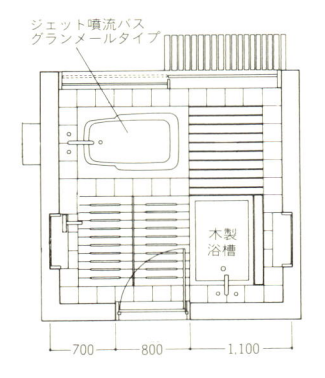

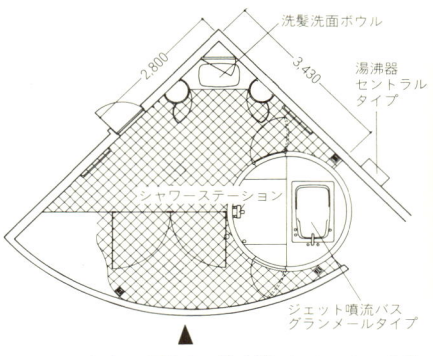

図9　湯治気分を楽しむ（設計／上田仁美）*

図11　心身を解放する健康浴（設計／歌一洋）*

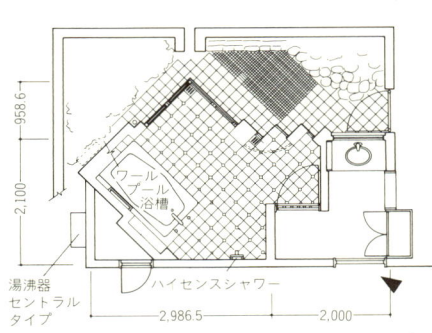

図12　余暇を楽しむくつろぎ浴（設計／村上玲子）*

図13　プールサイド浴（設計／北川裕子）*

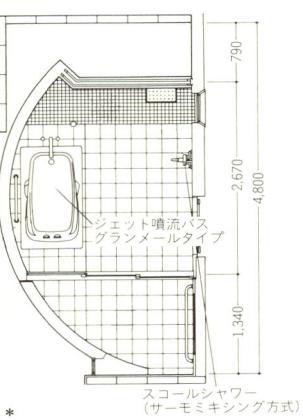

図14　コミュニケーションのための家族浴（設計／徳田洋美）*

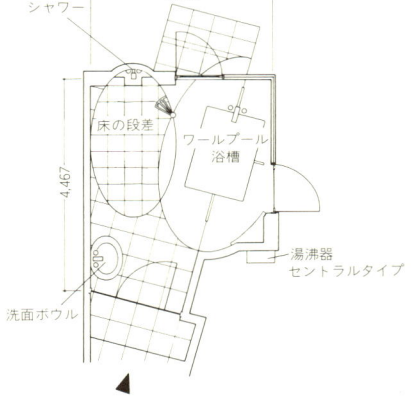

図15　家族のスタジアム（設計／若林広幸）*

7 収納方式と収納空間

7.1 住まい方と収納方式

　家庭にあって私たちの暮らしに役立っているものを生活財という。生活財が必要なのは家庭が生活財を必要とする多くの機能（図1）を営んでいるからである。ものは生活財として家の中に取り込まれたときから他の生活財との関係が生まれインテリアの一要素となる。そして，使うことによる思い入れが時間とともにそこに付加されていく。日常生活ではさまざまな理由からこうした生活財の管理（図2）が円滑に行われておらず，それがインテリアの混乱や収納の問題として浮上している。すなわち，ここでは収納とは「生活財を使うために空間に位置づけて待機させてある状態」ととらえている。

　家庭に持ち込まれるものは膨大な種類にのぼり，所有者自身にも何をどれだけ持っているかを把握不能な状況がある。そこで，収納の問題を考えるにあたって，ものを利用と保管の両面から検討してみる必要がある（図3）。当初は利用価値のあるものでも利用価値は保管日数とともに減少するが，保管費用の方は日数とともに増加するため，この二つの線の交差する期間内までに使わなければ処分した方が得だということになる。たいていのものは2.5〜3年で利用価値よりも保管費用の方が上回る。結局，収納の基本は管理する必要のあるものと，ないものの取捨選択を適切に行うことが出発点といえよう。

　ものの持ち方にはある程度の法則性があり，家族人数やライフステージによって持ち物の量が左右さ

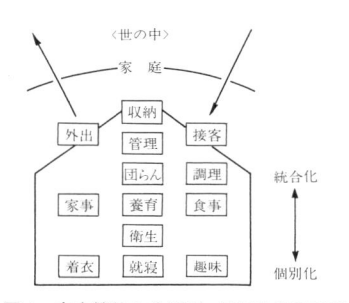

図1　家庭機能と生活財（商品科学研究所）

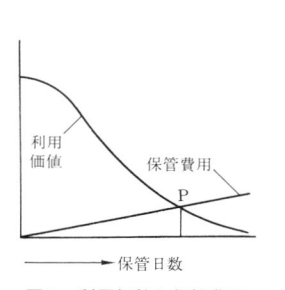

図3　利用価値と保管費用

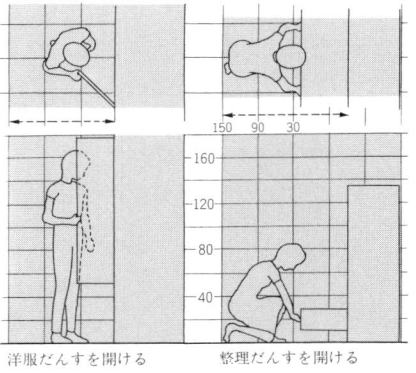

図4　収納の動作寸法　（単位cm）

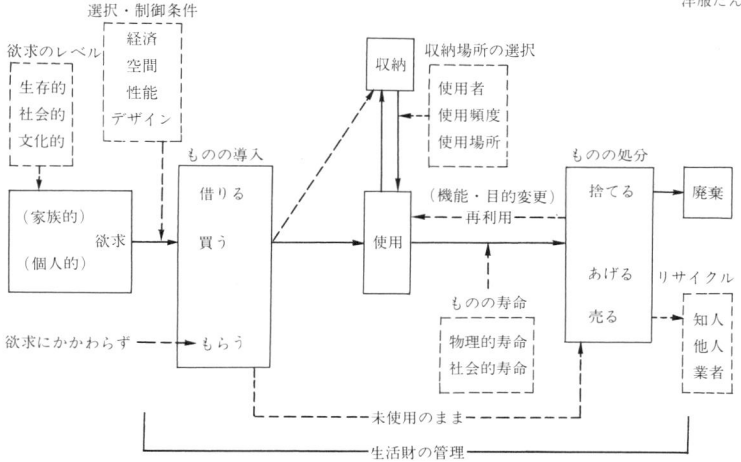

図2　生活財の管理プロセス*

図5　夫婦別々の収納（設計／村田靖夫）

れる。家庭による差の大きいものは客用品・予備用品・趣味装飾用品などの所有量で，家族の価値観やライフスタイルの影響を強く受けている。また所有量は住戸規模と高い相関をもつため，収納スペースは広ければ広いほどよいというものでもない。

戦後，日本の住まいの近代化，洋風化に伴って，夫婦寝室や子供室，居間，食事室など，部屋の分化が進み，その用途に応じた種々の収納スペースが必要となった。家具や生活用品による部屋の機能づけが必要となったためである。使用時以外は「しまう」ことを目指した集中型和式収納は，室内にものを出さないことを原則としていたのに対して，各室分散型の洋式収納方式は部屋を機能づけるための展示型の収納である。そのため現在の和・洋の住まい方の併用が，さらにものの扱われ方を混乱させることになっている。

欧米の住まいに比べて日本の住まいは散らかっているとよくいわれるが，これはさまざまなものを持ちすぎているからであり，今日的な，和洋折衷の住様式にかなった収納のシステムが未確立なためでもある。

ものの収納場所を決定する際に考慮する必要のある要因として「使用者」と「使用場所」（図6），「使用頻度」（図10），「物の寸法と形態」すなわち適正収納高さ（図11），「収納具の形態と収納方式」（図12）を各々十分検討する必要がある。原則として，使用頻度の高いものほど使用場所に近い方がよい。使用しない期間が長いものはスペースとの関係で納戸などに集中収納にするか，各使用場所に分散収納にするかを検討する必要がある。

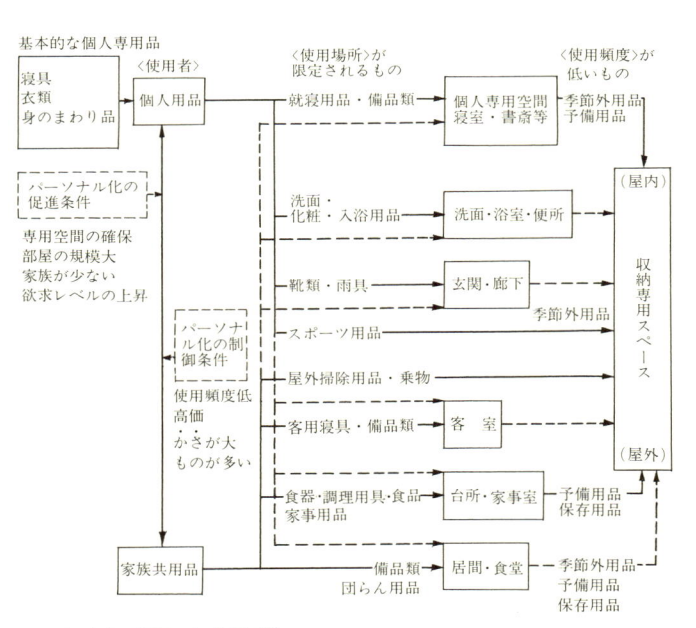

図6 生活財の使用と収納場所*

図7 長期収納と日常収納を考えたクロゼット

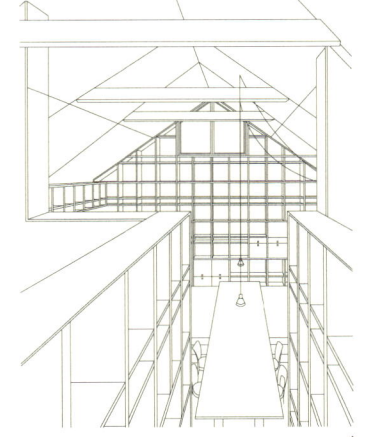

図8 棚で覆われた家（設計／坂本一成）*

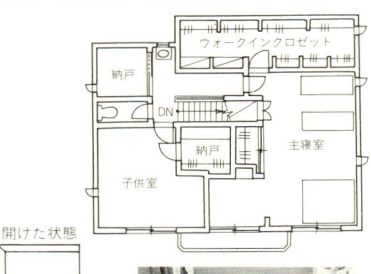

図9 ウォークインクロゼットのある寝室

隠す収納, 見せる収納を考えることも必要である。とかく隠す収納を求めがちになるが, 頻度高く使うものの収納では, 見える方が適切な場合がある。

また, 壁面収納や箱物家具などは案外インテリアの中で視覚的に大きな面を占める。そこで, 収納そのものをインテリアの要素としてとらえる必要がある。壁面の一部として完全に消し去る方向で考えるか, それとも積極的に目立たせて空間のデザイン要素の一つにするかである。

7.2 品目別収納

台所用品には, 食器調理器具類と食品類のほか, ふきんやテーブルクロスなどのリネン類があるが, その量は各家庭の調理の仕方や食生活の習慣によってかなり違ってくる。形や大きさが多種多様なものを, 使い勝手よく, かつ効率的に収納する工夫が必要である。使用頻度と物の大きさ, 重さおよび収納方式を考慮して, それぞれの物ごとに適正収納高さを考えていく必要がある。普段よく使うものは, 家事をする人が立った状態で手の届く範囲に納め, 使用頻度の低いものは, それ以外の所に納めることである。また, ベースキャビネットの奥行は, 通常で約 60 cm, 深いタイプでは約 75 cm もあるので, 奥の方は取り出しにくくなりがちである。引出し式の棚やかごなどを利用することが考えられる。

小さくても食品庫や食器庫を台所に連続させて設けることは, 管理能力が直接空間の状態に反映されないため, 台所の管理面からは有効である。

すっきりと片付いて見える台所は, 収納スペースが機能的に処理されているからこそ可能である。しかし逆に, 調理器具を収納せず吊して見せることに

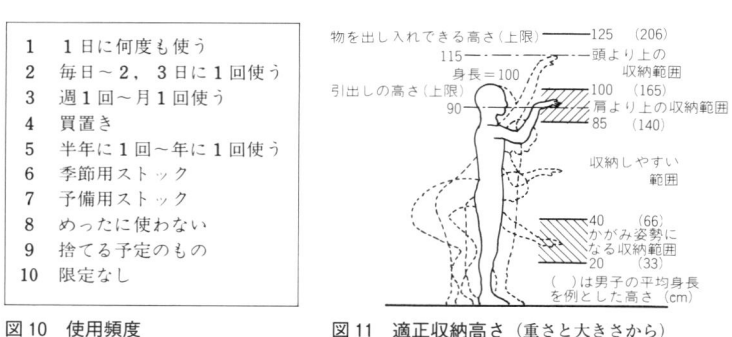

1	1日に何度も使う
2	毎日～2, 3日に1回使う
3	週1回～月1回使う
4	買置き
5	半年に1回～年に1回使う
6	季節用ストック
7	予備用ストック
8	めったに使わない
9	捨てる予定のもの
10	限定なし

図10 使用頻度

図11 適正収納高さ(重さと大きさから)

0	床面以下
1	床面～10
2	10～30
3	30～60	かがみ姿勢になる収納範囲
4	60～80	立位の作業点
5	80～135	引出しの上限高さ	収納しやすい範囲
6	135～155	肩より上の収納範囲
7	155～180	物を出し入れできる上限高さ
8	180～	天井面

成人女子平均身長 154.2cm を基準にした場合

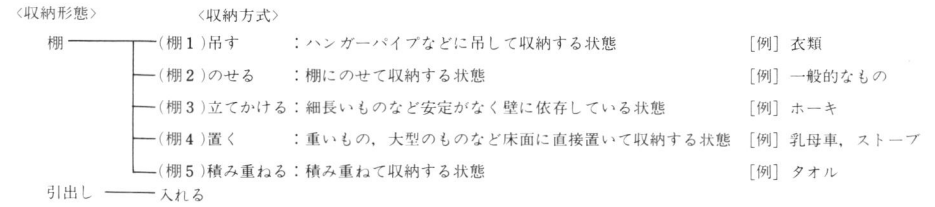

〈収納形態〉　〈収納方式〉
- 棚
  - (棚1) 吊す ：ハンガーパイプなどに吊して収納する状態　[例] 衣類
  - (棚2) のせる：棚にのせて収納する状態　[例] 一般的なもの
  - (棚3) 立てかける：細長いものなど安定がなく壁に依存している状態　[例] ホーキ
  - (棚4) 置く：重いもの, 大型のものなど床面に直接置いて収納する状態　[例] 乳母車, ストーブ
  - (棚5) 積み重ねる：積み重ねて収納する状態　[例] タオル
- 引出し ── 入れる

図12 収納具の形態と収納方式

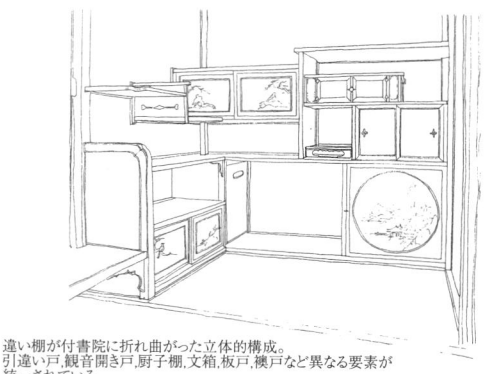

違い棚が付書院に折れ曲がった立体的構成。引違い戸, 観音開き戸, 厨子棚, 文箱, 板戸, 襖戸など異なる要素が統一されている。

図13 桂棚：伝統的な和風の収納（桂離宮新御殿上段の間）*

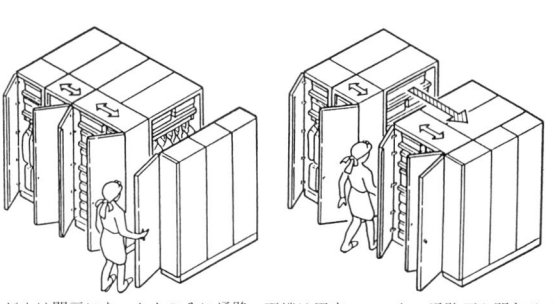

ふだんは開戸になったところに通路スペースがある

両端は固定ユニット。通路扉を開きリモコンで中間の移動ユニットをスライドさせ, 必要なところに通路をつくる

図14 効率よく収納できる電動式クロゼット

徹すると，使い勝手がよいだけでなく，調理器具そのものがインテリアのデザインとして扱える。こうした発想の転換をしてみることも必要である。

書籍の収納には案外多くのスペースを必要とするため，空間の立体的な利用を配慮する必要がある。図15は，居間と食堂との間仕切壁を書棚にした例である。階段や階段ホールの壁面を利用して書棚を造り付ける例は多い。いずれも目に触れる場所であるため，書籍の置き場としては適切である。このほか階段の手すりの下部や段の下，廊下の壁面なども利用できる。

AV機器は，その材質や色彩から無機的なイメージを与えがちである。そのため収納壁や収納家具に納める方が部屋全体のインテリアの調和がとりやすい。ただし，AVルームや居間をAVルーム的にしたいなら，機器を見せる方がむしろ効果的である。ビデオやCDなどのAV関連用品は，大きさに合わせた棚や引出しを工夫したい。パーソナルコンピューターやFAXといったOA機器も急速に家庭に普及しつつある。専用のラックなどを利用して立体的に収納すればスペースが節約できる。

衣類の整理の仕方には「吊す」「たたむ（下着類・和服類）」「載せる（帽子・バッグ・小物類）」などの方法がある。衣類用の収納具の形態としてはハンガー用の棚，載せるための棚，引出しなどに大きく分けられる。引出しの場合は，透明ケースやワイヤバスケットを用いれば中身が見えて使いやすい。最近では上着やブラウス類は，ほとんど吊す方式が用いられている。それも，ウォークインクロゼットなどに1年中吊されているため，室内の温湿度や換気・通風を常に適正な状態に調整しておく必要がある。ウォークインクロゼットは家具とは違って密閉状態になっていないため，ほこりやちり・虫などの被害を受けやすいという点が問題である。

	押入・納戸	ビルトイン収納	収納全体
戸建住宅 （120m²）	4.6〜10.0（%）	2.0〜8.0（%）	10.0〜18.0（%）
マンション （70m²）	8.0〜20.0	2.5〜6.0	15.0〜22.0

＊ビルトイン収納のうち，ウォークインタイプは納戸に重複

表1　延床面積に対する収納スペース（矢野経済研究所，1990）

	15%未満	15%〜	20%〜	25%〜	30%〜
40m²未満	0.0（%）	0.0（%）	25.0（%）	25.0（%）	50.0（%）
40m²〜	0.0	50.0	12.5	12.5	25.0
60m²〜	6.7	13.3	46.7	6.7	26.7
80m²〜	0.0	11.8	47.1	29.4	11.8
100m²〜	28.6	14.3	57.1	0.0	0.0
全体	5.9	17.6	41.2	15.7	19.6

表2　延床面積別家具占有率＊

図15　壁一面の本棚（設計／ピエール・シャロウ　ガラスの家）＊

表3　住居観別による　大切な時間と欲しい物・サービス＊　n＝6,116

●：有意差≦0.001 かつ R≧0.15　△：有意差≦0.001 かつ 0.15＞R≧0.1　×：R≦−0.1

8 アプローチ空間

　玄関まわりや廊下，階段は内と外または内と内をつなぐ，つなぎの空間である。そのため，居室とは違って比較的機能にしばられず，遊び心を生かした豊かな空間構成とすることができる。

　家に対する印象は玄関に一歩入ったときの雰囲気に左右される。「玄関」という部屋は日本独特のもので，欧米の住宅には出入口はあるが玄関はみられない。日本の玄関は，江戸時代には駕籠をおろし武家が挨拶をかわす場としての式台を前面に設けた部屋で，封建社会の格式を表す場所であった。明治以降の庶民住宅では玄関は引戸を開けて小さな土間に入り，そこから小縁を経て床上に上がるようになっており，衝立などのある独立した畳の部屋となっていた。今でも大きな住宅では表玄関と内玄関を使い分けているものがあり，相変わらず家の権威や格式などの封建性を残している。住宅の洋風化の波と相まってこのような古い日本の玄関は少なくなり，和風住宅でさえ玄関だけは玄関ホールと呼ばれる洋式の開放的な空間になっている。そして，現代では玄関は家の格式というより，むしろ社会へ向けた家の顔であり住む人の人柄を表す所であると考えられる。

　その反面，街路に面した家の表情は門扉や垣，塀のつくり方やその素材，緑の配分，樹木の種類，玄関への導入方法など外部空間構成が決め手となる。また，都市住宅は閉鎖的になりやすいため，無表情な壁に表情をもたせる必要がある。最近では，集合住宅でも吹抜けやアルコーブを導入して，玄関まわりの半外部空間がデザインされるようになった。

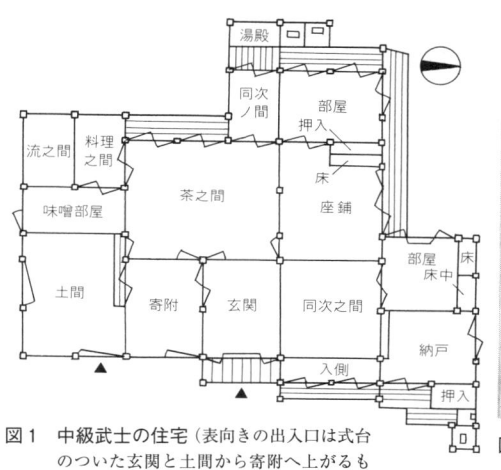

図1　中級武士の住宅（表向きの出入口は式台のついた玄関と土間から寄附へ上がるものと2種ある）

図3　町家に設けられた中戸（奈良県今井町上田家，岡本茂男撮影）

図4　玄関の間（野中昭夫撮影，「芸術新潮」提供）

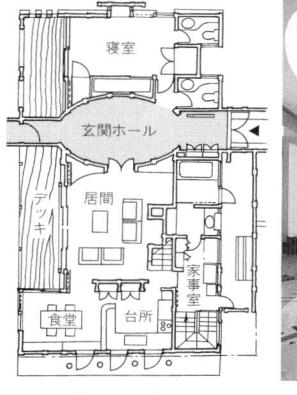

図5　楕円形の玄関ホール（設計／青木 茂，川元 斉撮影）*

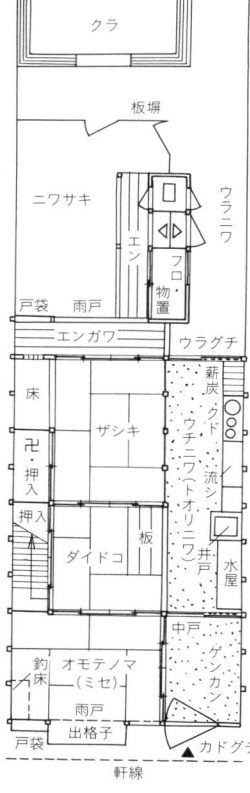

図2　京都の町家（玄関と階段）

つなぎの空間としての廊下もまた，内部空間の豊かさを大きく支配している。階段は垂直方向への廊下である。外国映画などで，優美な曲線をもつオブジェのような美しい階段をよく見かける。欧米では階段はインテリアの主役として空間のデザイン性を決定する要素であったのに対し，日本ではその機能性だけが重んじられていた。古い町家や長屋の階段はデザイン効果どころか押入の中に隠したり，目立たない場所につくられる日陰の存在であり，狭く，薄暗く，手すりもなく，急勾配で危険であった。また，箱階段や階段箪笥は移動できるうえ，段が引出しになっており，階段下が全面収納で非常に合理的につくられていた。

図6　箱階段（長野県塩尻市堀内家，岡本茂男撮影）

図7　曲り階段（木戸明撮影）*

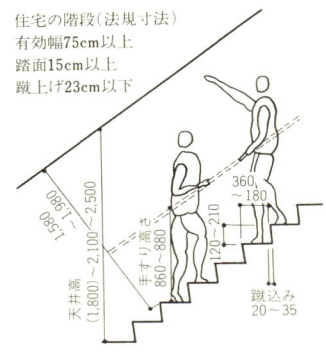

図8　階段の機能寸法

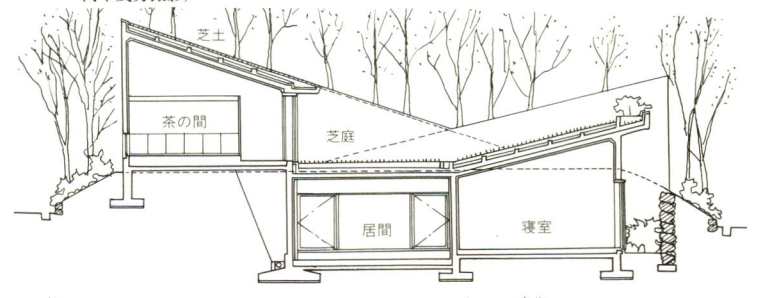

図9　湾曲した廊下（絹巻豊撮影）

図10　中庭に面した廊下と階段（設計／石井　修）

図11　緑を生かしたアプローチ空間（設計／武者英二研究室）

9　地下空間の利用

　住まいとしての地下空間の利用は洞窟に始まる。過酷な自然や異民族，異教徒から身を守るために世界各地で地下住宅が利用されてきた。トルコのカッパドキアや中国（図1）にその例が見られる。

　欧米の住宅では半地階がベースメントとしてとられ，物置空間やプレイルームに使われている所が多い。日本の住宅では，今まで地下空間はほとんど利用されてこなかったが，商業空間などを中心とした地下街としては多用されてきた。欧米では，日の当たらない地下室は人間の住むべき所ではないという考え方があったため，物置や倉庫としての利用が進んだのであろう。

　地下空間の利用は日本ばかりでなく世界的に注目されている。アメリカでは省エネルギーの観点から傾斜地等に穴を掘って家をつくることが関心を呼んでいる。日本では湿気や水の問題で地下室は長い間敬遠されてきたが，近年の新しい技術の導入で地下特有の条件をプラス方向に生かせるようになった。

　地下室のメリットはまず第一に外気温に比べて安定した温熱環境が得られるということである。年間を通して，外気温に比べ温度変化が緩やかで，地下5mくらいまで深くなると，ほとんど変動がなくなるといわれている。第二には防音効果である。特別な防音処理をしなくても，音の強さを30～40dB弱められる。外部からの音も防げるし，自分の音に気兼ねせず楽器を演奏したり，オーディオを聴くことができるので，オーディオルームや音楽練習室としてもよく利用されはじめている。地下室の利用法で多いものはオーディオルーム，書斎，音楽練習室，プレイルーム，貴重品や非常用品の貯蔵庫，書庫，応接室の順である。

　しかし，デメリットもある。地下室の建設費は，通常地上につくる場合の2倍はかかる。一度土を掘って部屋をつくり，掘削工事や土留め工事・水害工

図1　中国の地下住居*
黄塵を防ぎ，異民族の襲撃を避けるために，黄土を切り取り掘ってつくられた洞穴住居。

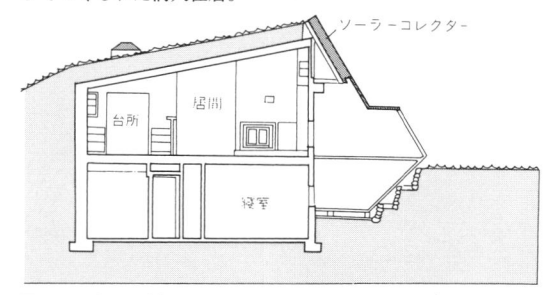

図3　ミネソタ州ミネアポリス市のタウンハウス*
土で覆うことにより，隣接する高速道路からの遮音効果と緑地の拡大を図っている。

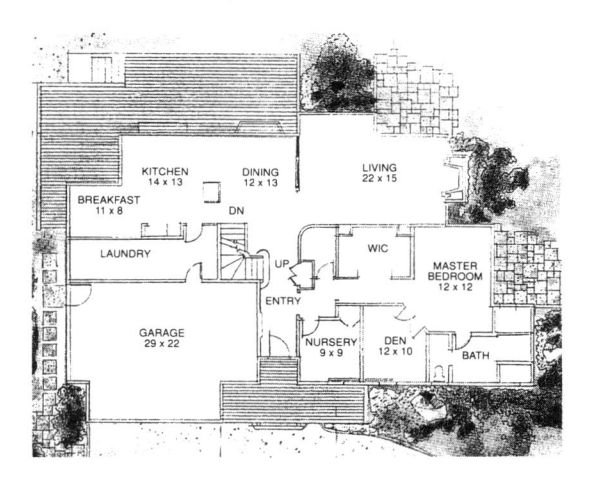

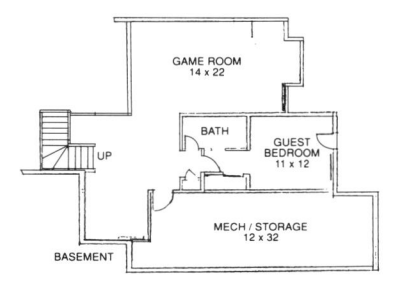

図2　アメリカの住宅のベースメント（半地階）*

事・防水工事などの工事が必要となるからである。ところが最近では新工法が導入されるとともに，FRP製やプレキャストコンクリート製の地下室ユニットが製品として販売され，施工面でも簡単になり，経済面でも低コストになってきた。また技術面でも鏡張りの採光ダクトで，室内に自然光や窓の外の眺望をもたらし，地下室を地下室でなくすところまで開発が進められている。地下室は，条件付きでしか居室として認められていないが，マイコン制御による換気システムや採光ダクトなど新技術の導入で，地下室自体は快適空間に変わりつつある。具体的な利用例としては，地下の特性である閉鎖性や非日常性を生かした利用の仕方と，ドライエリアや吹抜けで地上の空間に近づけて利用する方法とがある（図5）。用途は，優れた遮音性を生かして，書斎や茶室といった静寂を要する空間，逆に気兼ねなく音の出せるAV室，楽器の演奏室等に使われている（図6）。地下を生活空間とするためには，自然の光や緑を取り入れることも大切である（図7）。

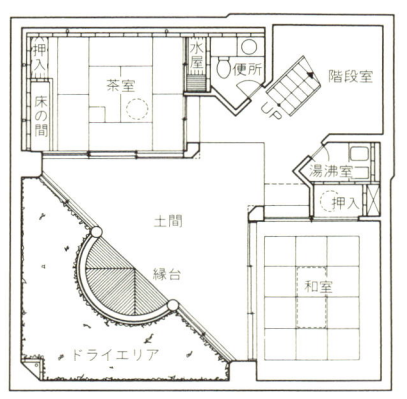

図4 地下にあるゆとりの空間（設計／大杉喜彦建築綜合研究所）

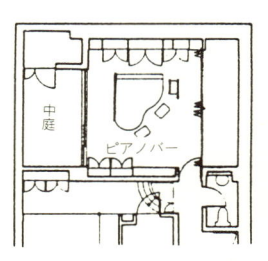

図5 ピアノバーのある地下（設計／鈴木エドワード）

図6 余暇空間としての地下室（設計／中村弘道・都市建築計画設計研究所，堀内広治撮影）*

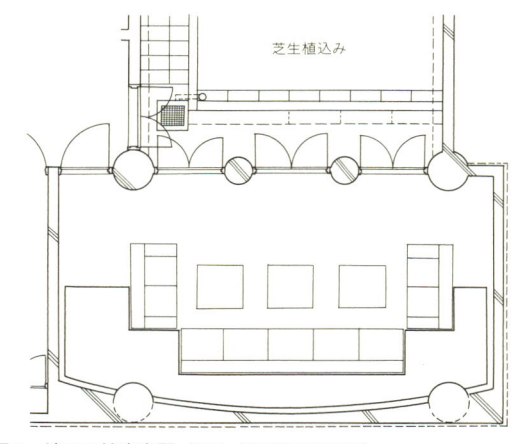

図7 地下の接客空間（設計／成川建築研究所）
大きな開口部を通して，庭が広がっている。

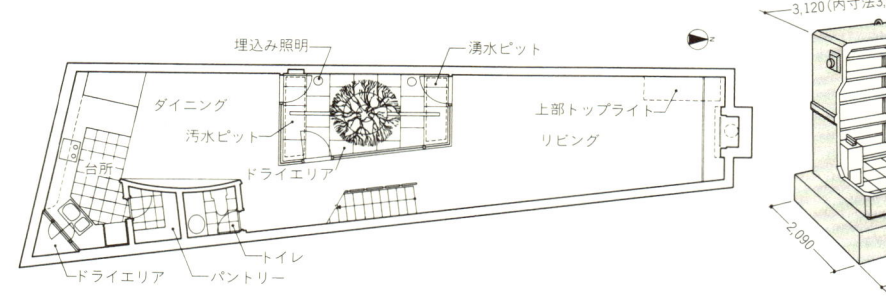

図8 ドライエリアのある地下空間（設計／南條設計室）

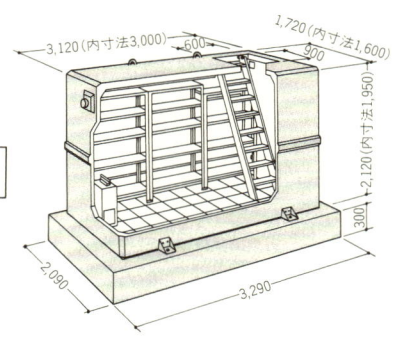

図9 地下収納ユニット

10　ロフト空間の利用

　ロフト（loft）とは，もともと「屋根裏」「（納屋・馬屋の）2階」「（倉庫・工場などの）上階」を意味する英語であり，特に新しい概念ではない。外国の映画には屋根裏部屋を舞台にしたシーンがしばしば見られるし，実際，ヨーロッパの古い街には最上階が屋根裏部屋になっている建物が多く見られる。日本でも合掌造りの民家の屋根裏は養蚕に使われていたし（図1），江戸時代の古い商家でも，屋根裏のスペースが有効に利用されていた。

　最近では切妻屋根の古い倉庫をレストランに改修するなど，ロフト空間を活用した商業建築の例が多く見られる。また新築の場合であっても，あえて天井を張らずに構造体や設備配管，電気配線，空調ダクト類を露出させてロフトのように見せる場合があるが，これなどはロフトの持つ独特の雰囲気をうまく利用したものといえよう（図5）。

　屋根裏を収納スペースとして活用した例はしばしば見られるが，日本では，屋根裏空間は夏暑くて過ごしにくい，天井高が十分にとれない，あるいは天井や壁が斜めになって圧迫感を与えるなどの理由から，居住空間として積極的に利用されることは少なかった。

　屋根裏部屋は，外部の温熱環境の影響を受けやすいため，住み心地をよくするには天井を張って断熱材を入れたり，換気口や通気窓を採るなどの配慮が必要となる。しかし，窓からの眺めがよいし，住宅外部からの視線や騒音によるプライバシー侵害が少ない，静かである，変化に富んだ室空間になるなど一般の部屋では得がたいメリットも多い。

　また，屋根裏を利用した3階建て住宅は外見が2階建てと変わらないため，従来の箱型の3階建てに比べて法的規制にも対応しやすく周囲の住宅との景観の調和もとりやすいため有利である。間取りの面

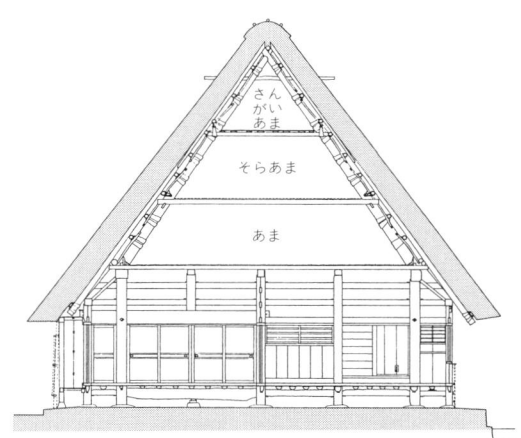

図1　合掌造り（富山県東礪波郡村上家住宅）

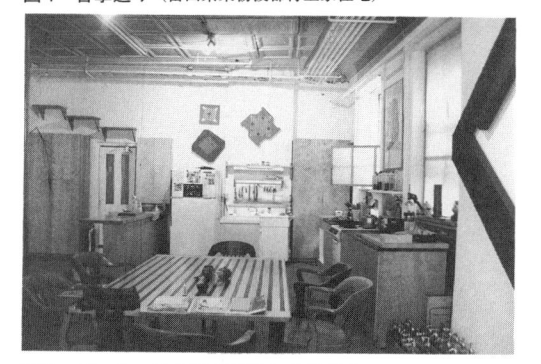

図2　ソーホーのDIYで改造したロフト

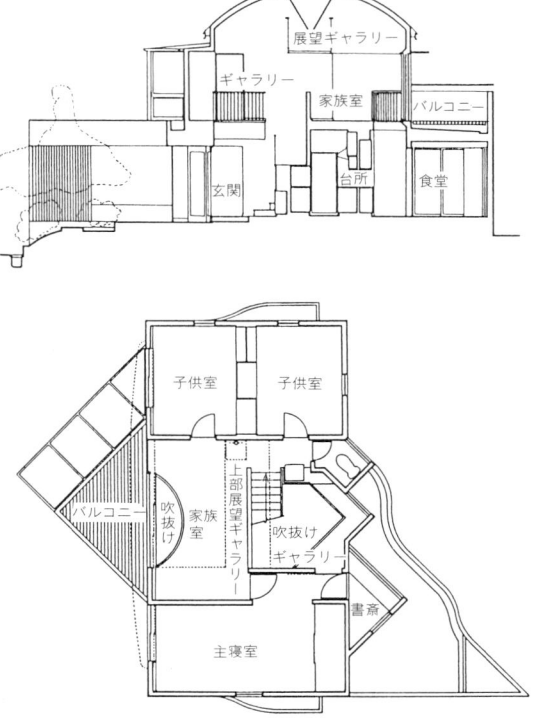

図3　空を飛ぶ家　展望ギャラリー（住宅・都市整備公団，設計／笠嶋建築工房）

からは三つのフロアをどのように区別し活用するかが問題となり，ロフト空間の新しい使い方が模索されている。例えば，家族の趣味や生活のゆとりとしてのホームバーやホビールームから，サンルームや浴槽を設置したリフレッシュスペースなど，今まで考えられなかったような新しい用途の新しい空間が提案されている。

住宅の個性化志向が強まるなかで，日常の住まいの中にもやっと，遊びやゆとりのための空間が求められるようになってきた。脱日常願望を満足させるためにもこうした屋根裏や地下室などの利用は有効である。屋根裏というあまり響きのよくない言葉を「ロフト」と言い換えることによるイメージアップも，屋根裏の居室利用に一役かっている。ロフトはこれからの豊かな生活空間のキーワードとしての，遊びやゆとりを支える重要な空間となろう。

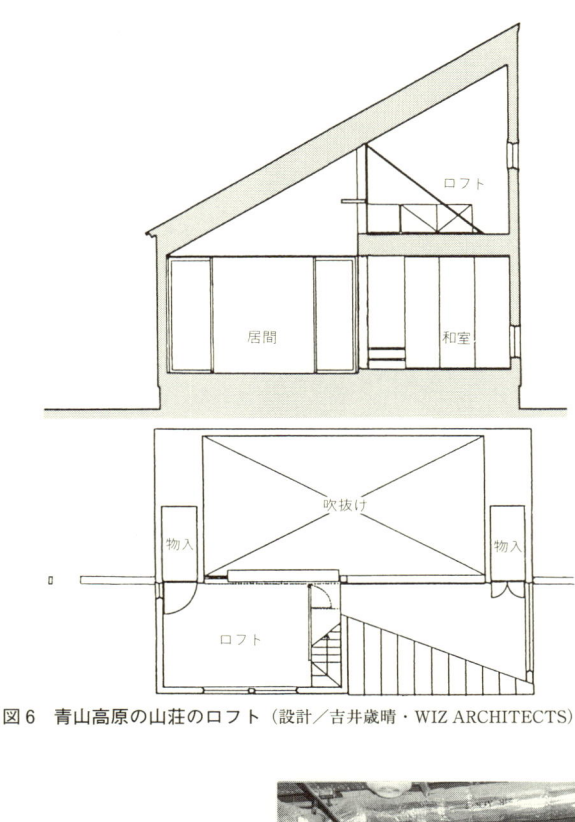

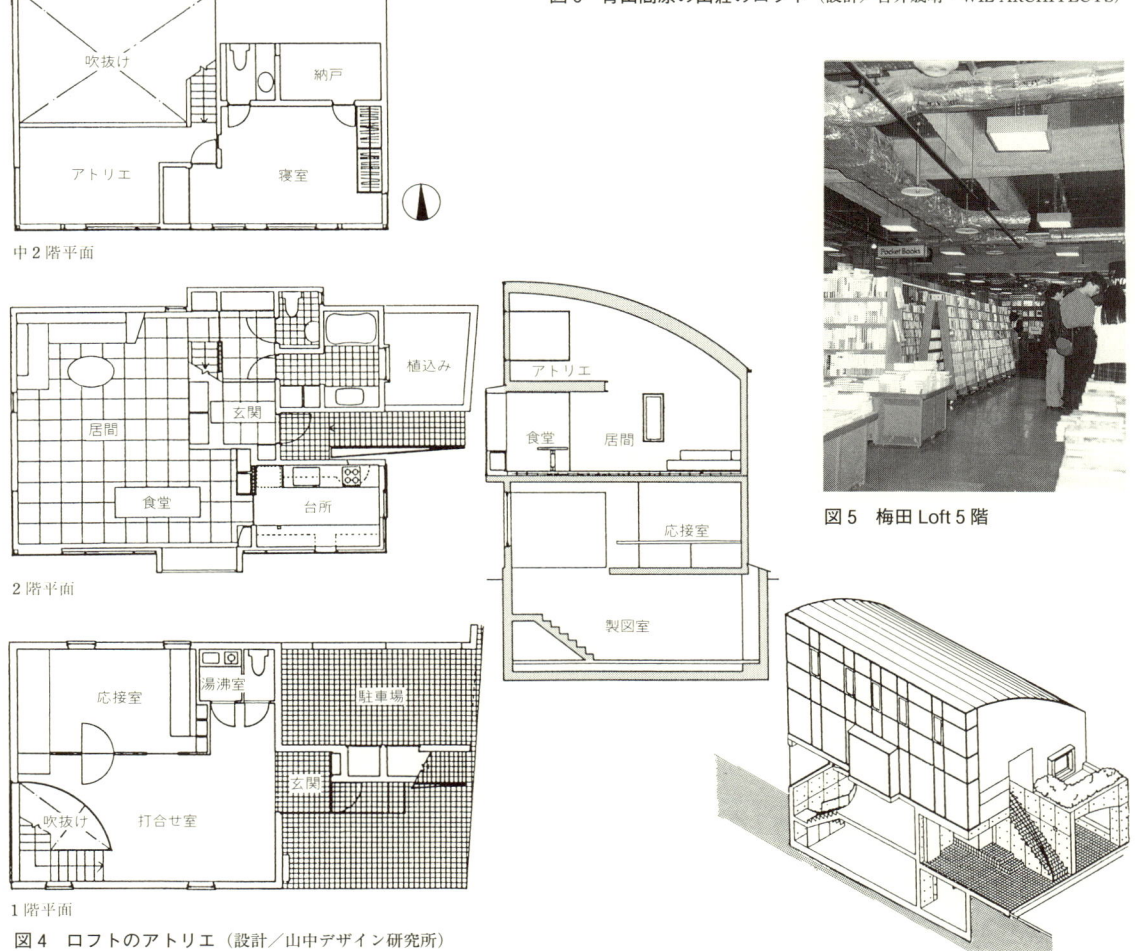

図6 青山高原の山荘のロフト（設計／吉井歳晴・WIZ ARCHITECTS）

図5 梅田 Loft 5階

図4 ロフトのアトリエ（設計／山中デザイン研究所）

Ⅲ　パブリックインテリアの計画

1 オフィス空間

わが国の産業構造は，近年急激な変化をみせ，経済のソフト化，サービス化などが進み，約3,000万人もの人々がオフィスで働く時代となった。

このため物を生産する工場から，情報を取り扱うオフィス環境に対して一般の関心が向けられるようになった。特に，1980年代になると，本格的な情報化社会の到来により，オフィスの生産化向上がうたわれ，OA（オフィス オートメーション）化が急速に進んだ。

高度に情報ネットワーク化された中で，サテライトオフィス，ホームオフィス（在宅勤務），リゾートオフィスなど従来のオフィスとは異なった新しいオフィス形態も造られ始めているが，いずれもオフィス空間は知的生産性を高める場としての快適性（オフィスアメニティ）が重視されてきた。アメニティを高めるためにはオフィスワーカーの身近な環境であるインテリア空間が効率よく快適に計画される必要があろう。それには次のような点に留意したい。

① オフィスワーカーのプライバシーとコミュニケーションの良好な調節。
② オフィス空間のワーカビリティ（作業性）と家具・機器等のワーカーへの適応性の向上。
③ 生理的，心理的な居住性の確保と，空間のセキュリティ（安全性，安心感）の保全。
④ 適切な情報管理（インフォメーション）と企業集団等へのアイデンティティ（帰属意識）の確保。

1.1 オフィス空間の構成

オフィス空間は，人間が単に働くだけの場所でなく，一日の大半を過ごす生活の場でもある。居住性という意味では住居であっても，一般のオフィスで

1950年代のオフィスと家具（設計／F.L.ライト）

1920年代のオフィス

NECスーパータワー

図1　オフィスビルの歴史

```
三菱一号館       1896 ●――●―1870～ 高層ビルの登場（アメリカ）
横浜正金銀行本店  1904 ●――●―1900～ 個室オフィスの時代
三井貨事務所     1912 ●――●―1906  ラーキン・ビル（アメリカ）
東京海上ビル     1918 ●――●―1914  ニューヨーク市庁舎（アメリカ）
丸ビル          1922 ●
日本郵船ビル日本興業銀行 1923 ●――●―1930  クライスラー・ビル（アメリカ）
                        ●―1931  エンパイヤ・ステート・ビル（アメリカ）
                        ●―1958  オフィス・ランドスケープの提唱（ドイツ）
                             シーグラム・ビル（アメリカ）
霞が関ビル       1968 ●――●―1964～1968 ハーマンミラー・アクションオフィスの登場（アメリカ）
                        ●―1972  セントラル・ベヘーア入居開始（オランダ）
                             BMW社チーム・オフィスを採用（ドイツ）
                             NMB銀行チーム・オフィスを採用（オランダ）
                        ●―1976  コンビ・オフィスの提唱（スウェーデン）
霞が関ビル
リニューアル始まる 1989 ●
東京都新庁舎     1991 ●
```

あっても要求項目は変わりない。だが，一般のオフィス空間の機能は執務を中心に，厚生，情報交換，情報管理，役員の五つのゾーンに分けられている。

また，執務空間だけを取り上げて空間の使われ方をみると，大きく次のような空間のタイプに分けることができる。

a．クローズドタイプ

床から天井までの間仕切りによって分割された空間。基本的にはプライバシーが優先される従来の欧米型の独立した執務空間と会議室等の専用室がロビーや廊下でつながれたフロアの構成。個室各室は企業や個人の嗜好が反映される。

現在では，役職にかかわりなく，視覚的プライバシーや機密を要する執務内容や機能的制約により，部屋割りが決定される。機密保持，視覚的，物理的分離性は優れているが，書類や機器の共同利用や個人，チーム間のコミュニケーションが損なわれ，フロア全体としてのフレキシビリティや展望性が失われるのが欠点とされている。

b．オープンタイプ

個人間のコミュニケーションとチームワークによる仕事の効率や連係を高めるため，フロア全体を低い自立型間仕切りや家具等で構成した視界の広がりを持たせたオフィス。

仕事に適したデスクの配置と部課，グループ間の機能的なアクセスや，人との距離や視界を家具や観葉植物などでコントロールすることによって快適な環境をつくりだすことに主眼がおかれる。

システム家具の組替えによってチームの再編成にフレキシブルに対応することができる。

これらを含めたレイアウトは書類管理システムをはじめ，音響，照明，空調，通信，電気配線，色彩計画に至るまで深い配慮が必要である。

c．折衷タイプ

最も多いタイプで，クローズドタイプとオープンタイプの利点を適度に一つのフロアに配置し，多種の仕事に対応できるようにしたものである。

耐震壁や機械室，テレビ会議室や銀行の金庫室等を除いて，個室の間仕切りも，建築の新しい構造的システムによって遮音性能の高い軽量な壁やシステム収納壁で仕切ることができ，フレキシビリティが高まった。

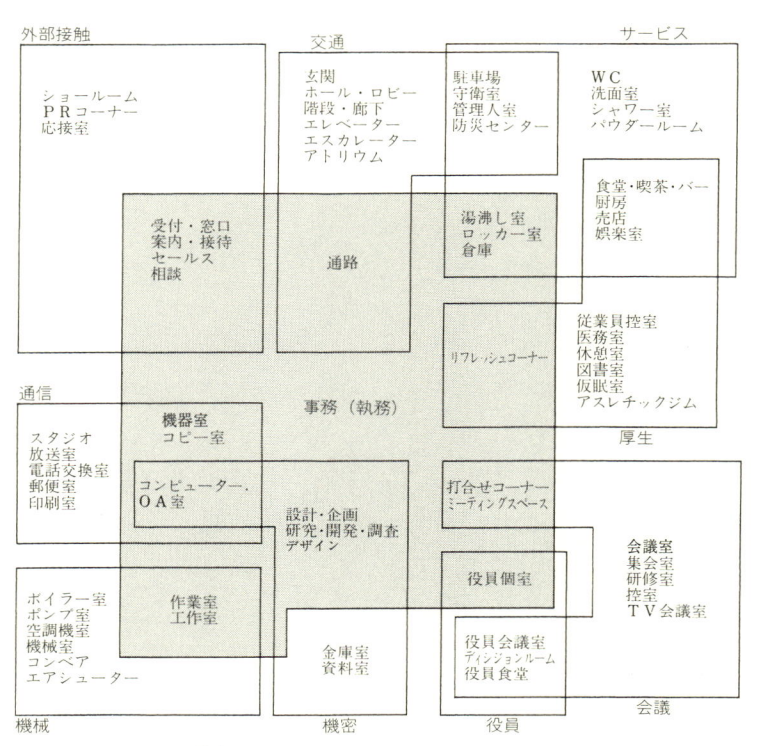

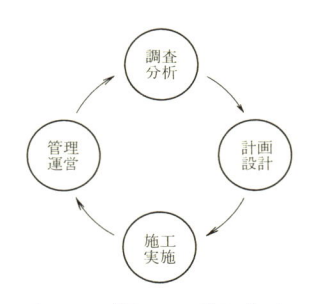

図2　オフィス空間の構成　　　　　図3　オフィスプランニングのプロセス

1.2 オフィスインテリアプランニング

a. プランニングプロセス

オフィスの使われ方は組織構成，人員の変化，あるいは新しいOA機器の導入などの要因によって，常に可変・流動的に変化している。このような変化をあらかじめ予測し，上手に制御しなければ，せっかく新しく計画されたオフィス空間も，たちまちのうちに劣化し，効率や快適性が損なわれ，安全・美観などの点からも混乱を引き起こす。

オフィス空間を計画する際には，まずは企業や組織の目的や要求機能を十分に把握したうえで，その特性に応じた空間を計画することが必要である。さらに出来上がったオフィスがたとえ整然として快適であっても，経年によって環境が悪化してはなんにもならない。この意味で使用時での維持・管理も大切である。そうしたことからオフィス空間の計画は特に調査・分析→計画・設計→施工・実施→管理・運営の一貫したリンク状のシステムの中で計画・運営が行われる必要があろう。

b. 調査分析

インテリアプランニングにあたって，まず企業・組織の業務特性，問題点の抽出，さらにはどのようなオフィス空間が求められるのかなどの要求条件を知るために次のような調査・分析を行う。これらの結果はコンピューターによって集計され，問題点の解決と共に，方向性が提示され，新しいオフィスづくりへの基本方針が決定される。

1) **観察調査**／施設現状の全体像を把握。実測，写真記録により現状の問題点を整理する。特に，OA機器をはじめ，各什器の使用状況に関しての観察とレイアウトパターンの調査。

2) **アンケート調査**／個人，グループ，組織に対してコミュニケーション，業務の内容と流れ，および記録管理の現状の調査。また，要求条件の調査は職員の職場環境の形成への参加意識を高め，新しい環境を受け入れやすいものとする。

3) **インタビュー調査**／収集したデータの意味を知るうえで役立つ。また人間要因に関して個人のイメージ，目標など空間の質にかかわる問題を把握す

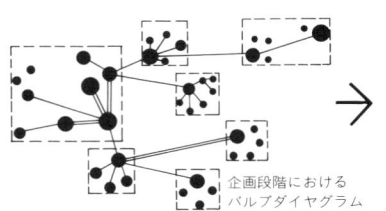

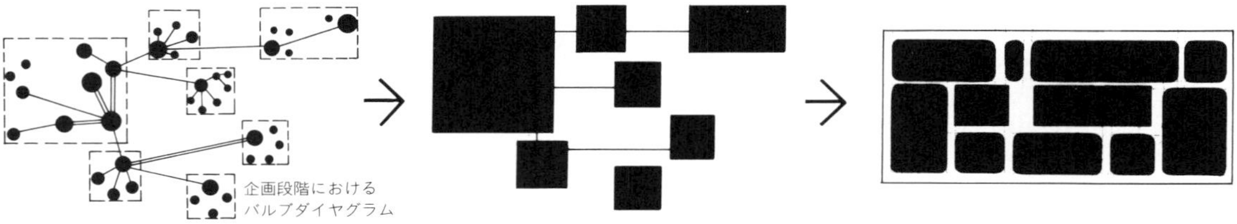

一連の各空間の評価にもとづいて，ブロックダイヤグラムは作成される 企画段階におけるバブルダイヤグラム	組織相互の空間要求条件と，近接条件を示す所要面積に比例した大きさのブロックダイヤグラム	大まかなスペース配分と近接条件，特定の建築条件と計画要求条件にもとづいて評価されるべきである

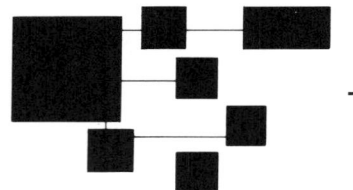

図4 コミュニケーション図

ゾーニング分類	用途・機能	スペースと付随する機能			
①通路ゾーン		表示，アート，ウェイティング，壁面収納			
②共用ゾーン 〔所要面積〕 打合せスペース：業務特性，来訪者数によって決める	外部打合せ，共用文書収納，共用機器	大型OA機器（コンピューター，コピー機など）			
③ベーシックゾーン 〔所要面積〕 一般執務一人当り面積は $max 10m^2 \sim 20m^2$ 家具の占有面積は約20%以内とする	管理職執務	部長，課・係長		打合せ	将来対応
	一般執務	一般執務	内部打合せ	OA機器	収納	将来対応
	基本収納	活用文書			
	リフレッシュ	リラクゼーション兼打合せ			
	ディシジョン	役員個室，秘書室，役員会議・応接			
④オフィスコア	フィックス	会議，プレゼンテーションルームなど			
		リフレッシュメント，ベンディングコーナーなど			
		給茶・湯沸し			
		更衣，倉庫			
	フレックス	会議，OA，その他			

表1 ゾーニング

4) **基礎条件の整理**／導入装置に関する設置基準，OAと人間のインターフェイス，音響，空調などの環境条件，内装，家具に関する基礎条件の整理など，新しいオフィスに必要なデータの収集と分析。

5) **要求条件の確認**／計画に必要な条件を確認する。①組織変更，②業務形態，③作業形態，④スペース基準，⑤文書管理，情報・通信等システム導入予定の確認，⑥特殊な要求物件。

c. **スペースプランニング**

オフィスの基準階は一応，どのようにも使いこなせるようフレキシビリティ（自由性）をもって設計されている。しかし，実際には建築上の制約から，空間の利用方法はある程度限定される。また使用上からも，目的・用途の異なる空間に規定されるが，計画・設計段階は，そうした制約の中で企業・組織の特性に応じうまく整合性をもたせて計画されなければならない。通常オフィス空間の計画は，スペース計画→ゾーニング→エリアリング→エレメント配置計画→ファーニッシングデザイン，のようなフローによって進められる。

1) **スペース計画**／業務内容や職制・職級の違いに応じて，オフィスワーカー1人当りの基準となる空間量（スペーススタンダード）を決める（図6）。同時に，通路幅，打合せ室や会議室，更衣室のスペースなど基本的な空間量（単位空間）も，併せて設定する。部・課・係など組織人員に応じて必要面積の算定を行うことがスペース計画である。

2) **ゾーニング**／スペース計画で算出された各ゾーンの面積を建築スペースの中に具体的に分配，割付けしていくことがゾーニングである。これには，建築の上下階にスペースを配分するバーチカルゾーニングと，一つの階床（フロア）の中でスペースを割り付けるフロアゾーニングの二つがある（図5）。

3) **エリアリング**／各ゾーンをさらに細分化して使用を規定し空間配置を決定することをエリアリングという。例えば執務ゾーンの中には，管理職エリア，一般執務エリア，収納エリア，打合せエリア，リフレッシュエリア，それにOA機器エリアなどが含まれる。ゾーニング，エリアリングは，次のよう

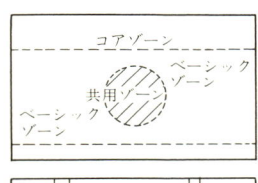

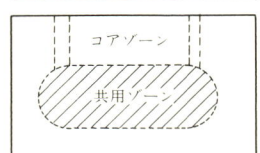

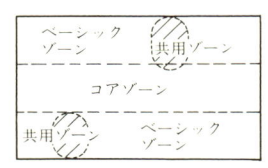

図5 平面のタイプ

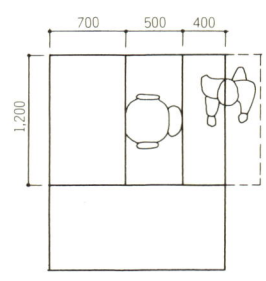

図6 デスクのレイアウト

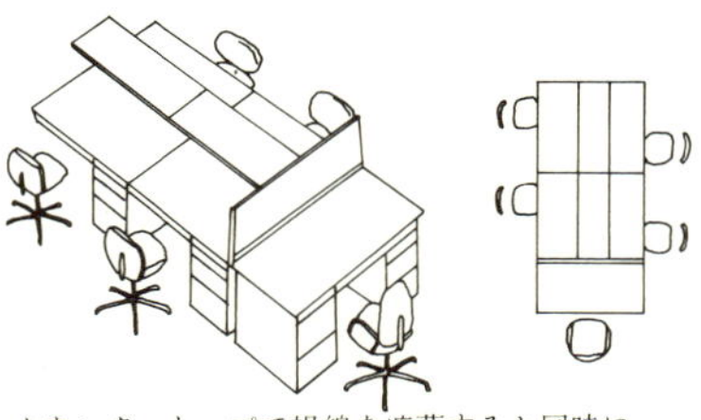

カウンタートップで視線を遮蔽すると同時にコミュニケーションも円滑に行える

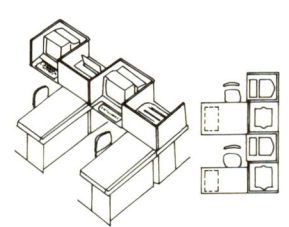

ピンナップボードの遮音効果により業務に支障をきたさないようになっているワークステーション

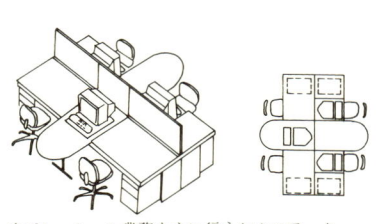

オペレーション業務を主に行うためのワークステーション。中央はミーティングテーブルとして使用

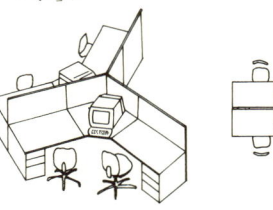

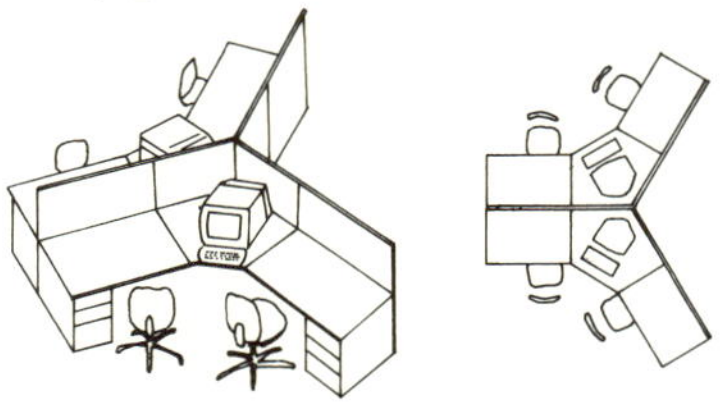

デスクワークをしながらスピーディな情報処理を必要とする部署に最適

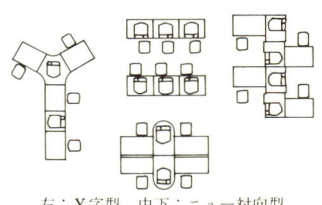

左：Y字型，中下：ニュー対向型
右：ニュースタッグ型

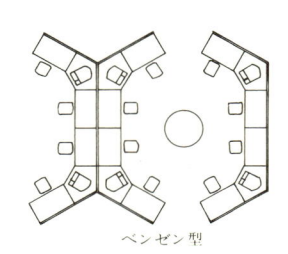

ベンゼン型

図7 ワークステーション例

な評価項目と照らし合わせながら実行を行う。①コミュニケーション頻度（書類，電話，打合せなど），②動線（外来者，内部勤務者），③防災・安全，防犯・機密安全，④法規，構造，設備，モジュールなどの建築制約，⑤眺望や将来へのスペース対応。

　4）**エレメント配置計画**／デスクや椅子，収納家具，あるいはOA機器など，オフィス空間を構成する各種のエレメントを選択（レイアウト），配置する。特にオフィスワーカー一人一人の最少作業空間をワークステーションといい，個々のワークステーションが組み合わされた状態をグループステーションと呼ぶが，グループステーションは業務形態，利用人数，コミュニケーション方法の違いなどで，いくつかのタイプに分類されており，企業あるいはそのグループの特性に応じて選択する（図7）。

　5）**ファーニッシングデザイン**／床・壁・天井などの内装仕上げ，あるいは各種エレメントの仕様など，材料や色彩などについて決定する段階を指す。それらは人間が手に触れ，目で見る範囲でもあり，コストや性能のかかわりの深い段階である。全体的に調和をもたらし，個性や潤いのある空間づくりが配慮されなければならない。

1.3　オフィスの維持・管理

a. ファシリティマネジメント

　ファシリティマネジメント（FM）とは「自社の資産をどのように管理・活用すれば，どの程度企業に貢献できるか，あるいは生産性を向上させるために社員一人一人の働きやすいオフィス環境はどのようなものかなど，単に施設（ファシリティ）管理だけでなく，オフィスの内部のデザイン，レイアウト，備品，什器，それにオフィスの維持管理運営の予算まで，幅広く管理していくこと」ととらえられている。

　使用によってオフィス空間の環境レベルの悪化を防ぎ，そうした際にはスペースの調整，家具・什器・機器などの移設，取替え，書類や情報の整理，内装仕上げ，設備機器の保全などを計画運用して，環境の保全を図ることがFMの一つの役割である。

b. レコードマネジメント

　オフィスとは「企業もしくは組織・団体がある目的を遂行するために，さまざまな情報を操作し，処理を行う場」とも定義できる。日常のオフィス空間では各種の情報が収集され，伝達，加工，処理，蓄積，それに創造，廃棄されるなど情報の操作が行われるところである。オフィス内で発生するあらゆる記録の発生から廃棄に至るまでのプロセスを，体系的に管理・運営することがレコードマネジメントである。OA化によってレコードマネジメントの方法も，現在大きく変わりつつあるが，現実的にはまだ情報の記録媒体である「紙」の果たす役割は大きいものがある。このため，紙記録をコントロールするファイリングシステムが今日まではレコードマネジメントの主流を占めてきた。オフィス空間におけるファイル量は意外とその占有量が大きく，スペースを圧迫しているのが実情である。ファイリングシステムを含めて，フロッピーディスクなど新しい記録・保存方法の有効利用を行い，いかにオフィス空間の活用を図るかが今後のテーマでもある。

1.4　オフィス空間のデザイン

a. アクセススペース

　玄関ホールからアクセスするメインロビーのアトリウムは最近の公共的な建物に多く見られる。

　ここは外部環境に接する位置にあり，ビルを利用するすべての人のオアシスとして緑や水などの自然環境や人工的な空間の広がりと空間の造形の快い調和が人々をなごませてくれる。

　執務室へのホールや通路も執務デスクへアクセスする途上の一時の気分転換をはかる場である。通常コア側にあるが，フロアの性格を表現する，さまざまな表示や照明との調和を考えながら色彩豊かな空間としてデザインする。

b. リフレッシュルームまたはコーナー

　コーヒーブレークで一息いれながらの小人数の個人的なコミュニケーションが可能なインフォーマルなスペースである。日常の執務空間から遠くない位置に気軽に立ち寄れるスペースを設ける。

c. ブラウジングスペース

ブラウジングスペースは，日常のオフィス業務のなかでの情報検索や幅広い知的情報の交換のための共有の場としての機能を持つスペースである。新聞・雑誌，TV，ビデオなど個人の利用に備える。

d. エグゼクティヴエリア

企業内で重要議決にかかわる役員には，ステイタスの象徴とプライベートなリフレッシュ空間が必要である。役員個室やラウンジなどの内装，家具，照明，アートなど，企業と個人のアイデンティティの要求を満足させた質の高いデザインが要求される。

e. カフェテリア・喫茶室

見晴らしのよいコーナーなどに設けられることが多い。清潔で快活な雰囲気を演出する。個人やグループの会食に対応した家具のデザインやレイアウトに特に気を配りたい。

f. フィットネスルーム

社員の健康管理と心身のリフレッシュのための専用空間。空間の造形的わき役となる器具も含め，ゆったりしたスペースをとりたい。

g. パウダールーム

更衣を兼ねた化粧室。トイレでのおしゃべりが女子社員の憩いである。化粧は女性にとって最もリラックスした時であることは今も変わらない。

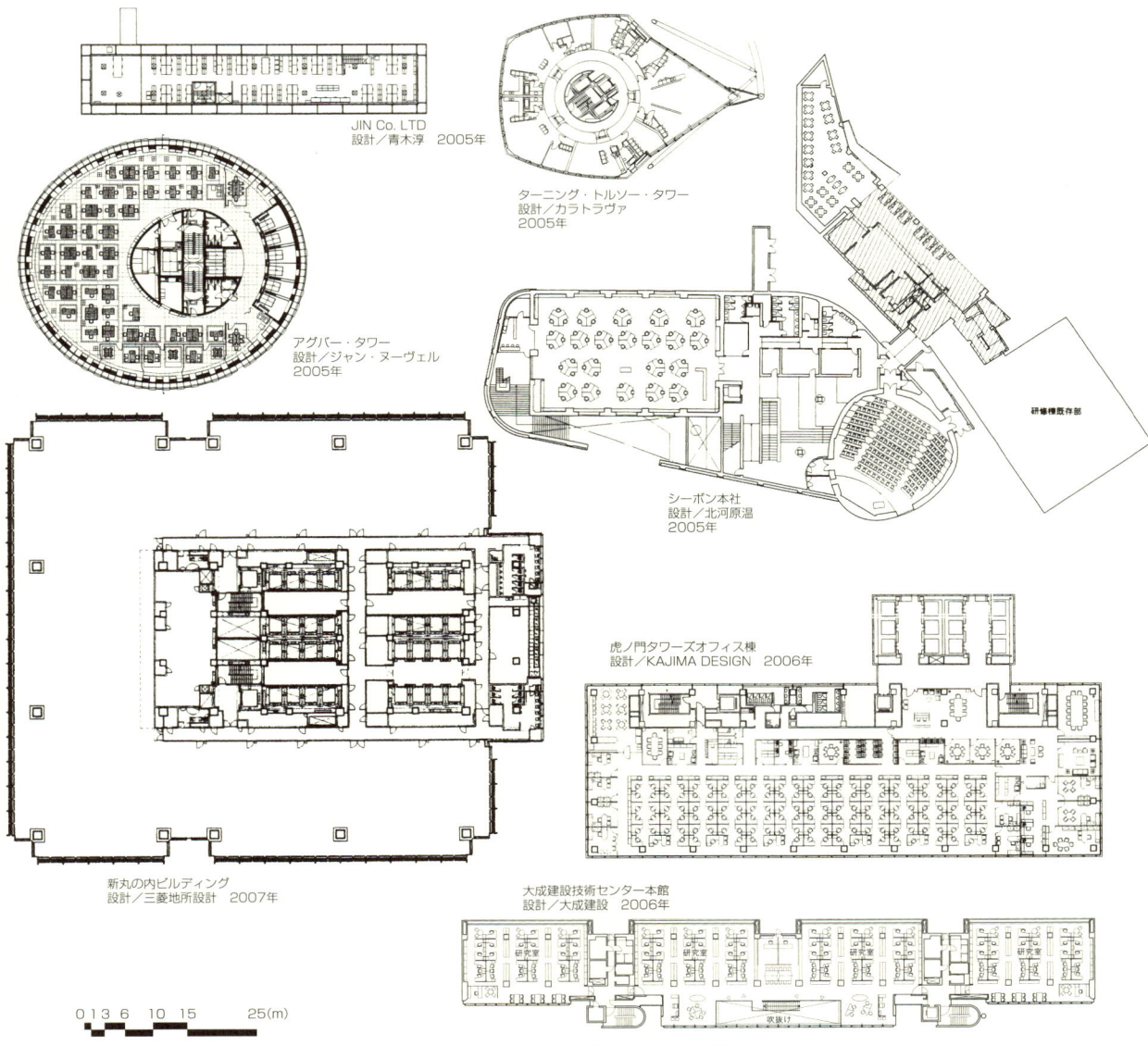

図8 さまざまな規模のオフィス空間*

2 ホテルの客室とロビー・ラウンジ空間

a. ホテルの構成

ホテルとは，国際観光ホテル整備法によって，外国人旅客の宿泊に適するように洋式の構造および設備をもった施設と定義されている。しかし日本のホテルでは通常宿泊部分だけではなく，採算上，宴会，飲食，店舗などパブリックな部分を持って計画されている。また，オフィス，レジャー施設などの機能を複合してつくられる場合も多い。

宿泊部分は静けさやすらぎなど居住性が求められる一方で，パブリックの部分は華やかさやにぎわいなど商業性の強い要素が求められる。ホテルでは背反する要素が一つの建物の中で同時に求められる。双方のゾーン共に，利用者にとっては，快適で機能的，また地域の核ともなるべき施設であり，個性的で，かつホスピタリティあふれる空間であることが求められる。また，ホテルは多くの人々によって利用されるところでもあり，メンテナンスや補修などの日常の管理・運営がきわめて重要な課題となる施設である。効率よく，経済的に維持・管理ができるよう，仕上げ材や備品を計画・選択することが大切である。万一災害が発生した場合には，被害が大きく，犠牲者も発生しやすい施設である。防災上の注意，安全面にも留意したい。

ホテルのインテリアでは家具，敷物，カーテン，照明，アートなど，装備品の占めるコストの割合がきわめて大きい。しかも維持・管理上のライフサイクルも短いため，インテリアの装備品をFF/E (furniture, fixture & equipments) と呼んで，建築工事とは別に，ホテル側が直接マネジメントできるように，別途で発注される。そうであっても，これ

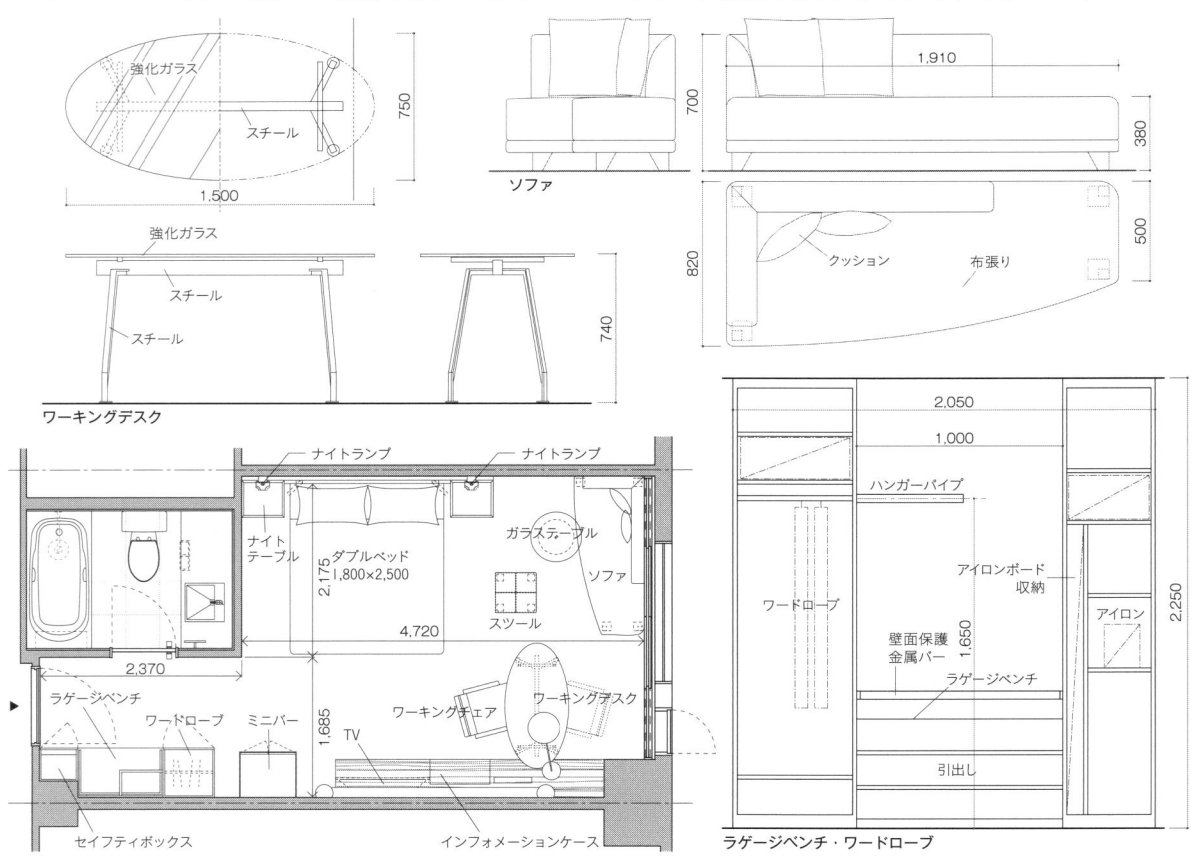

図1 ダブル客室平面 (設計／高島屋スペースクリエイト)

図2 客室の家具

らの備品は建築や内装設計と合わせて，統一性のあるものとしてまとめられなければならない。

b. 客室のインテリア

客室の広さと家具／客室では就寝，休息，作業，更衣，化粧，入浴，洗面，排泄，あるいは飲食などが行われるほか，接客や打合せなどの生活行為がなされる。住宅の寝室や居間と同じであるが，泊り客の音，視線などのプライバシーの確保がまず第一に求められる。

客室の面積は標準的なタイプで，シティホテルの場合，シングルルームで $15～25m^2$，ツインルームで $20～35m^2$，スウィートルームになると2～3室の大きさで構成されるため，最低でも $50m^2$ 程度の広さがとられている。客室の寸法は，奥行方向については各ホテルさまざまな数値がとられているが，間口ではシングルで2.4m前後，ツインでは3.6m前後の例が多く，最も効率の良い寸法となっている。しかし，シティリゾートタイプのホテルが増えて，客室面積は次第に大きくなりつつある。

リゾートホテルの客室は，シティホテルに比べ面積的にも2～3割多く，家具や収納もゆったり大きい。バルコニーも広く取り，キチネット（小厨房）を設けて，滞在生活が可能なように計画される。

客室にはベッド，ナイトテーブル，ソファ，テーブル，ライティングデスクに小椅子，化粧台，収納キャビネット，ワードローブ，トランク台（バゲージラック），照明，テレビや冷蔵庫，ミニバーなどの設備が配置されている（図1）。

ベッドは客室では最も重要な家具であり，快適なマットレス，軋み音などなく，ゆったりとした幅とやや低めの高さの寸法が求められる。ベッド周辺にはベッドメーキングのできるスペースをもたせるか，簡単に移動可能なように工夫しておく。ヘッドボードとベッドカバー（ベッドスプレット）のデザインが，室内の雰囲気づくりに大きく影響する。

ナイトテーブルは各種スイッチ，電話，ナイトランプなどが置かれる。メカニカルな感じにならぬよう，コンパクトにわかりやすくデザインをまとめる。

客室の家具類は多くの場合，既製品ではなく，特別に設計・製作されることが多い。家具と内装が一体感のあるようしっかりとしたコンセプトを立てて設計を進め，製作に当たっては，座り心地や使い勝手などを，試作品をつくってチェックしておく。

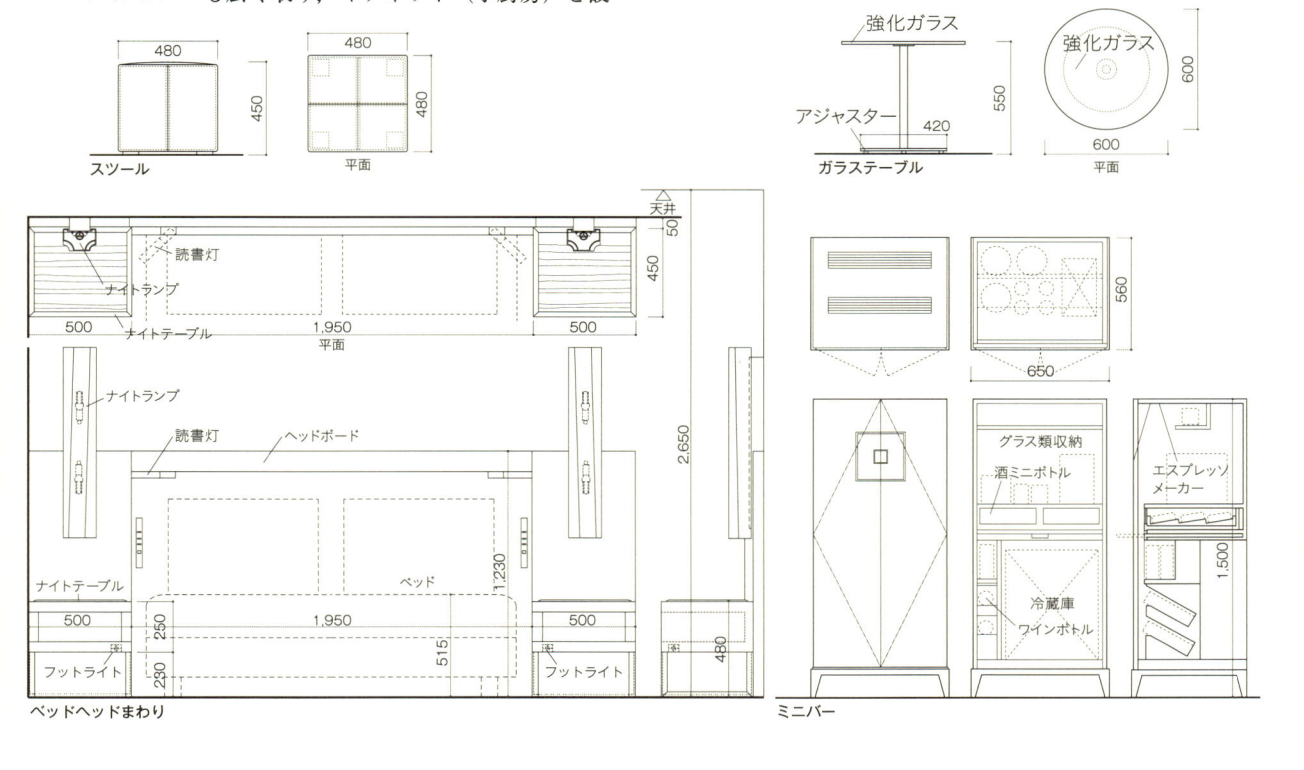

バスルーム・洗面／ホテルではバスルーム，洗面，化粧の質的向上が著しく，コンパクトなバスユニットタイプのものから高級化，多機能化が図られ，面積も大きくなっている。パウダールーム，シャワールーム，あるいはトイレブースなどを独立して設けたり，バスタブや便器，水栓金物などもデラックスになり，最もアメニティが高められている場所である。ドレッシングカウンター，鏡，照明，スツール，洗面，コップ受皿，石鹸受皿，ヘアドライヤー，電話，灰皿，屑入，タオル掛，バスタオル，ウォッシュタオル，ハンドタオル，バスタブほか洗面用具一式，シャワー，シャワーカーテン，タオル棚，フック，バスマット，便器，ビデほか付属品などが適宜，機能的に配置されるよう計画することが求められる。

c. パブリック部分のインテリア

ロビー・ラウンジ空間／ロビーは，そのホテルの印象を決定づける顔ともなるべき空間である。このためメインロビー部分に，大きな吹抜けやアトリウムと言われる巨大空間をつくって，特色づけが行われる。ロビー・ラウンジ空間には，待合せ・休憩のためのスペースや，フロントデスク（カウンター），インフォメーションコーナー，売店，コーヒーショップ，テレフォンルーム，便所などが設置され，近年は，ファクシミリやパソコンなどが使えるビジネスコーナーなども設けられている。この部分は多くの人々が通行，滞留，集散し，動線が交錯するところである。各機能の位置や家具配置は，動線や視線（見え方，見られ方）を十分に考慮して決定する。

ロビー・ラウンジで，デザイン上特に大切なことは，どのような空間に仕上げたいかという空間の概念や性格づけ（コンセプト）をあらかじめ十分に検討して，組み立てておくことである。個性的である

図3 ロイヤルスウィートの客室（図3，4は和木通撮影）

図4 ロイヤルスウィートのバスルーム

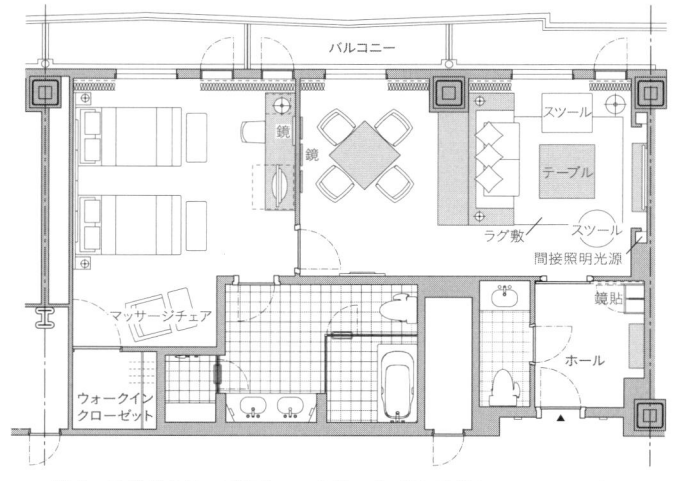

図5 エグゼクティブスウィートルーム（設計／高島屋スペースクリエイト）

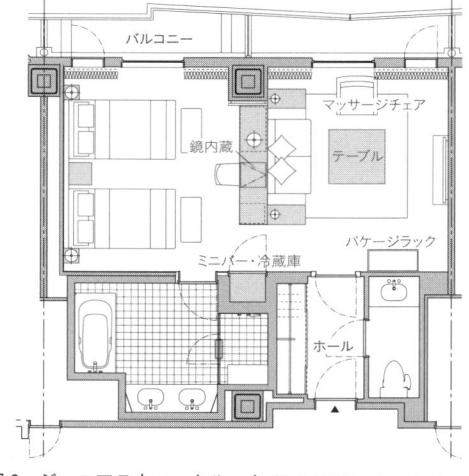

図6 ジュニアスウィートルーム（設計／高島屋スペースクリエイト）

一方，多数の人々に抵抗なく受け入れられるデザインを検討することが必要である。また，この部分は年間を通して休みなく利用される空間のため，改装等をひんぱんに行うことはできないので，飽きのこない，経年変化が少ないデザインや，材料も保守・管理がしやすく，耐久性のよいものであることが求められる。デザインをまとめるに当たっては，照明計画と彫刻，タペストリー，植栽などのアートの計画が，空間の雰囲気をつくりあげるうえで重要な要素となる。コンセプトに基づいて照明の位置や効果，アートなどの内容や位置，サイズなどを細かく検討し，魅力ある空間になるように演出を行っていく。

宴会場／ホテルの宴会場は，各種の披露宴，ディナーパーティ，商品展示会，国際あるいは国内会議，発表会など，多目的に利用される。このため，それぞれの目的に合った演出やサービスのできる機能，設備，意匠が要求される。豪華で華やかな表情が望まれる一方で，全く装飾性を必要としない使われ方もあるため，設計には工夫が求められる。また，天井面には照明装置，音響装置，舞台装置，映写装置あるいは可動間仕切りの装置など多種多様な各種機構が取りつけられるため，内装設計との細かい調整が必要となる。特に宴会場は，営業面ではホテルの最も大切な部門であろう。とりわけ大宴会場はホテルの目玉ともなる。大空間にふさわしい内装・照明設計が行われなければならない。

宴会場の規模を計画する際には，ディナーセッティングで $1.1\sim1.5\,\mathrm{m}^2/$人，会議セッティングで $0.6\sim1.1\,\mathrm{m}^2/$人が一応の目安となる。可動間仕切りなどを設置して，使用人数に対してはある程度フレキシブルに対応できるよう計画する。

内装材は，天井には吸音性の高い材料，床にはできるだけ汚れが目立たぬパターン・配色のカーペット，壁にはボード＋クロスなどを用いて，吸音効果を高める。また，2～3室に分割して使われる場合の可動間仕切りの遮音性も，十分に検討を行う。

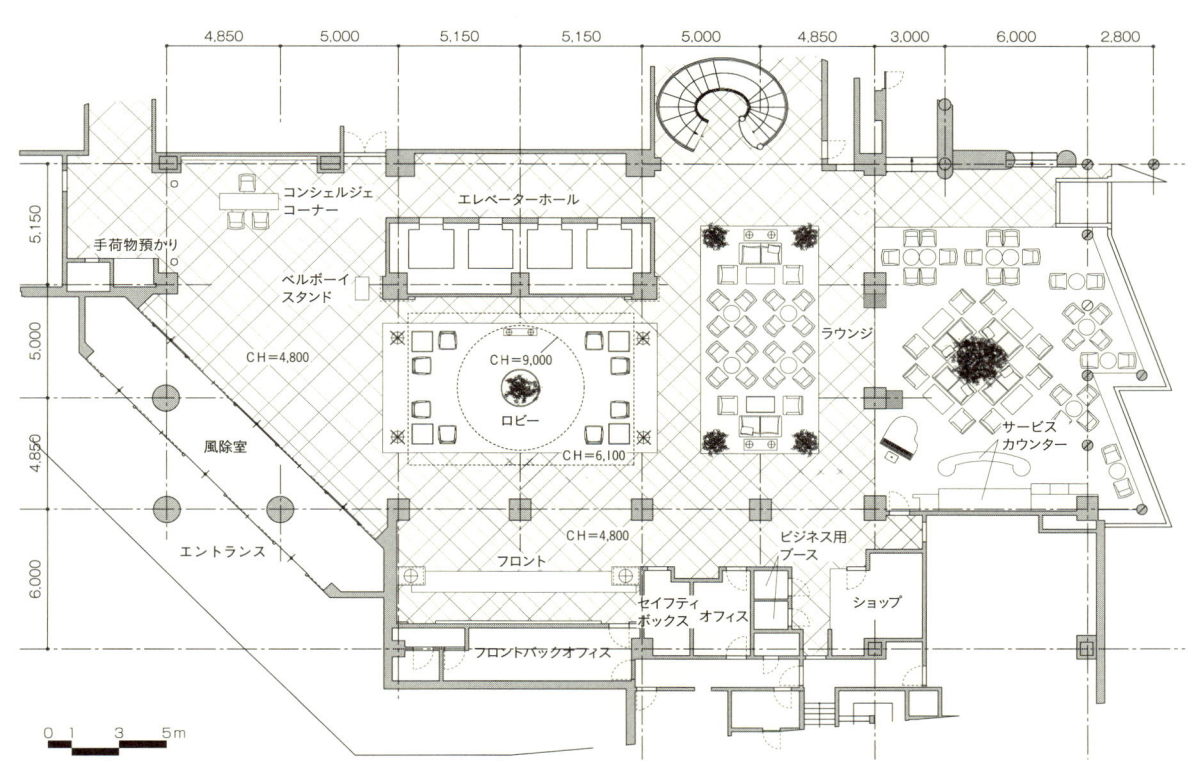

図7 ホテルのロビー平面図（設計／高島屋スペースクリエイト）

3 レストランおよび食事・喫茶空間

3.1 飲食サービス空間の種類と特色

飲食サービス空間とは「飲食の提供」の場であるが、同時に、料理、人的サービス、空間デザインや設備が一体となって快適な環境が整えられた「豊かな時を過ごすため」の空間でなければならない。

飲食店の業種はじつに多様であり、また、それぞれに業態を持つが、系統立てると、軽食喫茶系、レストラン系、遊興飲食系に大別できる。しかし、年々、業種業態は変化し、従来のカテゴリーでくくれない店も多い。店舗設計のテーマもさまざまで、最近は人々の健康志向に目を向け、自然食材やロハスをキーワードにしたり、エコロジーや空気浄化に結びつけ、店内緑化や植物をメインとする演出など、新しい視点の店づくりが増えている。

一方、時代の要求に応じ設備も複雑化、重装備化の傾向が目立ち、客のニーズも多様化している。

飲食空間が機能を満たすだけにとどまらず、「食」を通して「食文化」に出会う場所でありたい。

グルメブームなど飽食の時代だからこそ、認識を新たにし、真に豊かな飲食空間への積極的な提案が求められている。

a. 喫茶・カフェ空間

喫茶空間は、客層も幅広く、利用目的も「喫茶」以外に、休憩、友人とのおしゃべり、仕事の打合せなどさまざまある。常連客も多く、利用時間も長くなるが、場所の提供も客へのサービスの一環であり、喫茶空間の役割りである。

また、一方、他の飲食店舗に比べ客単価が低く、その分、回転率を上げなければならない。座席一つの増減も重要になるので、単位面積あたりの客席数を多くとり、スペースを有効に利用するプランニングが必要になる。カウンター席なども効率がよい。

喫茶空間は昨今、従来のフルサービス型の喫茶店とは違った、販売スペースを備え、軽食やテイクアウトが可能なセルフサービス型のカフェスタイルが増えている。

b. レストラン

食事をメインとするレストランといっても業態はさまざまで、機能性が重視されるファミリーレストランからハイグレードな雰囲気づくりが要求されるディナー中心のフォーマルなものまでと幅広い。また、料理の種類によって、客席の雰囲気、供卓サービス、厨房設計等インテリアの計画も異なってこよう。料理の種別によって特別な動線はなく、客動線とサービス動線の双方を不都合のないようにチェックし、動線の必要幅はピーク時を基本として設定する。従業員のサービス動線はできるだけ単純化・短縮化につとめ、合理的に処理する。客席は4人掛けが基本であるが、グループにも対応できるよう、間仕切りのできる客席や個室も計画する。

c. ファストフード（F.F）店

近年ますます増加している、ファストフードに代表されるセルフサービスで回転率の非常に高い店は、特に通路の確保、動線の整理が重要になる。椅子、テーブルは固定式が多く、1人、2人の席を中心に最小限のスペースグリッドで配列する。また大勢の客をさばくためにスタンドカウンターも使われる。

チェーン店で出店されるこれらの店舗は、建築外装から什器、容器までトータルにCI計画が展開される。また、ファストフード業界は商品開発が勝負であるため、特に厨房は重視され、客席とはきっちり分離されて、厨房面積は比較的広い。

d. 特殊な客席構成の店舗

座敷席を持つ店／和食店、寿司店など接客に座敷を提供する場合も多い。小上がり席、フレキシブルに人数に対応できる座敷などだが、現代の生活様式に合わせ足の伸ばせる掘りごたつ式も多用されている。

特殊なテーブルを使用する店／ステーキハウスのように客の目の前で調理できる鉄板付きカウンターや、鍋料理などの提供のためのこんろやロースターが設置されたテーブルなどがある。

ショースペースを持つ店／パブ，クラブなどピアノカウンターやステージ，ダンスフロアを有する店。音響，照明装置も大がかりとなる。

3.2　飲食店舗の空間構成

a. 客席の計画

飲食店舗は大きく客席部分，厨房部分，管理部分の三つから成り立っている。客席部分はさらに，エントランスと客席から構成される（図1）。

これらの面積配分は，店舗の種類，規模，運営方法など各種条件によってそれぞれ異なる。

客席は一つのテーブルと数個の椅子の組合せを基本単位とし，2人，4人，グループなど，客のいろいろな使用状況に対応できる家具配置を行う。さらに，一つの空間としてオープンなタイプで客席を構成するか，あるいは個室や宴会場を設けるかなどで，計画は大きく異なる。通常は店舗の種類によって図2のような客席の形式がとられる。

また昨今，健康増進法の施行とともに喫煙の規制が厳しくなった。飲食空間からタバコを全面排除することは難しいが，一般の意識も高まっており，席の分離や喫煙室の設置など，分煙環境の計画は当初から考慮しておくことが必要である。

b. 空間の演出

エントランスから客席にかけてのインテリア空間を，いかに店独自の雰囲気をつくりあげて個性的な空間に設えるかが，設計のポイントとなる。このために通常は空間づくりのためのコンセプトが立てられる。たとえば，いろいろな国々の過去のインテリアスタイルが踏襲される場合もあれば，西欧料理の場合にはその地方の生活習慣が参考にされることもある。あるいは自然，人工などがキーテーマにされる場合や，物語などから引用されることもあり，コンセプトはさまざまである。こうして空間のデザインイメージを創りあげ，コンセプトに基づいて具体的な平面計画，内装計画，照明計画，素材や色彩計画などが導かれる。

c. 管理部分

働きやすい環境が，客への人的サービスの充実に繋がる。客席優先になりがちだが，パート，アルバイト要員を含めた従業員専用のスペースが必要である。事務室，更衣室，ロッカー，休憩室，専用のトイレなどを計画の中に含めなくてはならない。

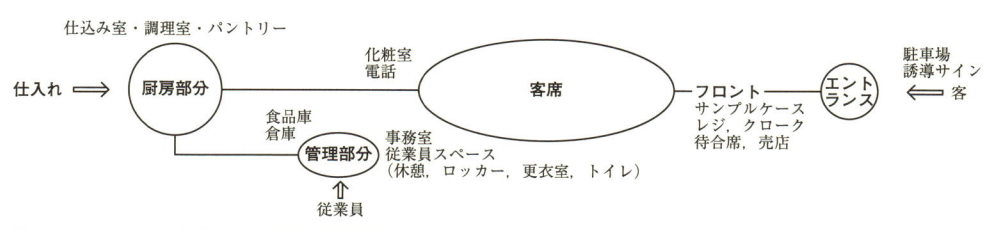

図1　レストラン・飲食店舗の機能と空間構成

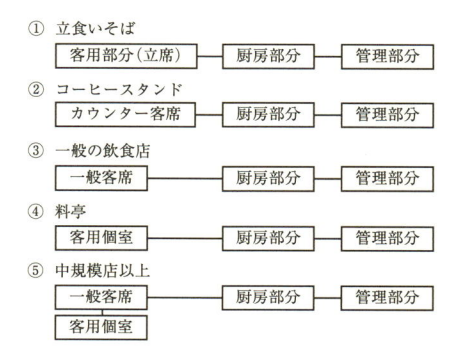

図2　レストラン・飲食店舗の空間構成＊

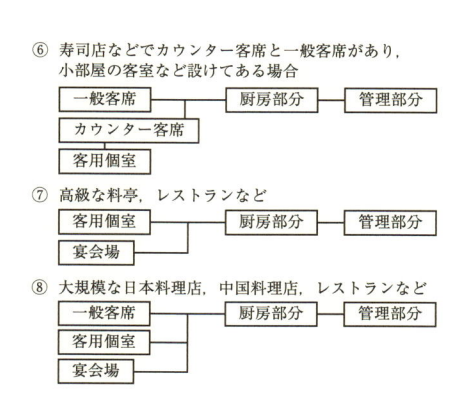

3.3 厨房計画

厨房の計画は調理のみならず，供卓サービスまでを含め，その飲食店の成否がかかる重要な要素となる。厨房の位置づけ，設備内容，作業動線など労働環境の良し悪しは従業員の質のレベルに繋がり，客へのサービスに影響する。法令とのからみもあり複雑であるが，綿密な計画が必要である。

a. 厨房の面積

料理サービスの内容，店の規模により厨房の面積はさまざまであるが，いくつかの業種の店内面積を中型店で比較してみると図5のようになり，喫茶での厨房等の占める面積率は約4分の1，ファストフード（F.F）店では約2分の1，レストランでは約3分の1になる。

b. 厨房の形式

厨房の形式には，次の2つのタイプがある。

開放型／厨房内部が客席側から見えるカウンター形式。簡便でサービスの省力化を図ることができる。コーヒーショップ，F.F，ラーメン，そば・うどんなどの立食いカウンターのような軽飲食業態に多い。また，小料理店，寿司店など料理の特性によって開放にする場合もある。客と調理人との親密感が増し，調理作業のショー的要素も楽しめて，顧客の多い小型店舗には効果的である。

閉鎖型／客席と厨房を完全に分離する形式。調理に伴う騒々しさや，煙，においの不快感を避け，客席に落着きと雰囲気をつくる。

このほかに，カウンター席を設けず客席側に厨房口が面している半開放型，閉鎖された仕込み用・調

カフェレストラン（築地ボン・マルシェ　設計／神谷利徳，石橋マサヒロ撮影）：高さを活かし，食文化の中心を意味する渦状の天井のデザインをポイントとした，ダイナミックに演出された空間である。

ラーメン店（越　設計／コイズミスタジオ　ナカサ アンド パートナーズ撮影）：素朴，自然，和風をキーワードにした，紙，竹，木のモダンな扱いが新鮮であり，女性や若い客層を意識した演出である。

喫茶店（カフェ・オキシー　設計／倉俣史郎　写真提供／美術出版社）：個性の強い家具を主役に，ショールームのように構成されている。金属とガラスのシャープで緊張感のある空間である。

日本料理店（吉兆　設計／橋本健二，ナカサ アンド パートナーズ撮影）：席の間にやわらかな境界を創り出すアルミ棒のオブジェがシンプルな室内に映え，新しい解釈の和の空間構成が提案されている。

図3　空間演出の作品例

理用の厨房と開放型のカウンターとを併せ持つ複合形式のものがある。

c. 各セクションの機能

作業を効率よく進めるために，機能的な無駄のない厨房プランが重要である。厨房まわりの各セクションの基本的な機能や，作業の仕組み，流れを把握しておく。厨房部分は，図6のようないくつかのセクションから成り立っている。それらは相互関係を持っているので，作業の流れに応じてゾーニングを行い，必要な機器を配置していく。

①**ストレージ（食品庫・収納棚）**／食品類を搬入処理して並べ，必要に応じ選別，計量，取出しを行う。

②**プレパレーション（下ごしらえ）**／スープ・ソースの仕込み，炊飯，肉・魚・野菜の下処理，洗浄，カット，整形などの作業が行われる。

③**ヒーティング（熱加工調理）**／炊く，焼く，煮る，蒸す，茹でる，炒める，揚げるなどが行われる。

④**ディッシュアップ**／盛付け・配膳などを行う。

⑤**サービスセクション**／客席のサービス要員が作業する。ソフトドリンクなどを扱う。

⑥**ディッシュウォッシャー（下膳，洗浄，保管）**／下膳，洗う，捨てる，保管などの作業を行う。

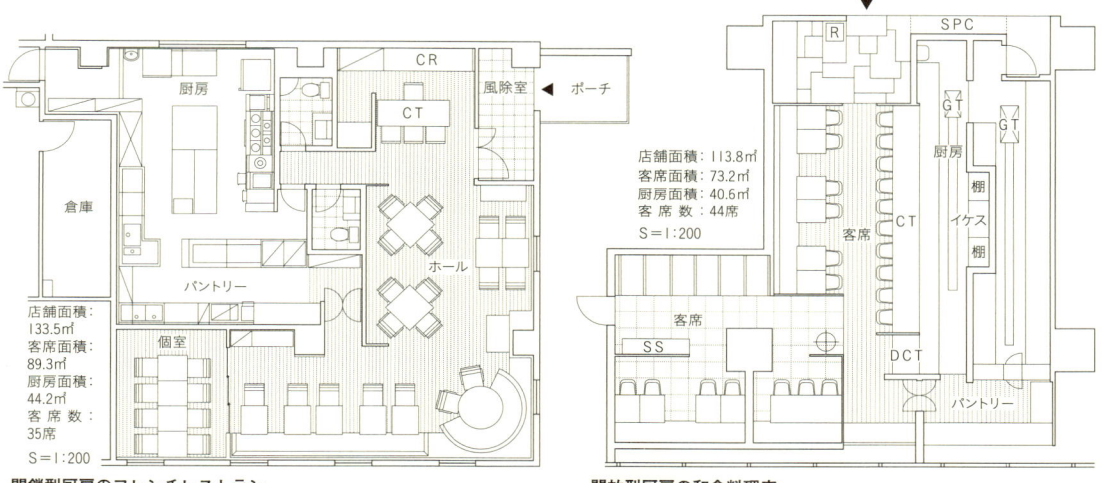

閉鎖型厨房のフレンチレストラン
小規模な店であるが，客の人数や要望によって，いろいろな対応ができる客席構成を持つ。厨房は，パントリーを介して客席から完全に閉鎖された形式が採られている。従業員用のトイレが確保されていないが，客と動線が交叉しないよう工夫がされ，厨房専用の搬入口も設けられている。厨房面積比 33％。

開放型厨房の和食料理店
客は，入り口付近のオープンキッチンカウンターで調理を見ながら席に着く。狭いアプローチも，長いカウンターによって視覚的な圧迫感がない。奥の個室化されたエリアには，客の様子を把握しやすい位置にあるパントリーからサービスする。開放型厨房であるが，一部見せない作業部分がある。厨房面積比は約 35％。

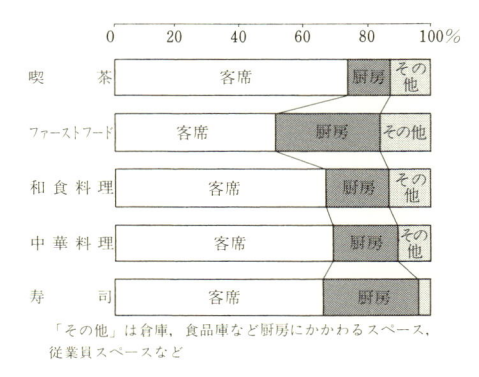

図4　客席と厨房の平面計画*

図5　客席と厨房の面積比率*

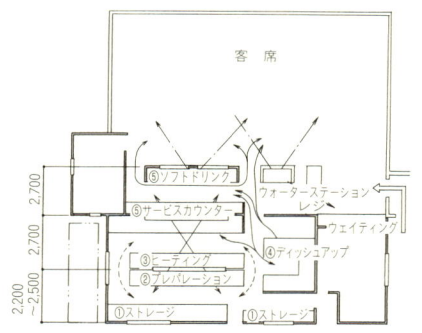

「その他」は倉庫，食品庫など厨房にかかわるスペース，従業員スペースなど

図6　厨房のセクション*

4　物品販売のための店舗空間

4.1　購買空間の機能と役割

　物販店は，デパート，ショッピングセンターなどの複合大型店舗と，従来の専門店，小売店などの中小規模店に大別できるが，新しい業態の商業施設として，ブランドショップや広域型店舗のリージョナルモール，量販店，アウトレットなどがあげられる。

　大量の客の流れをつかんで建設される大型店舗は，地域コミュニティの中心としての機能と役割を持つ。

　車社会のニーズにあった広域型の商業施設が増える一方，中規模の駅の活発な開発で，駅ビルや駅ナカなど，利便性を活かし流動客をターゲットにした新たな商業スペースが生まれている。

　これに対して従来の専門店は地域密着型が多く，顧客によって成立し，商品構成，売り方，サービスの方法や店舗デザインなどに，より個性化，差別化が求められる。

　物販店は近年ますます消費者のニーズが多様化，個性化し，本来の物販店の役割であった「物の供給の場」としての存在だけでは成り立たなくなった。「人々が求めるモノ」から「人々が求めるコト」に変貌を遂げた今日の店舗は，「社会生活全般の情報と行動を得る場」へとかたちを変えたのである。

　消費者は，商品の送り手がさまざまなメディアを通して発信する多くの情報から自分の欲求を満たす物を選択し，各人の生活を個性的に演出しようと欲求し始めた。店舗はまさにその「ライフスタイル」を提案する場になったわけである。

　商品を「売る」から「見せる」ことを重視したディスプレイが主流となり，たとえば食器の場合であれば，テーブルセッティングして食器の組合せ方から食事のシーンまでを展示したり，ソファセットであれば，ティーテーブルやランプ，カーペット，カ

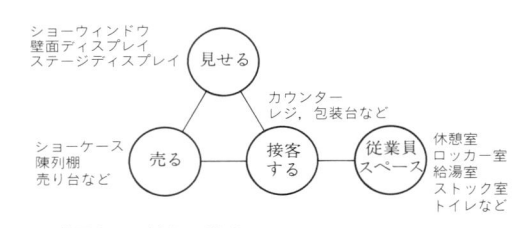

図1　購買空間の機能と構成

ジュエリー店（カフェリング　設計／野井成正デザイン事務所）：円と楕円のショウケース，曲面の間仕切り，バックヤードに続く円弧の壁など，角を感じさせない構成で，客が2カ所の入り口から自然に店内を回遊する。接客スペースが明快に分離されているが，ガラスのパーティションとディスプレイポールで仕切られ，開放的な空間である。

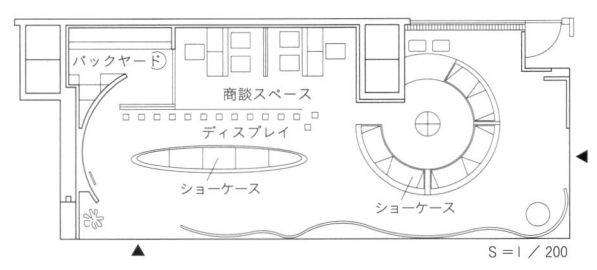

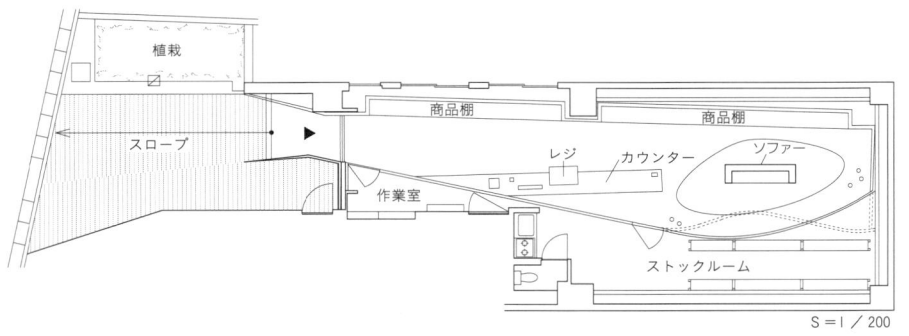

シューズショップ（ダズリング　設計／武松幸治＋E. P. A.）：スロープから，半地下の狭い入り口の店内に入る。両側の棚とカウンターテーブルを遠近法のように振り，接客用の細長いベンチを置き，さらに鋭角に奥行きを強調した構成になっている。それと対比するように柔らかな曲線の間仕切りが設けられ，その中に十分なストックルームや作業場が確保されている。

図2　平面プランニングの作品例-1

ーテンやクッションにいたるまでインテリアの場をコーディネートして提案する。つまり，送り手側は最新でよりよい生活のスタイルを伝達し，消費者はそこから，これからの自分に合った生活パターンを選び取っていく。

技術が進み，新素材が次々に開発され，店舗デザインの表現も変化する中で，消費者のニーズにこたえながら地域社会の情報発信地として，その存在が地域に還元される空間を提案していくことが，これからの店舗の設計ととらえることができよう。

4.2 計画と動線

物販店は，販売活動，価格設定などの経営面とデザインイメージを統合させながら計画を展開し，客，商品と，空間造形が一体となった店舗を成立させる。

物販の業種業態は多様で，立地条件，規模，内容によって千差万別であるが，これらの諸条件やターゲットにする客層と商品構成，販売方法や店員の数などすべて把握して，具体的な計画に入る。客の動線を第一に考え，商品が見やすく選びやすいこと，商品管理がしやすいことを基本として，さらに他店と差別化できるプランニングの提案をしていく。

店舗の形は多様であるが，客がスムーズに店内を回り，商品にダイレクトに触れられることが大事であり，それが購買に繋がるので，動線の効率や管理面の考慮が欠けたままデザインイメージが先行しないよう，規模や条件に合わせて，おおまかな機能分離のゾーニングをする。

物販店舗に必要なゾーンは図1のようになる。

見せるゾーン／ショーウィンドウ，ディスプレイ，ステージなどのスペースで客の注目を引き，商品に興味を持たせ，また，店の個性をアピールする。

売るゾーン／ショーケース，棚，台などの什器を中心に商品を陳列し，購買客の要求に対応する。

接客のゾーン／包装レジを含めて，客とのコミュニケーションを行うためのスペース。商品の説明，相談から，さまざまな情報の提供などの機能を持ち，特に専門店にとっては顧客の獲得のための重要なスペースとなる。

従業員のゾーン／休憩，着替え，商品整理，ストックなどを行う場所で，客の目に触れない位置，で

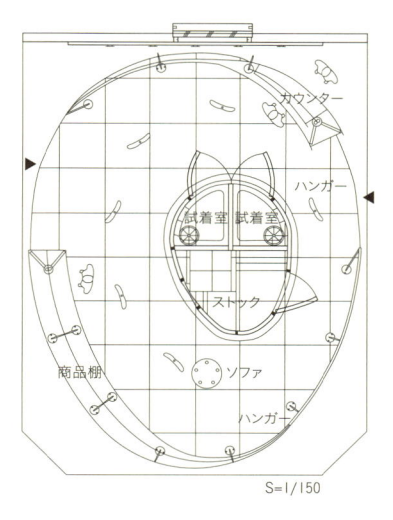

ブティック（マルニ　設計／フューチャーシステム，撮影／淺川敏©商店建築）：百貨店の中の専門店で，四方から店内が見える。楕円で構成されているエリアの境界に配したハンガーパイプは，高さを変えてディスプレイ棚やカウンターになる。床も楕円に張り分けられ，個性的なオリジナル什器で周囲との差別化がされている。

ベーカリー（ハンドブレッドアンティーク　設計／スペース）：店舗面積の8割近くが厨房である変形平面を持つこの店は，チョコリングやパンを大量に作るところ見せることがテーマになっている。三方からの客のアプローチを受け止める円形の陳列台とディスプレイ棚が設置され，狭い売り場から奥の厨房をのぞく動線が工夫されている。

図3　平面プランニングの作品例-2

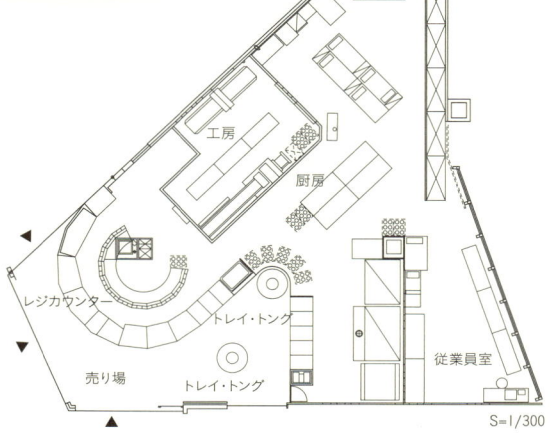

きれば接客ゾーンと繋がるあたりに取る。専用トイレも必要である。

こうしたゾーニングを基本に，イメージを展開させ，内装計画から，家具・什器等のレイアウト計画へと進む。

4.3 空間の演出

a. 照明による演出効果

店舗の空間演出上，照明の果たす役割は大変大きい。客の注意を引きつけ，店内に導き，商品を正確に見せて購買意欲を高める。こうした一連の照明計画が必要となる。

1) 環境照明と商品照明

店舗の照明は，業種，客層に合わせて店舗空間を演出し，店の格調を高め，商品の魅力を強調する環境照明と，商品を見やすくし，商品情報を正しく伝達する商品照明との二つに分類できる。

2) 照明方法

手法としては次の三つがあげられる。

ランプの種類，配光の調整，器具の形や材質などを考慮して，バランスよく計画を立てる。

ベース照明／店内全体に一様に明るさを与える基本となる照明で，蛍光灯などによる，天井全面に均等配分された拡散性のある直接照明が多い。

重点照明／商品および商品まわりを明るく効果的に見せる照明で，商品の色彩，素材を正しく伝え，また，ディスプレイなどのヴィジュアルな表現として重要である。演色性のよいスポットライト，ペン

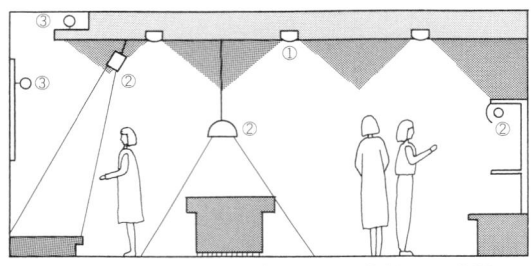

①ベース照明，②重点照明，③装飾照明

図4　照明の種類

ファッション雑貨店（ルシアン ペラフィネ　設計／隈研吾，撮影／下村康典©商店建築）：壁面から天井へと有機的なパターンのハニカム形状のボックスが連なり，商品が展示されている。スポット照明のみが効果的に配置され，棚の奥行きをさらに強調して，立体的でダイナミックであるが温かみのある空間演出がされている。

薫香の店（リスン　設計／野井成正，撮影／鈴木光©商店建築）：煙をイメージし，アルミフレームに和紙を巻いた照明オブジェで店内が構成されている。吊られたオブジェはかすかに揺れ，陰影のある空間が演出される。ガラスの陳列棚が小さい香を引き立たせ，非日常的な静寂な雰囲気が漂う。

図5　照明による演出の作品例

ブランド店（ルイ・ヴィトン　設計／カーボンデール他，撮影／加斗タカオ©商店建築）：ヴィトンのシンボル，モノグラムパターンをモチーフにした無数のオブジェ（アルミ）が光天井から吊り下げられ，店内中央に配された螺旋階段が光を突き抜けていく。ブランド色を強調した斬新なデザインになっている。

ダントあるいは什器内蔵型の器具などが使われる。

　装飾照明／店舗の雰囲気づくりの照明で，アクセント効果やアピール効果が期待できる。シャンデリア球，カラースリム管などが使われる。最近は，長寿命で省エネ，カラフルな光で演出性の高いLED照明が普及している。

b. 空間造形とディスプレイによる演出効果

　客の興味を店舗に向け，店内を移動する客の視線をとらえて商品選択の動機を促すことが，空間演出やディスプレイの機能であり目的である。

　また，目を引くだけでなく，店がターゲットにしている客層へのアピール効果が重要となる。

　ディスプレイは店から客へのメッセージであり，空間造形と結びつくことでさらに商品のイメージや情報を明快にし，購買に繋げる。基本的には，設えられたショーウィンドやステージ，壁面などに展開される。店舗が持つ空間造形を活かしながら，小道具などを効果的に用いてさまざまなシーンを創造して，客に店の個性をアピールし，商品情報を伝える。

　手法は多様だが，新しい考え方として，最近のファストファッション店などに見られるような商品主体の軽装備な店づくりで，ショーウィンドは作らず，意図的に複雑な動線を組むなど，従来の概念を破るヴィジュアルプレゼンテーションの展開や，「売る」を全面に出したストレートな空間演出に，これからの一つの方向性が見える。

ブティック（シカゴ，インテリアデザイン／ヘリー・パーナス・コンサルタント）：装飾を一切排除し，コンクリートむき出しの躯体と機能オンリーのハンガーとスポットライトだけの無機質の空間構成に点在してディスプレイされた商品が暖かく思える。現在のディスプレイの一つの傾向である。

ブティック（パリ，インテリアデザイン／ドゥニ・コロン）：店内に大理石のオブジェと虎，ピアノを配し，色彩のトーンをそろえ大人っぽいハイクオリティな雰囲気を出している。このように商品以外のイメージ小道具を使いディスプレイするのも一つの方法である。

眼鏡店（パリ，インテリアデザイン／ジャック・ダニュ）：ウィンドウがすべて壁面と一体になり大変スッキリした造形である。展示されている商品（眼鏡）は動きのある立体的なディスプレイがなされ，本来の商品の持つやや堅いイメージをファッショナブルに変身させている。

靴店（バルセロナ，インテリアデザイン／フェルナンド・アマト）：従来の販売器具は一切使用せず，また，商品を数多く並べないこのような売場構成は日本でも最近の傾向である。一組の靴がよく見ると左右違う組合せになっていたり，ステージの素材に凝っていたり，ゆとりのある店内である。

図6　ディスプレイ演出の作品例（エヌ・アイ・シー刊『WORLD RESIDENTIAL DESIGN』より）

5 高齢者施設空間

5.1 高齢者用コミュニティ施設

a. 高齢者福祉施設

高齢者人口の増大,家族形態の変化,住宅事情の悪化,高齢者の経済的不安等によって,高齢者向けの住宅や各種施設の必要度が高まっている。年を取っても今までの住み慣れた環境で,従来どおりの自立した生活を営み,生涯を終えることが望ましいといえる。しかし心身機能が低下すれば,自立・依存の程度に応じて,必要なケアサービスを受けられる生活環境が必要となってくる。

高齢者の居住環境を考えるうえで図1に示すように,住居的側面,福祉的側面,医療的側面をどのような空間機能として構成していくかがポイントになる。諸外国では一般住宅と施設の中間形態として,適切なケアサービスやバリアフリーデザインの考慮された住宅が存在する。わが国でこれに類するものとして有料老人ホームや軽費有料老人ホーム等があるが,規模や性格から見て施設的である。高齢者福祉施設の担うべき機能は,今後の社会制度の整備の中で,順次調整されるであろうが,基本的には生活の場として,どの程度のケアサービスを付設していくのか,施設を住宅としてどこまで充実したものとできるのかが課題となる。住宅の計画や設計上の配慮に加え,集住するという生活で,どのようにして個々の居住者がそれまで経験してきた家庭的な親しみやすい雰囲気の場を実現できるかが問題である。

養護老人ホーム／健康ではあるが,家庭的,経済的に恵まれない65歳以上の高齢者を対象とする寄

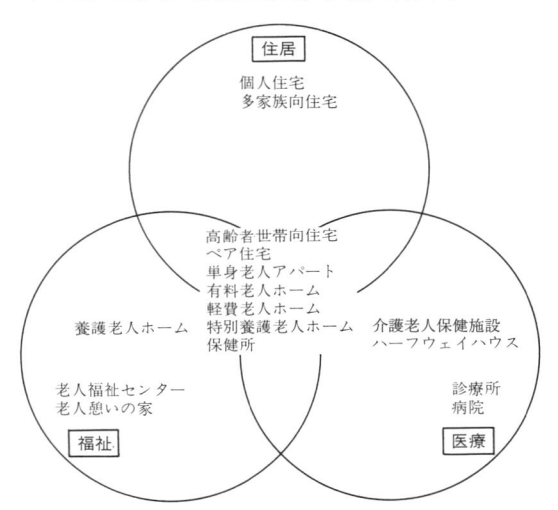

図1 高齢者の居住環境構成要素

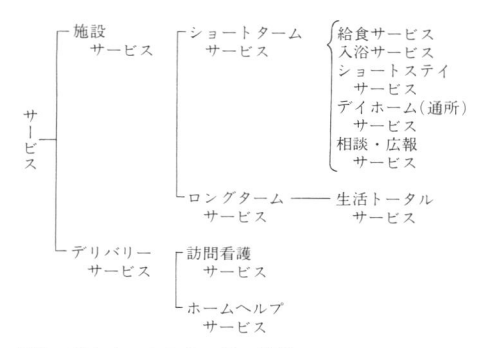

図2 老人ホームのサービス機能

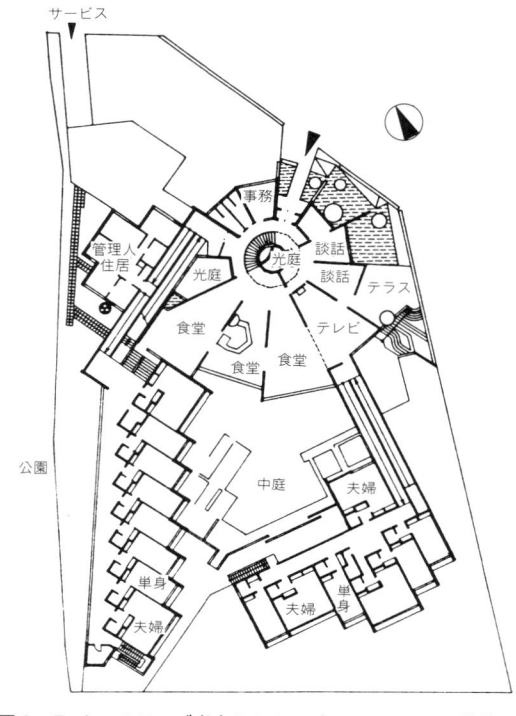

図3 ラ クールヌーブ老人センター(フランス・パリ,設計/P. Chemetov & J. Deroche)
パリ郊外の狭い敷地に建つ小規模施設。共用部は近隣の人々の利用しやすいように道路側に配置されている。居住階は2階建て30戸。

宿舎に類似した施設である。1室2人以上の同居形式とする場合にはプライバシーを十分に考慮する。

特別養護老人ホーム／常に介添えが必要であるが家庭内では十分看護を受けられない65歳以上の高齢者を対象とする。居住室は病院の慢性病室に準ずる。病院の看護単位の考え方も参考にする。

軽費老人ホーム／所得が少なく身寄りがないとか，家族と同居できない60歳以上の高齢者を対象とする。居住室は原則として1人1室とする。ただし，人間関係が疎遠にならないように共同の居間や談話室を設ける等身近なコミュニティを大切にする。

老人福祉センター／地域の高齢者に対して，各種の相談（生活相談，健康相談），生業および就業の指導，機能回復の訓練，教養の向上，レクリエーション，老人クラブに対する援助等のサービスを行う施設である。高齢者の利用の便を特に重視する。面積は495.5 m² 以上を基準とする。所要室としては，健康相談室・機能回復訓練室・浴室・図書室などがある。

老人憩いの家／老人福祉センターと同一の機能をもつ下位施設で，小規模のものをいう。また，ハーフウェイハウスとは，この病院での治療や訓練を終えた身障者や高齢者が日常生活への復帰に向けて予備的訓練をうける施設である。

b. 老人ホームのサービス機能

老人ホームには，①長期利用のための居住機能，②短期利用のための滞在機能，③デリバリーサービスの基地機能等が基本的に求められる。

このサービス機能としては，図2に示す各サービスがあげられる。

c. デイケアセンターのサービス機能

前述の老人ホームの機能に類似しているが，地域

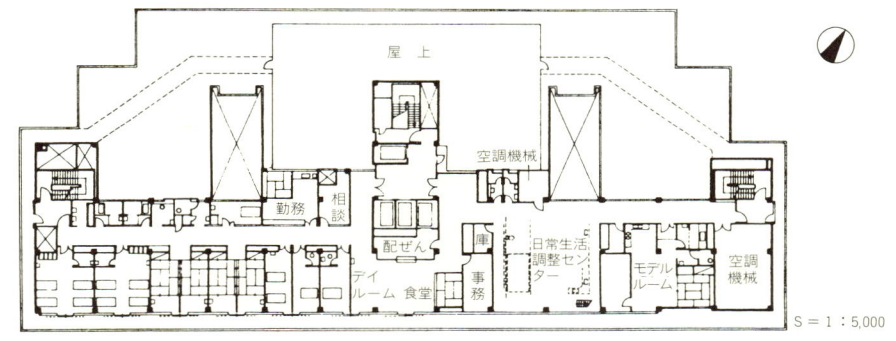

図4 ハーフウェイハウス（板橋ナーシングホーム光風，設計／久米建築事務所）
5階にあるハーフウェイハウスは，退院のための指導や訓練を行う中間施設。日常生活調整センターや家族と共に帰宅後の予備訓練を行うためのモデルルームを備えている。

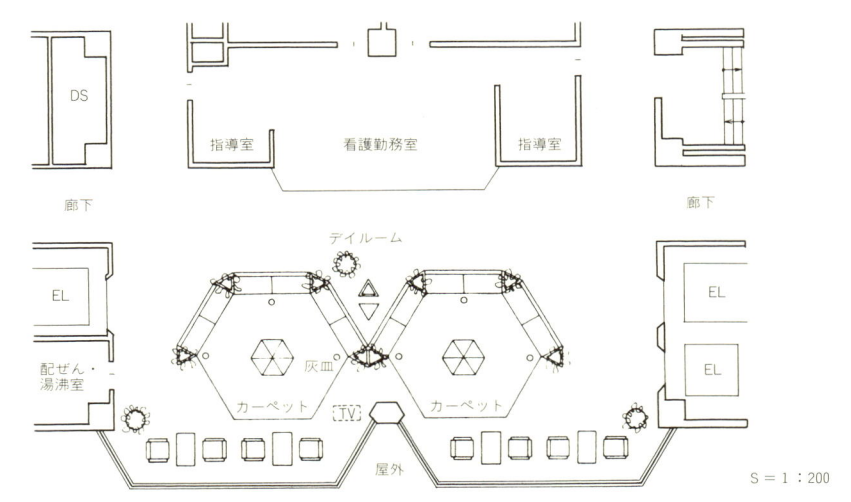

図5 デイルーム（倉敷市立児島市民病院，設計／岡田新一設計事務所）
日照，ナースステーションの位置，ゆとり，落着き，談話のしやすさ，テレビの位置などに工夫が払われている。

在住の高齢者の「利用施設」としての機能が期待されるもので，①ショートステイ機能，②入浴サービス機能，③デイホームサービス（通園ホーム）機能，④配食サービス機能，⑤相談広報サービス機能等から成る。

d. 介護保険施設のサービス機能

2000年4月に施行された「介護保険法」により定められた介護保険施設は，①介護療養型医療施設（旧制度での療養型病床群など），②介護老人保健施設（旧制度での老人保健施設），③指定介護老人福祉施設（旧制度での特別養護老人ホーム）がある。

医療依存度は，介護療養型医療施設＞介護老人保健施設＞指定介護老人福祉施設という順になり，施設利用者の医療依存度により，どこの施設が適当かを考える必要がある。協力病院を配し，さまざまな地域サービス部門を備え，高齢者の自立を支援し，その家庭への復帰を目指す施設で，地域や家庭への結びつきを重視している。療養室・診察室・機能訓練室・談話室・食堂・浴室・レクリエーションルーム・洗面所・便所・サービスステーション・調理室・洗濯室（場）・汚物処理室が規準で示されている。

e. その他，利用施設としての高齢者地域コミュニティ施設のサービス機能

高齢者の居住施設あるいは中間施設とは別に，比較的元気な高齢者を対象とした地域コミュニティ施設が各種整備されている。老人大学や老人学級といった生涯学習の場もあれば，規模や運営主体等は異なるが，老人福祉センターや憩いの家等がある。これらには，宿泊室や温水プール，あるいは温泉を利用した大浴場を持つもの等，日常的な利用から非日常的利用へ踏み込んだリゾート施設的機能をもつものも少なくない。必要な機能を充足するだけのデザ

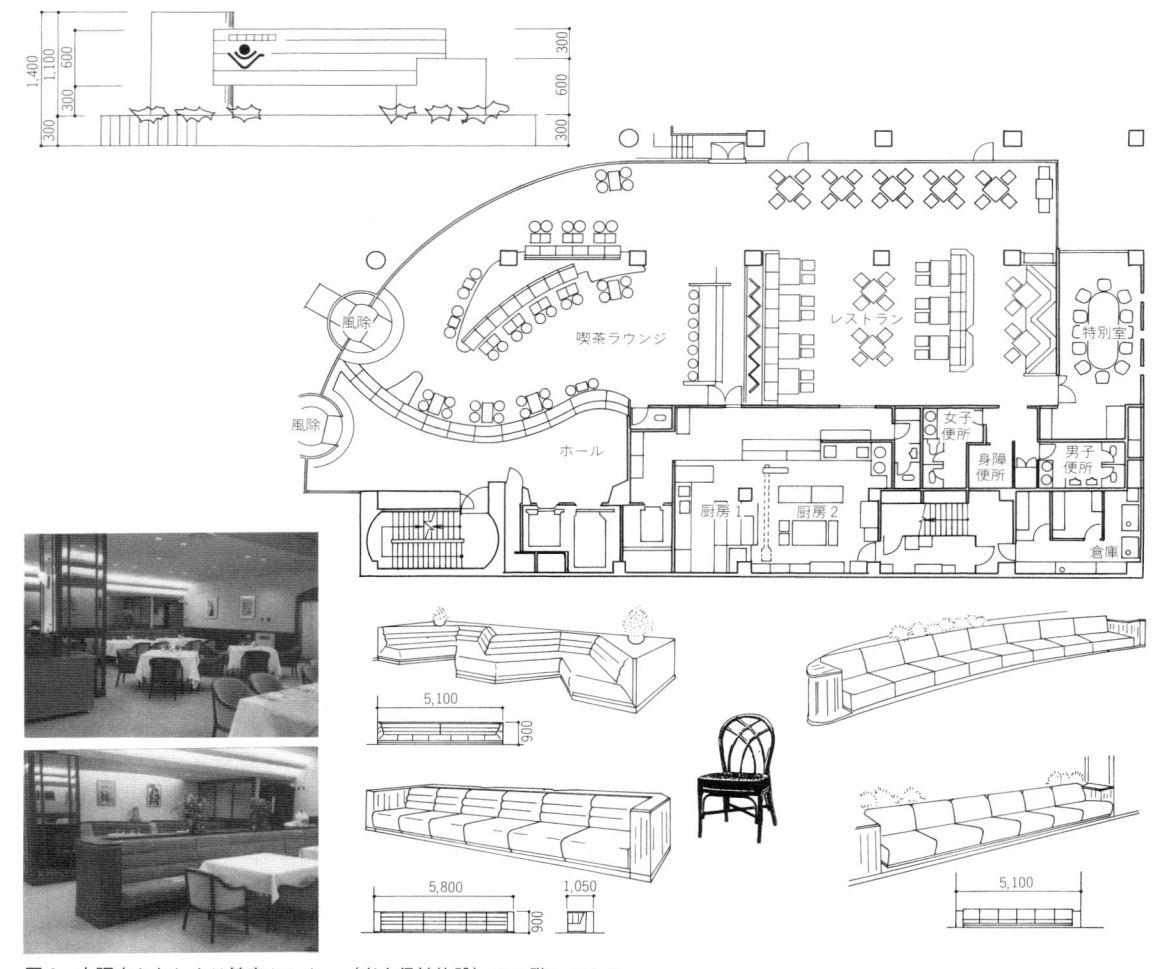

図6 大阪市おとしより健康センター（老人保健施設）の1階レストラン

インではなく，立地する地域の個性を活用したくつろぎの空間を目指すデザインが求められる。また高齢者のみならず，家族を含む多様な世代交流を図る場としてのデザインも期待される。

5.2 高齢者用施設のデザイン

a. 安全な空間づくり

転倒や衝突，転落等の事故により，大きなケガや死亡に至ることもあるので，手すりを付けたり段差をなくし，危険な突出部や鋭い角が生じないよう注意する。また床や壁の仕上げ材料や形状においても同様の視点からの配慮を要する。

b. 自立を助ける空間づくり

心身機能が低下しても，残った機能を維持し，車椅子等の自助具により，自立した生活を行える空間づくりを目指す。同時に介護の負担をできるだけ小さくし，本人のみならず周囲の者にとっても快適な空間とする。

c. 公と私のヒエラルキーのある空間づくり

個人としての生活から友人等のグループのコミュニティが適切に図れるような空間のヒエラルキーを考えたデザインが必要である。管理上の視点からプライバシーを損なったり，貴重な個人のこれまでの生活の思い出を排除するようなことは，できるだけ避ける方がよい。より多くの人の集まる場としての環境は，社会としての接点であり参加の場である。施設の地域社会へ開かれた活用を図るためにも親しみやすく，わかりやすい空間デザインを考える。

d. 画一性の排除，個性を大切にした空間づくり

集住化によって，画一的に個人の居室を提供したり，管理しやすく収容者をまとめてケアするのではなく，高齢者の人格や個性を尊重した生活を実現できるデザイン上の工夫が大切である。

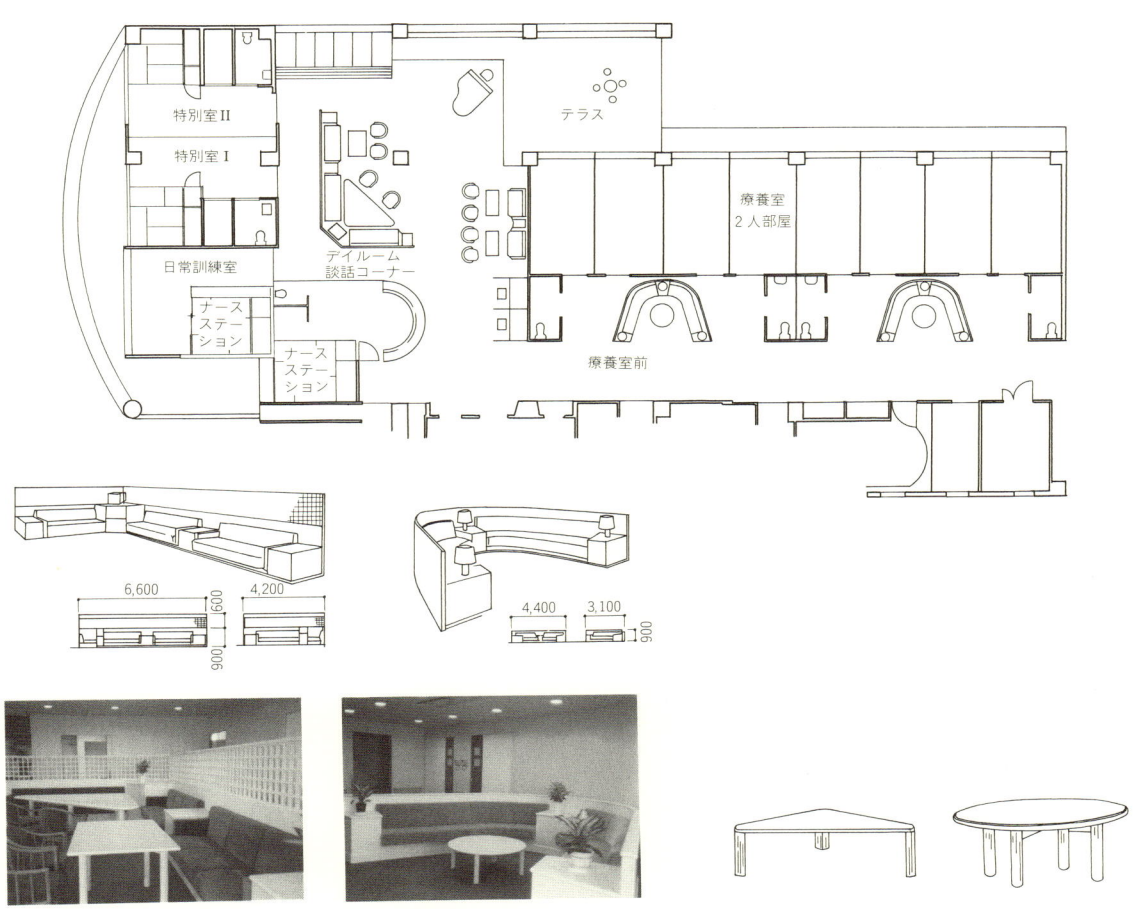

図7 大阪市おとしより健康センター（老人保健施設）の5階デイルーム（ショートステイ用）

6 スポーツ・レジャー施設空間

6.1 インテリアの計画

余暇やゆとりの時代となり、スポーツやレジャー施設が、社会生活の上で大きなウェートを占めはじめた。また、高度情報化社会の中でストレスの多い現代にとってフィットネスクラブのようなリラクゼーションの空間が必要とされるようになってきた。こうしたフィットネスクラブやスポーツクラブなどの施設は、独立した一つの建物として計画されることもあれば、オフィスやホテルあるいはショッピングセンターなどの一部に併合して設けられる場合もある。いずれにせよ、これらの施設は人の身体と精神双方の健康を維持、促進させるための空間であり、そのインテリアは健康的で、快適であることが基本である。また衛生・安全面でも十分な配慮が必要となろう。

インテリア計画で注意したいことは、動作や活動量が大きいことから利用人数に応じたスペースを確保すると同時に、さまざまなトレーニングマシン、運動機具が用いられるために、それらの操作が十分に行えるよう、天井高などを含めて空間をボリュームとして計画することが大切である。また機器や用具の位置や配置は、インストラクターやコーチ、マネジャーによって、それぞれ異なる場合もあるため、あらかじめ意見を聞いて計画する。さらに、音や光、映像（TVR）などの視聴覚を総合的に取り入れる場合も多く、音や映像設備の検討、さらに、防音・防振対策等も不可欠となる。特に、床はスポーツの目的によって、異なった床材、構造が要求されるため、安全性、メンテナンスを含め、用途に応じた床を計画する。換気への対応、湿気対策など換気・空調設備を十分に検討し、自然光や太陽熱も利用して省エネにも留意したい。

6.2 フィットネスクラブ

「フィットネスクラブ」とは、トレーニングジムを備えた、健康増進を目的とする運動施設の総称である。会員制のものが多く、アスレチッククラブ、ヘルスクラブ、スポーツクラブ等さまざまな名称が使われているが、最近はフィットネスクラブという言い方が好んで使われているようである。

フィットネスクラブには運動機器を備えたジム、スタジオ、プール等の運動スペースのほか、運動前後に利用されるラウンジやロビー、ロッカールームなどがある。運動スペースのインテリアは、運動に集中できるように装飾を控えめにするとともに、明るい色使いと適切な照明により、快適な運動空間をつくり出す。また汗や水にぬれても滑らない床材、危険な突起物や出隅をつくらない、ガラスや鏡を使

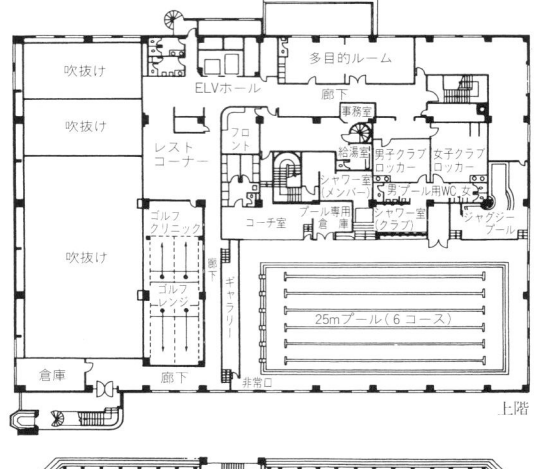

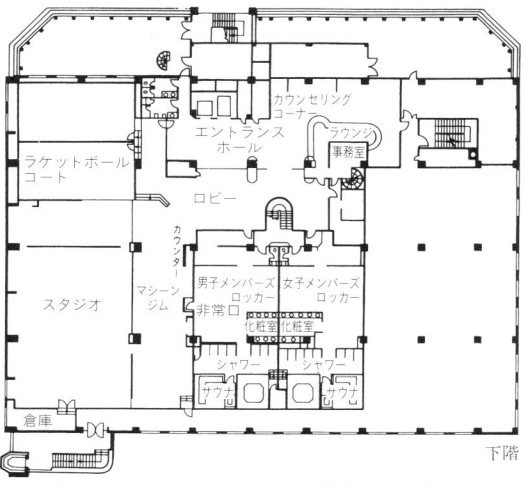

図1 セントラル・フィットネスクラブ芦屋平面図*

う部位に注意するなど，利用者が運動中にけがをしない配慮が必要である。

運動スペースを「動の空間」とすれば，ロビーやラウンジ，ロッカールームなどは「静の空間」といえる。このスペースは，心身をリラックスしたり，メンバーが互いに交流を図れるよう，親しみのある落ち着いた雰囲気のインテリアをつくりだすことが大切である。

ただ，ひと口にフィットネスクラブといっても，利用者の客層や年齢層によって，入会金が100万円を超えるものから数万円程度のものまで大きな開きがあり，インテリアデザインやグレードは変わってくる。また，現状ではこの種の施設のデザインは流行に敏感で，時代による変化が大きい点は商業施設と同じ傾向にある。

6.3 クラブハウス

ゴルフクラブ，ヨットクラブ，テニスクラブなどのクラブハウスに共通して必要な機能は，次のようなものである。

① 会員，ビジター，ゲストのためのロッカールーム，それにシャワー室あるいは風呂やサウナなど，更衣・サニタリーの空間。
② 個室を含めた食堂，喫茶それに厨房など飲食の空間。
③ ロビー，ラウンジなど，社交・休憩の空間。それに付随して，売店など。
④ 従業員，キャディ，クルー，インストラクターなどの事務・管理の空間。

必要に応じて宿泊施設などである。都心型のテニスクラブを除けば，こうしたクラブハウスは郊外，あるいはリゾート地に建てられるため，建物は自然環境や地形をうまく生かした計画が好ましく，インテリアも眺望，周辺の景観を上手に取り入れるよう工夫する。特に，ロビー・食堂のインテリアは，クラブハウスの顔ともなるべきもので特色を持たせたものとしたい。計画で大切なことは，ロビー，ロッカールーム，浴室，食堂，それに外部へのスムーズな動線計画を実施することである。また，フロント等における会計・事務処理はコンピューターの導入で省力化やスピード化しており，こうしたハード面のサービスと同時に，来客者にとって心やすらぐもてなしの空間とサービスを提供することがクラブハウスのセールスポイントとなっている。いずれにせよ，最近の傾向としては，設備の高級化，雰囲気の重視，利用のカジュアル化などがあげられる。

図2 明るいヴォールト天井をもったアスレチックジム（ダイヤモンドスポーツクラブ，図2，3は岩瀬泉撮影）

図3 エアロビクス体育室（ダイヤモンドスポーツクラブ）
左の壁は全面鏡張りで，姿を写し出す。

図4 ブルマウ温泉村（フンデルトワッサー）
屋内外に自由に延びているプールと温泉

7 地下・アーバンインテリア

7.1 地下街

地下街の用途は,地下駐車場,公共通路・広場などの歩行空間,それに店舗の三つから成り立っている。ややもすれば,地下街は,じめじめとした暗いマイナスのイメージを持たれがちで,また地下ということもあって空間認知がしにくく,方向のわかりにくい場所となる。さらに不特定多数の人がたくさん集まり,通過,滞留する所でもある。

以上のことから,地下街のインテリア計画のポイントには,次のことがあげられよう。

a. 閉鎖感,圧迫感を和らげる計画とデザイン

地下特有の閉鎖感や,圧迫感をなくすため,外光を取り入れたり,できるだけ外気に触れる部分を多くするなど,地上との結びつきを図る。天井高も高くとり,十分な照度を確保する。

b. ランドマークなどでわかりやすい空間構造

地下街は方向感覚を失いやすい。そこで通路の結節点や主要な通路部分は,空間把握の手がかりとなるように特色づけを行い変化ある空間構成をとる。

c. 飽きのこないデザインと耐久性ある素材の使用

地下街は頻繁に改装工事等ができず,改装のライフサイクルが長い。デザインには恒久性を持たせ,床,壁の内装は耐久性に優れ,かつメンテナンスのしやすい材料とする。

d. 日常安全の確保と災害への万全の備え

日常安全性の確保に努めると共に,火災,地震,水害など非常時での災害に対しては高度な防災性能を備えておく。また避難路の安全確保にも細心の注意をはらう。

e. システマティックで見やすいサイン計画

地下街では行動の手がかりとして最も頼りになるのが案内板や誘導表示などのサイン類である。公共のサインは見やすく,他の広告・宣伝・装飾類に埋もれてわかりにくくならないようシステマティックにサイン計画を立てる。

図1 スウェーデンの地下鉄空間

図2 みなとみらい駅地下3階プラットフォーム
彩色したダクトは改札階を貫いて,ヴォールトの空間へ続いている。

図3 みなとみらい駅断面

S=1/2000

7.2 アトリウム

アトリウム（atrium）は，ローマ時代には「邸宅の中庭」を，初期キリスト教時代には「教会の前庭」を意味するものであった。いずれも庭を設けて自然とのかかわりを大切にしようとするものであった。最近では「大きな吹抜けを持つパブリックな空間」という意味で用いられ，ガラスに覆われた吹抜け空間の意味として使われるようになっている。人工的，無機的になりつつある都市空間に少しでも自然を取り戻そうと，ガラス面から外部の自然光を取り込み，内部に清流をつくったり，樹木・草花などを植えるなどして，都会のオアシスとでもいうべき快適な空間を造ろうと計画されている。

さて，今日造られるアトリウムは，用途・機能によっていくとおりかに分類される。

複合型／複合商業施設，コンベンションセンター等の機能が複合化した巨大施設において，動線をアトリウムに集中させ，ここを施設全体の認知の中心としての場として位置づけようとしたもの。

単一型／アトリウムを中央にとり，それを建物躯体が囲んで一体感をもたせようとしたもの。オフィスビル，図書館，美術館などの単一機能の建物に多い。

独立型／建築物とは独立してアトリウムが造られたもの。アトリウム自体で一つの機能が完結しており，広場，公園などの用途として使われる。周辺地域のシンボルとして計画されることが多い。

こうしたアトリウムの中は，①歩行・通行のための通路空間，②休息・休憩のための広場，パーゴラ（あずま屋），③飲食・販売等の店舗付随スペース，④イベント・集会などのステージや空間，⑤娯楽・遊戯などの施設，⑥観賞・アメニティのための植栽，⑦案内や手続きなどのカウンターを含めた事務スペース，などで構成される。限られた空間の中では随時固定的に使われるものと，そうでないものとをあらかじめ区別して位置・ゾーンを決定する。

アトリウム空間の場合は，人間の視線が上下，左右，さまざまな方向・角度からながめられることになり，採光・照明計画と合わせて空間の演出性を考えることが大切であろう。

図4 今日のアトリウムの主なタイプ

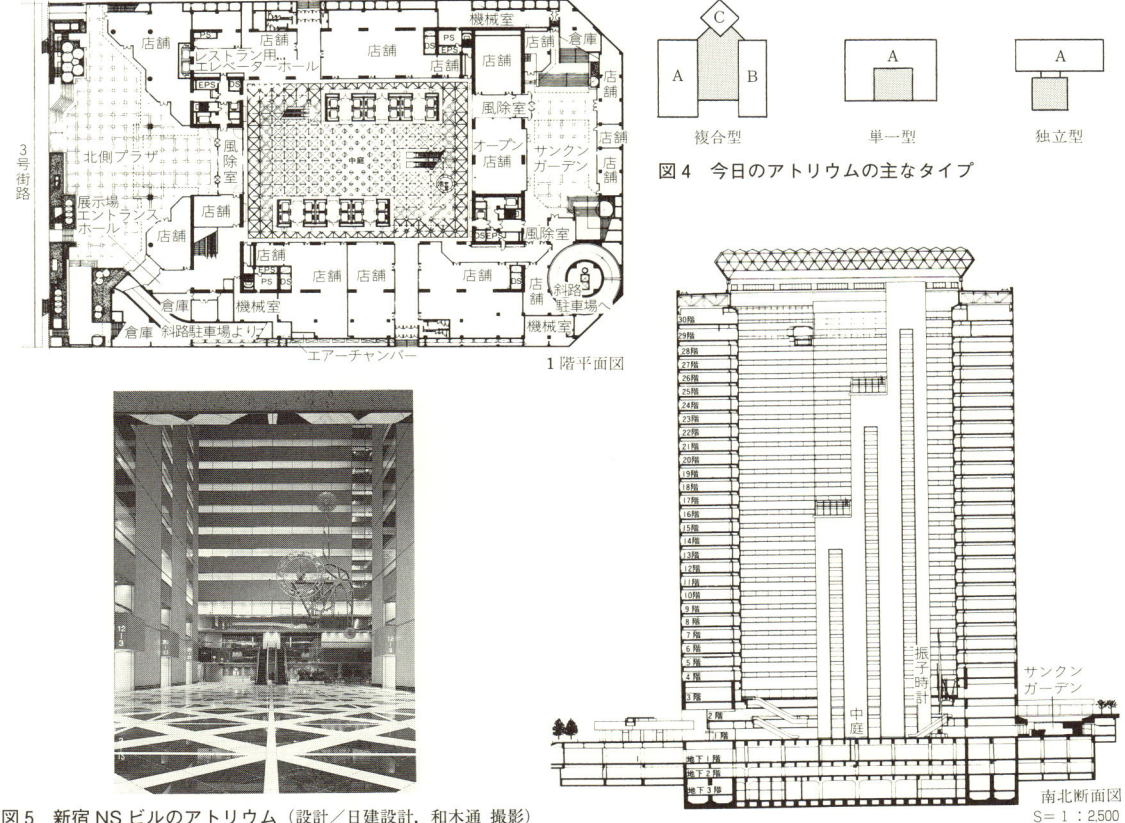

図5 新宿NSビルのアトリウム（設計／日建設計，和木通 撮影）

南北断面図　S＝1：2,500

8 乗物内のインテリア

8.1 船舶

a. 船体の構成とインテリア空間

一概に船舶といっても，旅客船（パッセンジャーボート），貨物船（カーゴ ヴェセル），油槽船（オイル タンカー），材木運搬船（ティンバー トレーダー），液化ガス運搬船（L.P.G. タンカー），渡船（パッセンジャー フェリーボート）などさまざまある。そうしたなかで船舶のインテリアといえば豪華客船を思い浮かべるが，船舶のなかで客船の占める率は1割程度に過ぎず，通常は貨物船などの船員のために，長い船上生活を行ううえで，快適で安全に過ごせるように計画，設計することが多かった。

しかし，今日では大型レジャーのための客船のインテリアにも目が向けられている。

船体の主構造はフレームと呼ばれる肋骨と，甲板の重量を支えるビーム（梁），さらにピラー（柱梁）で構成され，そのうえ振動，剛性，安定性，浸水，火災などに対応できるように各種構造材で組み上がっている。こうした骨格に外板が取り付けられ，この内側がインテリアと設備のための空間となる（図1）。

b. 船舶の特殊性と設計上の注意

デザイン上船舶のインテリアは，地上の建物と区別して考える必要はないが，海上運航からくる制約条件がいくつかあり，それらに対して技術上の解決が必要となる。

1） 天井高

船体の重心位置は低い方が安定し，また復原力も増大する。こうしたことから各甲板間隔が狭くなり天井高の低いことが船舶のインテリアに共通する特徴となる。そのために圧迫感を少しでもなくす工夫を行ったり，空間の広がりを確保するような意匠上の発想が求められる。

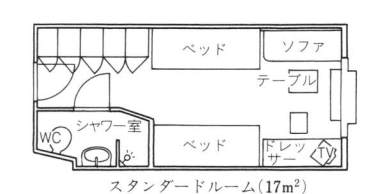

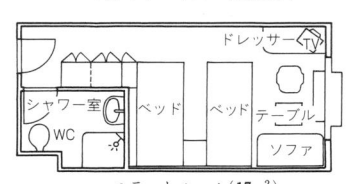

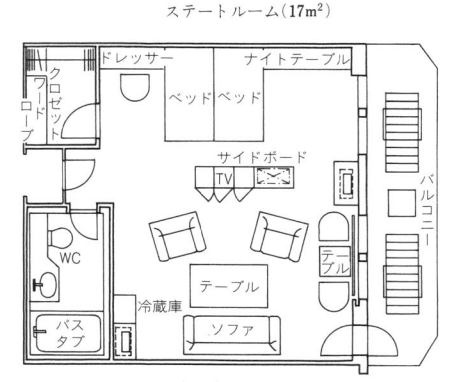

1 船底外板	8 舷側厚板
2 ビルジ外板	9 ブルワーク板
3 倉内フレーム	10 手すり
4 船側外板	11 ブルワーク支柱
5 ビームブラケット	12 梁上側板
6 頂部船側外板	13 上甲板
7 甲板間フレーム	14 甲板横ビーム
15 甲板下ガーダー	
16 ビルジキール	
17 第二甲板	
18 第二甲板ビーム	
19 トリッピングブラケット	
20 隔壁スチフナー	
21 水密隔壁	
22 ピラー	

図1 船体中央断面部分構造各称

図2 客船オリエントビーナス 客室プラン

2) 揺れ

波，風の影響により船体に揺れが生じるのは船舶の宿命である。そのための注意事項を以下に述べる。

① 家具，装備品は横転しないよう，床，壁に固定する。棚，テーブル類には物が落下しないような防止の工夫が必要である。本箱，引出しなどは飛び出さないような金物，ストッパーを付ける。

② 歩行の安全性を保つため，通路には手すりを付ける。

③ 膝や手の当たりそうな箇所のガラスの使用に関しては注意を必要とする。とがった家具，シャープなエッジを持つ装備品の設置はなるべく避ける。

④ ベッドの設置は揺れの小さい船体中央部に設ける。ベッドを船体に対し垂直方向に設置する際には，頭が中央部にくるようにし，船体に対し平行の方向に設置する場合は頭を船首側に設置するのが一般的である。

⑤ 照明器具は天井灯，壁灯，スタンド等すべて強く固定。コードペンダントは使用できない。

⑥ 脱落しやすい，またクラックの入りやすい材料は原則として使用しない。

⑦ 船酔いを少しでも緩和させるため，揺れるカーテンの固定，幻覚的なパターンの使用の注意等，視覚的な配慮が必要である。

3) 騒音，振動

船舶の場合，主機関，発電機，プロペラ，給排気音等，振動による騒音発信源はきわめて多い。ディーゼル貨物船では居住区内において75～90ホン，タービン船においても50～75ホンくらいの音が計測されている。インテリアデザイン上，これらの振動と共鳴を増幅するような付属品には特に注意が必要であり，工事面でも，特に固定性などに神経を使わなければならない。

4) その他

その他船舶においては，日射方向の変化，外気温度・湿度の航路上の変化，水密，結露，腐食，防鼠，防虫，航海中の遮光等，気を付けるべきことが数多くあり，それが直接インテリアデザインとかかわらない場合でも常に気に留めて置く必要がある。

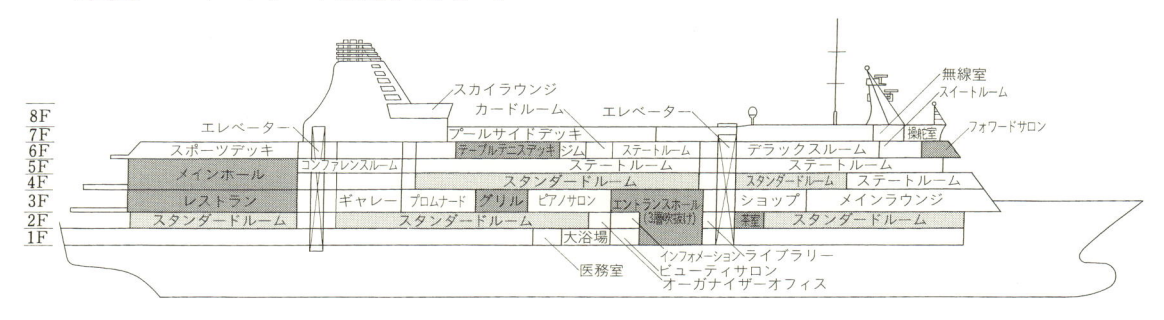

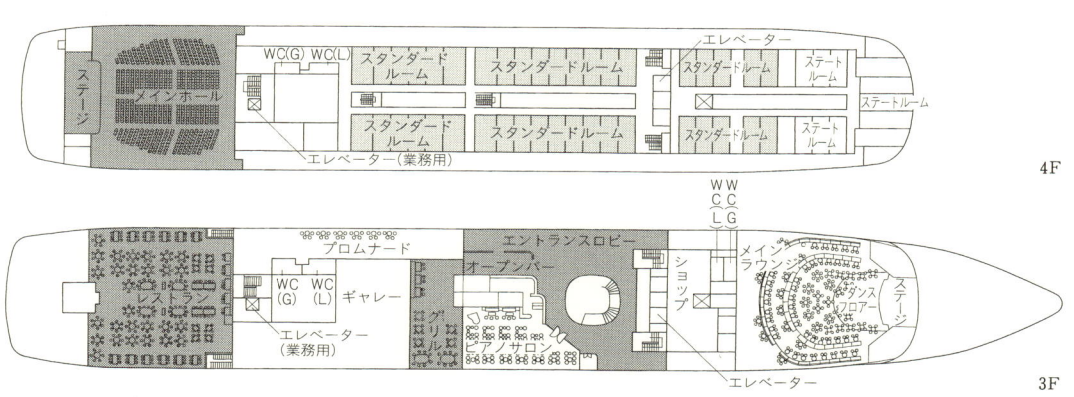

図3 客船オリエントビーナス 船室配置図

8.2 車両

a. 快適性の条件

車両のインテリアは，一般建物のインテリアとは異なって，振動や騒音など動くことによって生じるマイナス面を，逆に，刻々と変化する外の風景などのプラス面等，移動空間のもつ得失を考慮して計画される必要がある。また，不特定多数の人々に利用される公共性の強い空間であることから，耐久性，メンテナンス性，安全性などの点からもデザイン，仕様を考えておくことが大切である。快適な車両空間を計画するうえでは次のような点に留意する。

① 座り心地のよい座席を取り入れると共に，とかく狭くなりがちな個人の占有スペースをできるだけ広く確保すること。

② 眺望を重視した窓，適切な採光，照明計画のなされた室内，飽きのこないデザインなど内装設計の重視。

③ 低騒音の確保，心地よい空調設備，振動の軽減など室内環境条件の居住性の確保。

④ 加速・急停止や，万一の不慮の事故等にそなえて十分な安全性への対処。

⑤ 閉ざされた空間であるため，情報提供，AVサービス，あるいはアミューズメント（娯楽）要素などの取入れ。

さて，近年JRをはじめとして車両設計では，外観もさることながら，内装デザインも重視され，従来のものから少しずつ改良されてきている。これらの具体例をあげると次のようになる。

b. シートの改良

車両のモデルチェンジに伴って，シート間のピッチが拡大される傾向がみられる。例えば，新幹線では従来型が94cmピッチであったものが，98〜100cmから，さらには近年104cmへと広がっている。

また座席のリクライニング角度も，従来のものがスライド式で17〜22度となっていたが，近年は6〜33度と増大し，しかも，フリーストップ（どの位置でも停止可能）となってきた。さらに座り始めの初期感覚のクッション性の改良もみられ，また，オーディオサービスや小型テレビの設置など多機能化が図られている。

一方，ロングシートの場合も，1人当りの座席幅が従来は40cmでしかなかったものが，現在では45cmと広くなり，座面の高さもやや低めで，奥行

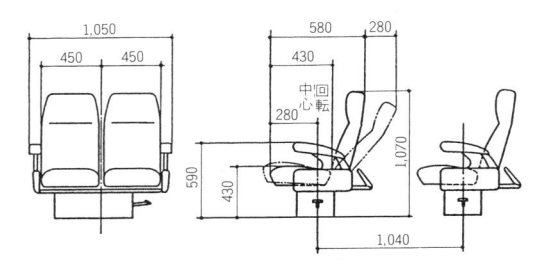

図4 回転式リクライニングシート

図5 新幹線300系（「のぞみ」普通車試作）

図6 JR東日本651系（「スーパーひたち」グリーン車）

図7 JR東日本251系（「スーパービュー踊り子」カスタム車）

を大きくとってゆったりとした座り心地のシートに改良されるようになった。

c. 内装デザイン

車両インテリアの場合，特に長距離列車では長時間車両内に拘束されるため内装デザインが重要な要素となる。とりわけ照明や空調設備が取り付く天井面に目が注がれることになる。

従来は，照度優先の明るさを確保するだけの照明も，近年は落ち着いた雰囲気の間接もしくは半間接照明と，個別ごとに読書灯を用意するタスク＆アンビエント方式が採用されるようになった（図5～7）。

また空調も，特に冷房については，車体長手方向に配置されたスリットから冷風を吹き出すラインフロー方式が一般的となり，見かけ上もすっきりとした印象を与えるようになった。さらにかつてはビスだらけのインテリアが近年はビスも隠すなど細かいところの処理までも配慮されるようになった。

特殊な例ではあるが，天井面に光ファイバーを使用して，トンネル内に入ると星空が再現されるようなあそび感覚を取り入れるなどの例もあらわれた（図8）。

荷物棚も従来は忘れ物防止の点からスリット状のデザインがされていたが，最近航空機タイプのふた付きのものも採用され，整然とした視覚空間として計画されるようになった。

さらに側窓も十分な眺望性が得られるように大型化の傾向が進み，通勤列車でもバランサー付き一枚下降窓が一般化されて，開放感あふれるものとなった。

d. 色　彩

昭和50年代までの車両インテリアの室内色は，座席を汚れの目立たない濃いめのモケット色をアクセントカラーとし，室内は明るい暖色系でまとめる方向が主流であった。しかし昭和60年代に入ると，車両にもホテルや商業空間での色彩感覚が取り入れられるようになり，モノトーンあるいはパステルカラーなどでまとめられるようになり，これまでにない新しい感覚がアピールされるようになった。今後のアコモデーションについては，乗客のニーズの多様化に沿って，これまで以上に差別化・個別化が図られ，車両の個性や特徴がより明確に打ち出される方向に進むと思われる。

図8　伊豆急行「リゾート21」

図9　JR西日本221系　近郊形電車

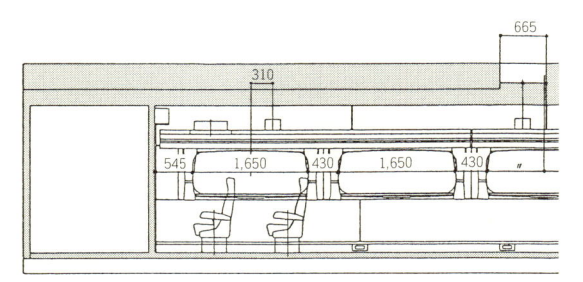

図10　新幹線側断面図

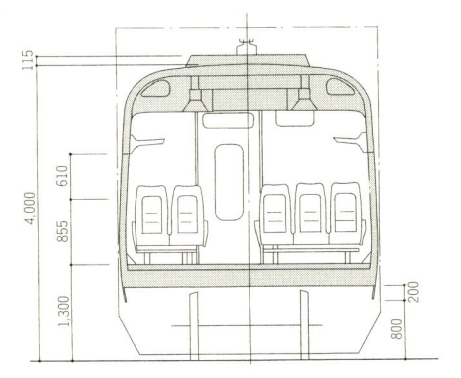

図11　新幹線車体断面図

注

II.2

1) 西山夘三:住居空間の用途構成に於ける食寝分離論（日本建築学会論文集, 1941.4, p.149）
庶民住宅の前時代的素朴未分化な住居において食室と寝室を隔離する事は，秩序ある生活にとっての最低限の要求であるとした。

2) 藤森照信:昭和住宅物語，新建築社, 1990.3
「3DK誕生記」p.276,「ステンレス流し台の生い立ち」p.293に詳しい。

3) 渡辺光雄ほか:住空間における家具占有面積の分析（その1）―昭和30年代以降の家具量の増加と居住面積―（日本建築学会計画系論文報告集第352号, 1985.6, p.48）

4) 鈴木成文:集合住宅 住戸（建築計画学6），丸善 1971.7, p.105
1960年に実施した「住宅公団アパート住み方調査」によって，公団居住者層の生活においては，「食寝分離」「寝室分解」よりはむしろ，「居間の確立」「私室空間の確保」がその平面計画の主題となりつつあると指摘した。

5) 扇田信:公私室型住宅の分析―私室部分について―（日本建築学会論文報告集第63号, 1959.10）
扇田信:公私室型住宅の分析―公室部分について―（日本建築学会論文報告集第66号, 1960.10）

6) 扇田信ほか:住様式に関する研究―床面様式と起居様式（住宅建築研究所報1978），（財）新住宅普及会, 1978. p.47
1977, 8年の調査で，各住宅階層とも，椅子座と床座の両方をしている併用例が多く，この団らん・くつろぎ行為においては床座の併存が特徴的である。くつろぎ行為においては床座が適していることは言うまでもないと指摘している。

7) 鈴木成文・初見学:住居における公室の計画に関する研究（住宅研究所研究NO.8007），（財）新住宅普及会, 1982, p.70
「デュアルリビング」とは，リビングを「フォーマルリビング」と「ファミリールーム」に分化させようとの試みであり，「フォーマルリビング」には，大人・社会・きちんと・静的イメージ，「ファミリールーム」には，子供・家族・散らかし・動的イメージ，が重ねられている。

8) 石毛直道:住居空間の人類学，鹿島出版会, 1971.3, p.251
住居空間に客をむかえいれるということは，きわめて人間的な行為である。動物の住居では，その巣を構成する成員以外の個体が巣の中に進入することはあり得ないのである。人間の住居は，そこに常に居住する特定の成員―中略―だけの独占する空間ではなく，不特定多数の不在者―客のためにも開放されるのである。

参考文献

日本建築学会編:建築設計資料集成1〜10, 丸善
小原二郎編集代表:インテリア大事典, 壁装材料協会, 1988
豊口克平監修:インテリアデザイン事典, 理工学社, 1972
剣持・川上・垂見・藤盛編:家具の事典, 朝倉書店, 1986
藤井正一・小原二郎監修:インテリアコーディネーターハンドブック・技術編1・2, インテリア産業協会, 1990
内田祥哉:構法計画ハンドブック, 朝倉書店, 1983
パブリックデザイン事典, 産業調査会事典出版センター, 1991
日本流行色協会編:色のイメージ事典, 同朋舎, 1991
北浦かほる:インテリアの発想, 彰国社, 1991
小原二郎・加藤力・安藤正雄編:インテリアの計画と設計, 彰国社, 1986
日本建築学会編:建築・都市計画のための空間学, 井上書院, 1990
日本建築学会編:建築・都市計画のための調査分析方法, 井上書院, 1987
内堀繁生:ファニシングデザイン資料集, 鹿島出版会, 1981
インテリアプランナー講習テキスト, 建築技術教育普及センター, 1988
内堀・藤城編:現代のインテリア, 朝倉書店, 1980
鍵和田務:西洋家具集成, 講談社, 1980
H. シュミッツ著, 倉田一夫訳:西洋古典家具, 大空社, 1983
大廣保行編:椅子のデザイン小史, 鹿島出版会, 1986
Luis Feduchi:A History of World Furniture, Editorial Blume, Barcelona, 1975
Clement Meadore:The Modern Chair, Van Nostrond Reinhold Company, 1975
Marian Page:Furniture Designed by Architects, Whitney Library of Design, 1980
小泉和子:和家具, 小学館, 1981
小泉和子:家具と室内意匠の文化史, 法政大学出版局, 1979
ビル・ライズベロ著, 下村純一・村田宏訳:図説西洋建築物語, グラフ社, 1982
ロジェアンリ・ゲラン, 大矢タカヤス訳:トイレの文化史, 筑摩書房, 1992
荒俣宏他:日本トイレ博物誌, INAX図書出版社, 1990
パスカル・ディビ, 松浪未知世訳:寝室の文化史, 青土社, 1990
清家清監修:すまいの歳時記, 講談社, 1985
平井聖:図説日本住宅の歴史, 学芸出版, 1982

太田博太郎：図説日本住宅史，彰国社，1975
GK 研究所：図説台所道具の歴史，柴田書店，1983
山口昌伴：台所空間学，建築知識，1987
白木小三郎：住まいの歴史，創元社，1978
黒沢隆：近代　時代の中の住居，メディアファクトリー，1990
稲葉和也他：建築の絵本　日本人のすまい，彰国社，1983
日本の住宅50年史，新住宅社，1983
山下和正：近代日本の都市型住宅の変遷，都市住宅研究所，1984
日本住宅協会：都市住宅，1992
日本住宅協会：住宅づくりの新しいコンセプト・技術，1991
伊藤ていじ：民家に学ぶ，文化出版局，1982
大河直躬：住まいの人類学，平凡社，1986
石毛直道：住居空間の人類学，鹿島出版会，1975
岸本幸臣他編：住まいを読みデザインする，彰国社，1985
小林盛太：建築デザインの原点，彰国社，1972
伊藤セツ他：生活時間と生活様式，光生館，1989
ロジャー・M. ダウンズほか，吉武泰水監訳：環境の空間的イメージ，鹿島出版会，1976
ロバート・ソマー著，穐山貞登訳：人間の空間，鹿島出版会，1980
デイヴィド・カンター著，乾正雄訳：環境心理とは何か，彰国社，1972
デイヴィド・カンター著，宮田紀元・内田茂訳：建築心理講義，彰国社，1979
デイヴィド・カンター著，宮田紀元・内田茂訳：場所の心理学，彰国社，1982
アルバート・E. シェフレン，目高敏隆訳：ヒューマンテリトリー，産業図書，1989
E. T. ホール，目高敏隆ほか訳：かくれた次元，みすず書房，1970
アンソニー・ウィルソン著，黒田秀彦訳：アクアテクチュア，鹿島出版会，1990
穐山貞登：質感の行動科学，彰国社，1988
R. L. グレゴリー著，船原芳範訳：見るしくみ―目と脳の生理学―，平凡社，1970
藤井正一：住居環境学入門，彰国社，1984
紀谷文樹ほか：建築環境設備学，彰国社，1988
日本建築学会編：建築環境工学用教材・環境編，丸善，1988
清家清・森下清子：新しい住居の科学，同文書院，1982
今井与蔵：絵とき建築環境工学，オーム社，1986
住田昌二編著：現代の住まい，光生館，1987
石堂正三郎・中根芳一：新住居概論，化学同人，1988
小原淳平編：100万人の空気調和，オーム社，1988

日本家政学会編：住まいのデザインと管理，朝倉書店，1990
小原二郎・内田祥哉・宇野英隆編：建築・室内・人間工学，鹿島出版会，1969
加藤力：インテリアコーディネーターの人間工学，ハウジングエージェンシー，1992
日本建築学会編：安全計画の視点，彰国社，1981
日本建築学会編：安全性の評価手法，彰国社，1987
増田正：アメリカの壁・窓・扉，講談社，1988
増田正：スペインのカントリーサイド，集英社，1992
J. G. クライン：The office Book オフィスの新時代，講談社，1985
日本インテリアデザイナー協会編：官公庁オフィスインテリア―内側からの提案，1984
ニューオフィス推進協議会編：ニューオフィスモデル100選，通商産業調査会，1991
加藤力監著：オフィスインテリアのプランニング＆デザイン，KBI 出版，1992
W. パルグラム，R. ストンス：快適環境をめざしたOAオフィスの設計，デルファイ研究所，1985
ミヒャエル・バイヤーほか：現代オフィスデザインマニュアル，建築資料研究社，1992
越山欽平ほか：現代のホテルの計画，新建築社，1980
和風建築社編：商業建築設計資料1　ホテル，建築資料研究社，1985
吉江憲吉：ホテル　計画と設計，槇書店，1980
Great Hotels of The World vol. 1～6，河出書房新社，1990
日本店舗設計家協会監修：新版　商業建築企画設計資料集成1～3，商店建築社，1985
通商産業省生活局・建設省住宅局監修：商業施設技術体系，商店建築社，1975
商店建築社編：物販店＆ショールーム（別冊商店建築36），商店建築社，1987
商店建築社編：パブ・バー＆ディスコ（別冊商店建築38），商店建築社，1988
商店建築社編：飲食店の設計アプローチ（別冊商店建築55），商店建築社，1991
リチャード・サクソン著，古瀬敏・荒川豊彦訳：アトリウム建築，発展とデザイン，鹿島出版会，1988
紙野桂人：人のうごきと街のデザイン，彰国社，1980
羽根義ほか：地下，光，空間そして人間，テクネット，1988
山口増人：船の常識，海文堂，1962
種村真吉：船舶の室内，金原出版，1964
三菱重工業（株）船舶技術部編：豪華客船インテリア画集，アテネ書房，1986

図版出典

I.1
図1, 2　Norbert Schoenauer：6,000 Years of Housing Volume 1〜Volume 3, Garland Publishing, Inc., 1981（三村浩史監訳：建築の絵本　世界のすまい 6000年，①巻〜③巻，彰国社，1985）
図3　日本生活文化史学会：生活文化史 No.17, 花林書房，1990

I.2
図1, 2　白木小三郎：住まいの歴史，創元社，1978
図8　日本の美術12，至文堂，1981
図13　稲葉和也・中山繁信：日本人のすまい（建築の絵本），彰国社，1983
図30, 31, 33　平成15年 インテリアプランナー更新講習テキスト，建築技術教育普及センター，2003
図34〜36　平成22年 インテリアプランナー更新講習テキスト，建築技術教育普及センター，2010

I.3
図2〜4, 8, 9, 11〜15, 17, 18, 20, 23〜31, 35, 38, 39, 41〜44　小原二郎・加藤力・安藤正雄編：インテリアの計画と設計，彰国社，1986

I.4
図2〜9, 11, 12, 14　小原二郎・加藤力・安藤正雄編：インテリアの計画と設計，彰国社，1986

I.8
図3, 4　Wolfgang Metzger：Gesetze des Sehens, Waldemar Kramer, Frankfurt am Main, 1953
図5　R. L. Gregory：Eye and Brain—the psychology of seeing, George Weidenfeld and Nicolson Ltd., London, 1966
図6〜9　壁装材料協会編：インテリア大事典，彰国社，1988
図10　H-Bデザイン研究会編：human & basic デザイン カラー＆テクスチュア，鳳山社，1966
図11　Phil Brodatz：Textures, Dover, 1966
図12　インテリアコーディネーターハンドブック　技術編1，インテリア産業協会，1990

I.9
図7, 11, 12　David Canter：Psychology for Architects, Applied science publishers Ltd., England, 1974. 宮田紀元・内田茂訳：建築心理講義，彰国社，1979
図8, 表5　E. T. ホール著，日高敏隆・佐藤信行訳：かくれた次元，みすず書房，1970
図9, 10, 14　高橋鷹志：空間規模（新建築学大系13 建築規模論），彰国社，1988

I.10
表1, 図2〜5　小原二郎・藤井正一：インテリアコーディネーターハンドブック　技術編1，インテリア産業協会，1990
図7　小原二郎・加藤力・安藤正雄編：インテリアの計画と設計，彰国社，1986

I.11
図2　Françoise Teynac, Pierre Nolot, Jean-Denis Vivien：Wallpaper a history, Rizzoli, New York
図3　Williamsberg Reproductions, The colonial Wiliamsberg Foundation, 1976, virginia
図11　Ray Manley：The Fine Art of Navajo Weaving, Ray Manley Publishing 1984, Arizona

I.14
図9　Xavier Güell：Guias de Arquitectura Gaudi, Editorial Gustavo Gili, S. A., Barcelona, 1991（入江正之訳：建築の旅　ガウディ，彰国社，1992）

I.16
図1　石堂正三郎・中根芳一：新住居学概論　第3版，p.106, 図4.22, 化学同人，1984
図3, 4, 18, 20〜22　小原二郎・加藤力・安藤正雄編：インテリアの計画と設計，彰国社，1989
図5, 17, 26, 表6　平成22年 インテリアプランナー更新講習テキスト，建築技術教育普及センター，2010
図8　日本建築学会編：建築設計資料集成1，丸善，1978
図9, 11, 14, 15, 19, 23, 表4, 5　キッチンスペシャリストハンドブック改訂編集委員会編：キッチンスペシャリストハンドブック，インテリア産業協会，2007
図10　インテリア図解辞典編集委員会編：図解インテリアデザイン辞典，理工学社，2003
表1　厚生省環境衛生局企画課監修：空調設備の維持管理指針——空気環境のために 9刷，ビル管理教育センター，平成4年
表3　日本建築学会編：シックハウスを防ぐ最新知識，2005
図16　照明学会編：照明（ライティング）ハンドブック，オーム社，1987
図25, 28　不動産協会広報誌「FORE」2010年5月号（通巻64号）
図30　日本経済新聞 2010年7月4日 サイエンス17面

II.1
表1, 図1　石毛直道：住居空間の人間学，鹿島出版会，1972
図3　暮しの手帖 1992-8・9

図4 巽和夫ほか：住宅を計画する（住環境の計画2），彰国社，1987
図7 センチュリーハウジングシステム開発調査報告概要書，建設省住宅局住宅生産課，1983

Ⅱ.2
図10 鈴木成文・初見学：住居における公室の計画に関する研究，住宅建築研究所，1982
図21 Charles Talcott, Don Hepler, Paul Wallach：Home Plannners' Guide to Residential design, McGraw-HILL Book Co.

Ⅱ.4
図1 金子・新福編：老人の精神医学と心理学（講座日本の老人(1))，垣内出版，1976
図4 国民生活センター：病院危害情報からみた高齢者の家庭内事故，2008.9
図5，6 厚生労働省：平成20年人口動態統計（平成18年），2009.9

Ⅱ.6
図5，8〜15 BATH PLAN 55，大阪ガス株式会社・大阪ガス住宅設備株式会社，1989

Ⅱ.7
図2，6 日本家政学会編：住まいのデザインと管理（家政学シリーズ19），朝倉書店，1989
図8，13，15 東利恵・内田直子・村田あが著：家づくり図集6 収納のデザインと工夫，彰国社，2000
表2 高山英樹：住文化における家具専有面積について（日本インテリア学会発表），1990.11
表3 阿部琢志・林弥寿子・本田えり子・吉池基泰・北浦かほる：生活者の住居観の分析――生活者の視点に立った次世代型集合住宅の研究その1――日本建築学会大会学術講演梗概集，2004.8

Ⅱ.8
図5 モダンリビング No.78，婦人画報社，1991
図7 木戸明：世界のハウスインテリア，トーソー出版，1988

Ⅱ.9
図1 川島宙次：世界の民家 住まいの創造，相模書房，1990
図2 Home Plan Ideas winter 1992（Better Homes and Gardens 別冊）
図3 Underground Space Center 編：Earth Sheltered Homes, Van Nostrand Reinhold Company, 1981, pp.10〜44
図6 モダンリビング No.72，1990

Ⅲ.1
図8 積田洋・鈴木弘樹著，建築設計テキスト編集委員会編：建築設計テキスト 事務所建築，彰国社，2008
図8（大成建設技術センター本館） ディテール181号 2009年夏号，彰国社，2009

Ⅲ.3
図2，5，6 飲食店の設計アプローチ（別冊商店建築 55），商店建築社，1991
図4 鈴木進一郎・鹿倉康弘著：飲食店設計マニュアル，フルサービス型総合料理店の設計マニュアル／三好範明より作図，六耀社，2009

Ⅲ.4
図2（ジュエリー店） 商店建築 2010年6月号，商店建築社，2010
図2（シューズショップ），図3（ブティック） 商店建築増刊号「専門店＆ブティック」，商店建築社，
図3（ベーカリー） 商店建築2010年2月号，商店建築社，2010

Ⅲ.6
図2 インテリアプランナー講習テキスト，建築技術教育普及センター，1988

Ⅲ.7
図2，3 日経アーキテクチュア2004年3月8日号

編者・執筆者紹介

北浦かほる（きたうら かほる）
1940 年　大阪府に生まれる
1963 年　大阪市立大学家政学部住居学科卒業
1963 年　倉敷建築研究所入所
　　　　大阪市立大学大学院教授，帝塚山大学教授を経て
現　在　大阪市立大学名誉教授，学術博士
　　　　NPO 法人子どもと住文化研究センター理事長

加 藤　力（かとう つとむ）
1946 年　長野県に生まれる
1968 年　千葉大学工学部建築学科卒業
1970 年　同学大学院修士課程修了
2013 年　宝塚大学大学院教授，工学博士
現　在　元京都府立大学生命学部環境学科および京都精華大学デザイン学部講師（非常勤）

吉 見 静 子（よしみ しずこ）
1938 年　大阪府に生まれる
1962 年　京都工芸繊維大学工芸学部意匠工芸学科卒業
現　在　岐阜女子大学名誉教授

金子誠之助（かねこ せいのすけ）
1927 年　福岡県に生まれる
1949 年　東京工業専門学校木材工業別科卒業
1987 年　武庫川女子大学家政学部教授
1996 年　武庫川女子大学退職

内 井 乃 生（うちい のぶ）
1933 年　大阪に生まれる
1955 年　大阪市立大学家政学部住居学科卒業
現　在　文化学園大学名誉教授
　　　　内井建築設計事務所代表取締役

駒 田 哲 男（こまだ てつお）
1948 年　三重県に生まれる
1971 年　京都工芸繊維大学意匠工芸科卒業
1972 年　京都工芸繊維大学意匠工芸科研究生修了
1972 年　日建設計入社
1979 年　プラットインスティテュート（ニューヨーク）大学院修了
1990 年　日建設計退社，AD & A 設立
現　在　AD & A 退所

片山勢津子（かたやま せつこ）
1956 年　大阪府に生まれる
1979 年　京都工芸繊維大学工芸学部住環境学科卒業
　　　　大林組設計部，京都工芸繊維大学助手，京都芸術短期大学講師を経て
現　在　京都女子大学家政学部生活造形学科教授，学術博士

吉田倬郎（よしだ たくろう）
1947年　高知県に生まれる
1969年　東京大学工学部建築学科卒業
1972年　同学大学院博士課程中退
現　在　工学院大学名誉教授，工学博士

竹田喜美子（たけだ きみこ）
1943年　大阪府に生まれる
1966年　大阪市立大学家政学部住居学科卒業
1981年　同学大学院前期博士課程修了
現　在　昭和女子大学名誉教授，学術博士

沢田知子（さわだ ともこ）
1942年　埼玉県に生まれる
1964年　日本女子大学家政学部住居学科卒業
現　在　文化学園大学名誉教授，工学博士

田中直人（たなか なおと）
1948年　神戸市に生まれる
1973年　大阪大学工学部建築工学科卒業
1975年　東京大学大学院修士課程修了
　　　　神戸芸術工科大学教授，摂南大学教授，島根大学特任教授を経て
現　在　島根大学客員教授，博士（工学）

松原小夜子（まつばら さよこ）
1954年　京都市に生まれる
1977年　京都府立大学家政学部住居学科卒業
1985年　大阪市立大学大学院後期博士課程修了
現　在　椙山女学園大学生活科学部生活環境デザイン学科教授，学術博士

吉村英祐（よしむら ひでまさ）
1955年　大阪府に生まれる
1978年　大阪大学工学部建築学科卒業
1980年　同大学院修士課程修了
　　　　小河建築設計事務所，
　　　　大阪大学助教授を経て
現　在　大阪工業大学工学部建築学科特任教授，博士（工学）

田辺麗子（たなべ れいこ）
1934年　東京都に生まれる
1957年　女子美術大学美術学部図案科卒業
　　　　藤森健次事務所，松田平田設計事務所を経て，女子美術大学名誉教授
2017年　死去

鈴木克彦（すずき かつひこ）
1953年　静岡県に生まれる
1976年　大阪大学工学部建築工学科卒業
1978年　同学大学院修士課程修了
　　　　京都工芸繊維大学大学院工芸科学研究科教授を経て
現　在　京都工芸繊維大学名誉教授，工学博士

見城美子（けんじょう よしこ）
1943年　東京都に生まれる
1966年　女子美術大学美術学部図案科卒業
現　在　女子美術大学名誉教授

安永一典（やすなが かずのり）
1935年　大阪府に生まれる
1958年　京都工芸繊維大学工芸学部意匠工芸学科卒業
　　　　川崎重工業，大丸デザイン室，宝塚造形芸術大学教授等を経て
現　在　インテリアデザイナー（フリー）

越生信義（こしお のぶよし）
1936年　兵庫県に生まれる
1959年　神戸大学工学部機械工学科卒業
　　　　元川重三陽工業代表取締役

萩原美智子（はぎわら みちこ）
1947年　広島県に生まれる
1970年　大阪市立大学家政学部住居学科卒業
1970年　大林組設計部勤務
1982年　住居デザイン勤務
1993年　大阪市立大学大学院生活科学研究科前期博士課程卒業
2011年　大手前短期大学教授，学術博士
現　在　大手前短期大学退職

インテリアデザイン教科書　第二版
1993年12月10日　第1版　発　行
2011年 5 月20日　第2版　発　行
2023年10月10日　第2版　第7刷

著作権者と
の協定によ
り検印省略

自然科学書協会会員
工学書協会会員

Printed in Japan

© インテリアデザイン教科書研究会（代表）　2011年

ISBN 978-4-395-00890-2　C 3052

編著者　インテリアデザイン教科書研究会
発行者　下　出　雅　徳
発行所　株式会社　彰　国　社
　　　　162-0067　東京都新宿区富久町8-21
　　　　電　話　03-3359-3231（大代表）
　　　　振替口座　00160-2-173401

印刷：真興社　製本：中尾製本

https://www.shokokusha.co.jp

本書の内容の一部あるいは全部を、無断で複写（コピー）、複製、および磁気または光記録媒体等
への入力を禁止します。許諾については小社あてご照会ください。